Morris Jastrow, Judah ben David Hayyuj

The weak and geminative verbs in Hebrew

Morris Jastrow, Judah ben David Hayyuj
The weak and geminative verbs in Hebrew
ISBN/EAN: 9783337414498
Printed in Europe, USA, Canada, Australia, Japan
Cover: Foto ©Paul-Georg Meister /pixelio.de

More available books at **www.hansebooks.com**

THE

WEAK AND GEMINATIVE VERBS

IN HEBREW

BY

ABÛ ZAKARIYYÂ YAHYÂ IBN DÂWUD

OF FEZ

KNOWN AS

HAYYÛḠ

THE ARABIC TEXT NOW PUBLISHED FOR THE FIRST TIME

BY

MORRIS JASTROW Jr., PH. D.,
Professor of Semitic Languages at the University of Pennsylvania

Published through the aid of the "Deutsche Morgenländische
Gesellschaft" and the "Société des Études juives"

LIBRAIRIE ET IMPRIMERIE
ci-devant
E. J. BRILL
LEIDE — 1897

TO

THE HON. MAYER SULZBERGER

A

TRIBUTE OF ADMIRATION AND FRIENDSHIP

PREFACE.

I.

After a much longer delay than I anticipated, I am at last enabled to place in the hands of scholars, the edition of Ḥayyûḡ's grammatical treatises on the so-called "Weak and Geminative Verbs in Hebrew". My chief regret in this delay — due to various circumstances — is that a scholar for whom this work was intended is no longer alive. I refer to Joseph Derenbourg, late member of the "Académie des Inscriptions et Belles-Lettres" and the most eminent scholar of his day in the domain of the Hebrew-Arabic Literature of the Middle Ages. To Prof. Derenbourg's encouragment, the completion of this edition is in large measure due, and it was my hope as one of his pupils to inscribe the work to him, coupling his honored name with that of the distinguished gentleman whose name now graces the dedicatory leaf. Derenbourg died in the fulness of years, active to the last, busy with plans for the future. As yet no adequate record of his remarkable career has appeared [1] and in paying a tribute to his memory here, I venture to ex-

---

1) A good sketch of his life — but only a sketch with a portrait — appeared in the "Revue des Études juives", N°. 62.

press the hope that in Paris, where he spent almost the whole of his active career, some steps may be taken to perpetuate a name that shed so much lustre upon his adopted country.

The sentiment voiced by Joseph Derenbourg in his admirable introduction to the "Opuscules et Traités d'Abou-l-Walid Merwan Ibn Djanaḥ" ¹) (p. CXIX): "L'original arabe de l'œuvre grammaticale de Hayyoudj est encore inédit, et on peut le regretter" is probably shared by many Semitists. Ḥayyûg occupies so distinct a place in the history of Hebrew grammar that a sense of historical justice would of itself be sufficient to prompt a publication of his two important treatises ²) in the form in which they were written ³).

---

1) Paris, 1880. The editing of the Arabic text was done in collaboration with Hartwig Derenbourg.

2) The Arabic text of a third treatise dealing with the Hebrew vowels, the "Kitâb at-Tanḳîṭ" was published by J. W. Nutt (שלשה ספרי הדקדוק, London, 1870) as an appendix to his edition of Môshe Ibn Giḳaṭilyâ's Hebrew translation of the two treatises.

3) The Hebrew translation of the two treatises by Abraham Ibn Ezra was published as early as 1844 by Ewald and Dukes (Vol. III of the "Beiträge zur Geschichte der ältesten Auslegung und Spracherklärung des Alten Testaments", pp. 1—178). The earlier Hebrew translation by Môshe Ibn Giḳaṭilyâ was published by Nutt (see note 2) in 1870, together with an English translation. Giḳaṭilyâ's version — altogether freer than that of Ibn Ezra — contains additions regarding which one may consult Peritz ("Zeitschr. f. d. alttest. Wissensch.", XIII, p. 76), Bacher (ib., XIV, p. 156) and Poznanski (ib., XV, pp. 132—137). The latter definitely establishes the fact that, with few exceptions, these additions actually emanate from Giḳaṭilyâ.

Some fragments of the Arabic text of Ḥayyûg's two treatises have been published as follows: 1) by Bacher, "Grammatische Terminologie des Jehûdâ b. Dâwîd Ḥajjûg" (Vienna, 1882), pp. 46—50, the general introduction to the "Kitâb al-Af'âl Dawât Ḥurûf al-Lîn"; 2) by myself, the first chapter of this treatise in the "Zeitschr. f. d. alttest. Wissensch.", V (1885), pp. 193—221; also *separatim*; 3) Selections from this same treatise (based in part on my edition), by Hirschfeld, "Arabic Chrestomathy in Hebrew characters", (London, 1892), pp. 37—50; 4) Peritz, "Ein Bruchstück aus J'hudah Ḥajjûg's arabischem Werke

The influence exerted by Ḥayyûḡ upon his age was profound. Through his theory that all Hebrew stems consist of no less than three consonants, and his recognition of the fact that the four vowel letters form ingredient parts of the stem, he cleared up the difficulties which the grammarians preceding him encountered, when discussing the irregular verbs in Hebrew. Whatever may be the verdict regarding his fundamental proposition, when viewed in the light of modern science [1]), the impetus given by him to a methodical and rational study of Hebrew grammar resulted in the production during the following centuries, of an extensive grammatical literature — in Arabic and Hebrew — that is sharply marked off by a superior scientific spirit, from that produced before the days of Ḥayyûḡ.

Now that the grammatical works of Ibn Ganâḥ have been published in the Arabic original [2]), it is all the more imperative to have the Arabic text of Ḥayyûḡ's treatises at our disposal, since it is undeniable that

---

über die hebräischen Zeitwörter mit schwachen Stammlauten" in the "Zeitschr. f. d. alttest. Wissensch.", XIII, pp. 169—222.

1) It is perfectly absurd to speak of Ḥayyûḡ in the manner in which Prof. Sayce is in the habit of doing ("Hibbert Lectures", p. 425; "Zeitschrift für Assyriologie", II, p. 341). Sayce does not even know the correct form of Ḥayyûḡ's name. He persists in writing Ibn (sic!) Khayyuj and he has probably never read a line of this author.

2) a) His Hebrew Dictionary, the "Kitâb al-Uṣûl", by Neubauer, under the title "The Book of Hebrew Roots by Abu-'l-Walid Marwan ibn Janaḥ otherwise called Rabbi Jonah" (Clarendon Press, Oxford, 1873—75). In connection with the edition, Bacher's important corrections ("Z. D. M. G.", XXXVIII, pp. 620—29, and XLII, pp. 307—10) should be consulted. — b) His grammar, the "Kitâb al-Luma‘", by Joseph Derenbourg, in the "Bibliothèque de l'École des Hautes Études, Sciences philologiques et historiques", 66ème Fasc. (1886). A French translation based on this edition was published by Metzger, (81ème Fasc. of the same series (1889). — c) His miscellaneous grammatical treatises by Joseph and Hartwig Derenbourg, under the title "Opuscules et Trai-

Ganâḥ, whether or not he actually enjoyed personal instruction [1]) under Ḥayyûḡ, is in a preëminent sense the latter's pupil.

Apart from the fact that the great advances made by Ibn Ḡanâḥ in the treatment of Hebrew grammar are due, as he himself frequently acknowledges, to the new direction given to the study by Ḥayyûḡ, one of Ibn Ḡanâḥ's works, the "Kitâb al-Mustalḥiḳ" [2]), is, as the name indicates a "Supplement" to Ḥayyûḡ's treatises, embodying many valuable comments on Ḥayyûḡ and correcting errors made by him. Another treatise, the "Risâlat at-Taḳrîb wa-'t-Tashîl" [3]) was intended to serve the purpose of an introduction to Ḥayyûḡ's theories, while two others, the "Risâlat at-Tanbîh" [4]) and the "Kitâb at-Taswiya" [5]) are for the most part concerned with Ḥayyûḡ. It is manifestly impossible to properly understand those works abounding in quotations from Ḥayyûḡ's treatises, without consulting the Arabic text of the latter. The insufficiency of the two Hebrew translations becomes all the more patent, if we bear in mind that Dukes' edition of Ibn Ezra's version is exceedingly faulty, and that Ḡiḳaṭilyâ's version — so admirably published by Nutt — is an abridgment of Ḥayyûḡ and frequently quite independent of the original.

---

tés d'Abou-l-Walid Merwan Ibn Djanaḥ de Cordoue". (Imprimerie Nationale, Paris, 1880).

1) In my Dissertation (see p. VIII, note 3), pp. 10—11, I was inclined to answer this question in the affirmative, but Derenbourg, in his introduction to Ibn Ḡanâḥ's "Kitâb al-Luma'", p. IV, has convinced me that there is more to be said on the negative side. The question, however, is still an open one.

2) "Opuscules et Traités", pp. 1—246.
3) Ib., pp. 268—342.
4) Ib., pp. 247—267.
5) Ib., pp. 343—379.

II.

It may be well to recall in this place the few circumstances that we know of Ḥayyûǵ's career and to sketch, briefly, the character of his works on Hebrew grammar.

Abû Zakariyyâ Yaḥyâ Ibn Dâwud Ḥayyûǵ [1]) was born in the city of Fez in Morocco, about the middle of the 10th century. He came at an early age to Cordova, settled there, and appears to have remained there till his death, which occurred early in the 11th century. Neither the year of his birth nor that of his death is known. Cordova was one of the centres of Jewish learning in Spain. The most celebrated grammarian of the place at the time that Ḥayyûǵ settled there, was Menaḥem ben Sarûḳ. The great opponent of the latter, Dunaš Ibn Labrat, though born in Fez, also resided at Cordova for a time. Ḥayyûǵ appears to have become the pupil of Menaḥem and in the bitter controversy that broke out between Menaḥem and Dunaš, we find Ḥayyûǵ espousing the cause of the former [2]). Later in life, however, Ḥayyûǵ is himself obliged to step forward as an opponent of Menaḥem's grammatical theories; and he refers to Menaḥem in terms, whereof the occasional severity tempts one to suppose that the original views developed by Ḥayyûǵ isolated him from the adherents of Menaḥem. A characteristic contrast

---

1) For the sources of our knowledge of Ḥayyûǵ's career, I may be permitted to refer to my Dissertation, pp. 4—18. See also my article in "Hebraica", Vol. V, pp. 115 and 120, and Bacher in Winter und Wünsche, "Die jüdische Literatur seit Abschluss des Kanons", Bd. II, pp. 161—169.

2) Bacher, ib., pp. 157—160, has now definitely established this point.

between Menaḥem and Dunaš is to be found in the strong advocacy on the part of the latter of what corresponds to the modern "comparative method" in the study of Hebrew, whereas Menaḥem maintains a rather hostile attitude toward appealing to the cognate Semitic languages for the explanation of Hebrew words and forms. There is a strong flavor of the modern spirit in Dunaš who insists upon the value of Arabic and Aramaic — and especially of the former — in the study of Hebrew. It is probably no accident that both, Dunaš and Ḥayyûḡ, were from Fez, where the Jewish scholars wrote Arabic and appear to have been in closer touch with Arabic literature than their colleagues in Spain.

At all events, Ḥayyûḡ's great advance over Menaḥem is due to the training he received in Arabic grammar. The life-work of Ḥayyûḡ may be described as an attempt to apply to Hebrew the methods perfected by the Arabic grammarians for the study of Arabic.

The greatest difficulty which the scholars preceding Menaḥem encountered when approaching the morphology of Hebrew was, to satisfactorily account for the divergences existing between the so-called "strong" and "weak" verbs. A hopeless confusion appeared to reign here in Hebrew; and much ingenuity was spent in endeavoring to discover the principles that controlled the conjugation of the weak verbs. The weakness of Menaḥem's position that there were stems in Hebrew containing three letters, two letters and one letter, respectively, was pointed out by Dunaš. But, although the latter was on the road to a solution of the problem it was left to Ḥayyûḡ to find the key.

The discovery which marked the beginning of a new era in the study of Hebrew grammar appears simple enough when viewed at this distance. Ḥayyûg maintained that all Hebrew stems consisted of three letters, but that when one of those letters was a "vowel letter", such a letter could be regarded as "concealed" in diverse ways in the various verbal forms.

To substantiate this thesis, he wrote a treatise upon which his reputation chiefly rests, the "Kitâb al-Afʿâl Dawât Ḥurûf al-Lîn" or "The Book of Verbs containing weak letters". The treatise consists of three parts. The first is devoted to verbs whose first radical is a weak letter, the second to verbs whose second radical is weak, and the third to verbs whose third radical is weak. Within each division, he furnishes us what he considered to be a complete list of the verbs belonging to the class in question, enumerates various forms or modes of the verb and, when necessary, adds brief comments and explanations. Preceding each division, the principles underlying the formation of the stems belonging to the division are systematically set forth in a series of introductory chapters.

As a supplement to this treatise, he wrote a second which he called the "Kitâb al-Afʿâl Dawât al-Miṯlain" or "The Book of Verbs containing Double Letters" [1]), in which he set forth the principles governing the verbs whose second and third radicals were alike. He furnishes a list of these verbs, together with the various forms of them occurring in the Old Testament.

---

1) Wright, "Comparative grammar of the Semitic languages", p. 227, uses the expression "geminate". The "Century Dictionary" authorizes "geminative" — a term suggested (I believe) by Whitney.

It is these two treatises which I herewith publish. To enter upon a consideration of their merits and shortcomings is unnecessary. Suffice it to say that not only did Ḥayyûḡ's theories triumph over those of his predecessors and contemporaries, but the succeeding generations vied with another in sounding the praises of "the distinguished master" and "the chief of grammarians". It is not likely, however, that he himself lived to see this triumph, for Ibn Ḡanâḥ is obliged frequently to defend Ḥayyûḡ against the attacks of critics. Indeed, the fact that Ibn Ḡanâḥ was forced to write controversial treatises is a sufficient proof of the opposition that Ḥayyûḡ at first encountered. But apart from his chief discovery or theory, Ḥayyûḡ displays, especially in the introductory chapters to the various divisions of his treatises, a mastery of the intricacies of Hebrew grammar which is truly surprising. Nothing apparently escapes his keen gaze and what is even more remarkable, he handles his subject in a manner that approaches the scientific spirit of modern times. Thoroughly modern is his successor Ibn Ḡanâḥ.

There is much in Ḥayyûḡ's treatises which is still of value. Subsequent writers as Ibn Ḡanâḥ, Abraham Ibn Ezra, Parḥon and the two Kamḥis exploited him thoroughly, not to speak of the two Hebrew translations made of his treatises. His fame and the knowledge of his works extended even to distant Babylonia. If the material furnished by him in the introductory chapters to the divisions of his two treatises were to be arranged systematically, we would have a tolerably complete Hebrew grammar; and this grammar would differ from a modern treatise chiefly in the *manner* of putting principles, not in the principles themselves, of which Ḥayyûḡ had a remarkably clear grasp. His view of the function and pronunciation of the Šᵉwâ (pp. 5—7 of the text) may be instanced as an illustration of Ḥayyûḡ's method at its best. Moreover, throughout his exposition, there are scattered valuable suggestions affecting the interpretation of certain Biblical passages. But after all, his chief claim to being remembered rests upon his accomplishments in the domain of Hebrew grammar. He marks in every sense the beginning of a new era, and the indebtedness of modern scholarship to him is indexed by the technical terms still employed in our Hebrew grammars, most of which are simply Hebrew translations of the Arabic terms employed by Ḥayyûḡ [1]).

It was from the Arabic grammarians, as already intimated, that Ḥayyûḡ obtained his method of investigation, and his skill in adapting the principles and grammatical terms devised by the Arabic scholars to Hebrew, forms the basis of his success in clearing up the mysteries of the Hebrew verbs. So e. g. his treatment of the Šᵉwâ above instanced betrays the partial adaptation of the principle of the Arabic *imâla* to Hebrew.

III.

Besides the two treatises on the verbs, Ḥayyûḡ wrote a monograph "Kitâb at-Tanḳîṭ" or "The Book of Punctuation". This work, which appears to have been written before his two chief treatises, is an attempt to set forth the features underlying the Massoretic use of the vowels and of the word-tone. In this little work [2]), he deals

---

1) See Bacher's "Die grammatische Terminologie Jehûdâ b. Dâwîd Ḥayyûḡ's" (Vienna, 1882).

2) The Hebrew and Arabic texts together with an English translation published by Nutt (see p. VIII, note 2).

chiefly with nouns and particularly with those of the so-called Segolate class and those containing a guttural. His treatment of the subject is characterized by the same clearness which constitutes the merit of his other compositions. Its purpose is more of a practical than of a theoretical character. He does not enter into any long discussions, but contents himself with arranging his facts in an orderly manner. What he says about the so-called "vowel letters" (chapter 1) is of interest in view of his treatment of the same subject in his treatises on the verbs (pp. 7—10 of the text).

Still a fourth work, written by Ḥayyûḡ, is known to us, though as yet only some fragments of it have been found. Abraham Ibn Ezra, in a well-known passage (Sēfer Moznaim, ed. Venice, p. 197ᵃ), speaks of Ḥayyûḡ's four works and calls the fourth ספר הקרחה. As long ago as 1862, Dr. Neubauer, commenting in his valuable essay "Sur la Lexicographie hébraïque"[1]) on this passage in Ibn Ezra, called attention to some marginal glosses in a Bodleian Manuscript[2]) which furnished extracts from various authors. Among these authors, Ḥayyûḡ also appears, but the quotations from Ḥayyûḡ not being found in the known works of the latter, Neubauer concluded that they belonged to the lost production.

In my dissertation on Ḥayyûḡ (p. 7), I maintained that this ספר הקרחה was of a grammatical character. This conjecture is now confirmed, as is also Neubauer's supposition made in 1862.

In 1889, I. Israelsohn[3]) called attention to a reference

---

1) "Journal Asiatique", 5ème série, Tome XX, p. 211.
2) See Neubauer, "Catalogue of the Hebrew Manuscripts in the Bodleian Library", N°. 316, p. 63.
3) "Revue des Études juives", Tome XIX, pp. 305—309. See also Harkavy,

to this fourth work of Ḥayyûǵ preserved in the introduction of "Tanḥûm Yerûšalmî" to his Biblical commentaries. The passage reveals that the Arabic title of the work was كتاب النتف, i. e. "Kitâb an-Natf", and Derenbourg has shown [1]) that the proper translation of the title is "Book of Extracts" [2]). The Hebrew name is therefore to be read "Sēfer haḳ-Ḳorḥā" (cf. Deut., XIV, 14) and is a literal translation of the Arabic title.

It also becomes evident from the passage in question that this work of Ḥayyûǵ was a supplement to his two grammatical treatises in which he noted the weak and the double-letter or geminative stems that were omitted by him in his previous treatises. In doing this, he anticipated in a measure Ibn Ǵanâḥ's Mustalḥiḳ, which, it will be recalled, was devoted to this very purpose. The method, however, pursued by Ḥayyûǵ differed from that of Ibn Ǵanâḥ. He arranged and discussed the verbal stems in question, not alphabetically, but in the order in which he found them in the Books of the Old Testament. Derenbourg is probably right in supposing that such a collection of passages was never issued by Ḥayyûǵ himself during his life-time. Ibn Ǵanâḥ evidently does not know of its existence; and it does not seem plausible that a man of such a scientific turn of mind as Ḥayyûǵ shows himself to be in his other three works should have sanctioned the publication of what constitutes the material of a work, but can hardly be called a finished production.

"Studien und Mittheilungen aus der St. Petersburger Bibliothek", V (1891), p. 36, note 3.

1) "Revue des Études juives", ib., pp. 310—311.

2) *Lit.:* "Book of Plucking" — *natf* being applied to the plucking out of hairs from the body of an animal.

Quite recently, Dr. Harkavy of the St. Petersburg Library has been fortunate enough to discover among the manuscripts of the great collection under his charge four pages of Ḥayyûḡ's "Kitâb an-Natf". [1])

The fragment is inserted in the middle of a grammatical commentary on the Books of Kings. Harkavy furnishes a specimen passage of the fragment, which besides removing all doubts as to the correctness of the identification, bears out the statement of "Tanḥûm Yerûšalmî" as to the general character of the work. Harkavy promises further details regarding this document, and we may look for a complete publication of it in the near future [2]).

As I also propose to publish in a forthcoming number of the "Revue des Études juives", the glosses from the "Kitâb an-Natf" to which Dr. Neubauer was the first to call attention, scholars will soon be able to form an intelligent judgment regarding this book. I may say here that those glosses — seven in all — seem to show that Ḥayyûḡ embodied in his remarks on the weak and geminative verbs occurring in the passages selected by him, comments of a more general character, without, however, passing beyond the limits of purely grammatical exegesis.

IV.

My edition is based upon the two well known manuscripts of Ḥayyûḡ's treatises, at present in the Bodleian Library, and designated in my notes as A and B.

---

1) "Revue des Études juives", Tome XXXI, pp. 288—289.
2) I am informed that Dr. Paul v. Kokowzoff, of the University of St. Petersburg, is preparing this publication.

They have been described in my dissertation on Ḥayyûḡ (pp. 17—18) and I content myself here with brief indications.

A (Pococke 134; Uri 135; Neubauer 1453 [1]) bears the date Sᵉbhâṭ 1627 of the Seleucidian era, equivalent to the year 1316 of our era. It was written in Cairo by Yôsēf ben Šᵉlômô. Besides the two treatises of Ḥayyûḡ (folios 1—117), it contains the above mentioned four works of Ibn Ḡanâḥ, which appear to have been generally regarded as a supplement to Ḥayyûḡ. The characters — described by Neubauer as Greek Rabbinical letters — are clear, and the manuscript, although of a later period than B, is the better of the two — indeed far superior to B.

B (Pococke 99; Uri 459; Neubauer 1452 [2])) is of the year 1521 (4ᵗʰ of Elûl) of the Seleucidian era, corresponding to the year 1210 A. D. Attached to the two treatises (fol. 1—121) is the third treatise of Ḥayyûḡ, the "Kitâb at-Tanḳîṭ", copied in the year 5226 (7ᵗʰ of Elûl) of the traditional year of creation, equivalent to 1467 A. D. The older scribe is Yôsēf ben Saʿadya ben Dâwîd; the later, Yôsēf ben Ṣᵉdâḳâ ben Yišay ben Yôšîaʿ ben Šᵉlômô ben Yᵉdîdyâ ben Sᵉlômô ben Yᵉhûdâ ben Dâwîd ben Zakay (all with the title "han-Nâsî"). The home of the writers is not mentioned, but both manuscripts are evidently of South Spanish or North African origin. The portion containing the two treatises with which we are concerned has many gaps, and the errors made by the

---

1) Neubauer, "Catalogue of the Hebrew Manuscripts in the Bodleian Library", pp. 514—515. The Bodleian Library also possesses three transcripts into Arabic characters of the Ḥayyûḡ manuscripts made by Joannes Gagnier (Neubauer ib).

2) Ib., p. 515.

copyist are also numerous. On the margin occur notes in the same handwriting as that which appears in the third treatise. These notes are corrections of errors and also supply omissions. The later copyist thus assumes the role of revising the work done by the earlier one. He has also added at the beginning and end of the mss., ethical reflections, a series of poems and some grammatical notes. The characters in B are designated by Neubauer as Syriac Rabbinical.

These two manuscripts, A and B, are independent of one another. It is also interesting to observe that the variations between Ibn Ezra's and Ḡiḳaṭilyâ's versions are parallelled by the divergences presented by the manuscripts. In general, Ibn Ezra's version agrees more closely with A, while Ḡiḳaṭilyâ must have had a manuscript before him presenting greater affinities with B. There are, however, instances in which the reverse is the case. Without pressing the point too far, Ḡiḳaṭilyâ's variation from Ibn Ezra may be due in part — by no means wholly — to the character of the manuscript before him and not to his own wilful curtailment of Ḥayyûḡ. A testimony in favor of this supposition is furnished by Ibn Ḡanâḥ, who defends "the distinguished master", as he calls Ḥayyûḡ, against the false views imputed to him on the basis of defective manuscripts. A large proportion of the variants between A and B affect the Biblical quotations adduced in illustration of the verbal stems discussed. I have given the preference in all cases to the manuscript giving the more copious illustrations.

This generally turned out to be A, but often I have added to A some illustrations found only in B where Ibn Ezra's version or Giḳaṭilyâ's warranted the addition. As for other variants, I have not thought it necessary to indicate any but really essential ones. My object has been, by a careful study of A and B, together with other means at my disposal [1]), to produce a text that, I trust, is as close to the one actually prepared by Ḥayyûḡ as we are able to reach.

I may add also that I have not been particular or consistent in following the manuscripts in their manner of writing Hebrew words, especially such as form part of quotations. Here since the point involved is generally a certain verbal form, I have adopted the accepted Massoretic reading without much regard whether in the manuscript there is a *wâw* or a *yôd* to indicate an *u*, *o*, or an *i* vowel.

The manuscripts not being consistent in this respect, we have no means of ascertaining exactly how Ḥayyûḡ himself would have preferred to have written the words in question. So far as vowels are concerned, I have attached them in every case to that word in the Biblical quotation which serves as an illustration. Beyond that, the vowels are confined to such words as require them — wholly or in part —, in order to bring out the author's meaning. Obvious mistakes in the quotations, some of them due to careless copyists, others to the fact that Ḥayyûḡ depended upon his memory, have been corrected, with the exception of some instances where special interest is attached to the error. Regarding other readings of the manuscripts which involve grammatical errors in the handling of the Arabic tongue, I have in

---

1) See below, p. XXVII.

most cases preferred to let the manuscripts speak for themselves, the exception to this principle being confined to cases where it is clear that we have to deal with a copyist's mistake. I cannot vouch for complete consistency in this respect, but the examples furnished will be sufficient to show that Ḥayyûḡ did not wield a facile pen in Arabic. He was too much under the influence of Hebrew to do so. He does not appreciate the syntactical niceties of Arabic and particularly in his use of the article and in the combination of nouns and adjectives, he often sins against the canons set up by Arabic grammarians.

Ibn Ḡanâḥ is much more exact in this respect. Some of the constructions and forms introduced by Ḥayyûḡ approach closer to vulgar Arabic than to the classical standard. Since a large part of the interest attached to an edition of Ḥayyûḡ's works is historical, it naturally affords a much more accurate picture of his style, if we let his words stand (so far as practicable) as he wrote them with their peculiarities and imperfections.

Besides the two complete manuscripts, I have availed myself of two fragments in the Royal Library at Berlin and in the British Museum respectively.

C. The fragment in the Berlin Library bearing the signature "Ms. Or. Oct. 242" consists of eight leaves, taken from the third division of the treatise on weak verbs. The manuscript was first fully described and analyzed by Rödiger in a paper published in the "Monatsberichte der Kgl. Akademie der Wissenschaften" for November 1868, and has recently been published by Peritz (see p. VIII, Note 3) with a German translation and a valuable commentary. Rödiger is probably right in placing the manuscript as not older than the 15th century.

D. The fragment in the British Museum is more extensive than that in Berlin. It consists of 18 leaves, bound up with fragments of Ibn Ganâḥ's "Kitâb al-Uṣûl" and a number of small treatises on Hebrew grammar. It bears the signature "Ms. Or. 2594" and was purchased by the British Museum in 1882. A full description of it will be found in a paper of mine published in the "Proceedings of the American Oriental Society" for October 1888, pp. XXXVIII—XL. Beginning in the middle of the introductory chapters to the first division of the treatise on weak verbs, it proceeds till the commencement of the second division, where a break occurs which extends well into the third division. The second part of the fragment is considerably smaller than the first. The date of the fragment is uncertain. It appears to be quite as old as B. Its interest lies in its independence of both A and B — pointing to the existence of a third class of Ḥayyûḡ manuscripts and thus incidentally furnishing another proof for the popularity that his treatises enjoyed.

While neither of the fragments furnish many important new readings, they have been of value in controlling A and B. They also enable us in quite a number of passages to render a satisfactory decision as to the reading to be preferred.

In my dissertation on Ḥayyûḡ (p. 17), I called attention to a fifth manuscript belonging to the Imperial Library at St. Petersburg. Since then I have learned from Dr. Paul v. Kokowzoff, Lector at the University of St. Petersburg, that the St. Petersburg Library possesses a most extensive and remarkable collection of Ḥayyûḡ manuscripts. In the first place, there are two large fragments that extend over the whole of the two treatises, but contain some gaps. These manuscripts I designate as E and F respectively. In addition [1] to this, there are some twenty-six smaller fragments, in part supplying the gaps of the larger fragments, in part running parallel to the latter. These fragments represent, according to Dr. Kokowzoff, as many independent manuscripts. They all belong to the so-called second Firkowitsch collection, and their existence in Crimea, whence Firkowitsch procured them, is another interesting testimony to the popularity which the study of Ḥayyûḡ enjoyed among scholars in various parts of the Mediæval world. Thanks to the extreme kindness of Dr. Kokowzoff, who has taken the trouble to carefully study the St. Petersburg collection for the benefit of my edition of Ḥayyûḡ, I am enabled to furnish details as to the contents of the fragments.

E consisting of 85 leaves 8vo. begins at p. 15 of my edition and extends to the close of the second treatise (p. 271 of my edition). It contains, however, some 20 serious gaps, which, scattered throughout the two treatises, affect over one hundred pages of the edition.

F consists of 119 leaves 8vo. and extends from the beginning till page 234 of my edition, with six serious gaps comprising about 40 pages.

Of the two, the latter is by far the superior, though not free from errors. The Hebrew portions in F are pretty thoroughly vocalized, while in E the vowels are not added.

The exact relationship of these two manuscripts to the pages of my edition is given by Dr. Kokowzoff as follows:

---

[1] Dr. Kokowzoff believes that further search will reveal the existence of still more fragments.

E.

Pp. 15, l. 15—34, 5.   37, 8—46.   48, 15—61, 1, 64, 15—66, 19.   74, 4—75, 15.   78, 10—82, 1.   83, 11—85, 11.   88, 20—90, 11.   109, 13—121, 8.   122, 17—126, 4.   137, 1—150, 14.   151, 18—157, 9.   158, 18—161, 15.   167, 17—171, 7.   174, 19—176, 10.   182, 6—184, 1.   197, 10—214, 9.   216, 4—217, 17.   219, 5—222, 8.   223, 17—225, 7.   227, 1—228, 8.   231, 1—239, 13.   244, 7—245, 19.   255, 9—256, 19.   261, 13—to end.

F.

Pp. 1, 10—21, 12.   37, 2—38, 4.   39, 9—48, 7.   49, 19—107.   118, 10—120, 3.   123, 7—139, 5.   149, 13—235, 11.   269, 16 — to end.

The smaller fragments fill out all but five of these gaps, viz: pp. 34—37. 48. 108—109. 246—255. 257—261.

Dr. Kokowzoff also furnishes the contents of the 25 smaller fragments, as follows:

1)[1]) 8 leaves corresponding to pp. 1, 9— 10 6 of my edition.
2) 2 leaves corresponding to pp. { 7, 2—10, 5 and 17, 9—21, 1.
3) 2 „ „ „ „ 15, 19—18, 19.
4) 10 „ „ „ „ 17, 15—31, 16.
5) 5 „ „ „ „ { 18, 17—21, 11; 25, 1—28, 20 and 59, 8—61, 9.
6) 2 „ „ „ „ 57, 19—61, 5.
7) 3 „ „ „ „ { 70, 9—72, 11 and 87, 12—88, 13.
8) 2 „ „ „ „ 74, 10—78, 12.

---

1) All, except N°. 18, 8vo. size.

9) 2 leaves corresponding to pp. $\begin{cases} 107,_{13}-108,_{18} \\ \text{and } 114,_{13}- \\ 115,_{18}. \end{cases}$

10) 6 ″ ″ ″ ″ $116,_{21}-124,_{8}.$

11) 1 leaf corresponding to pp. $151,_{18}-153,_{4}$ of my edition.

12) 2 leaves corresponding to pp. $\begin{cases} 154,_{7}-156,_{2} \\ \text{and } 163,_{5}- \\ 165,_{5}. \end{cases}$

13) 26 ″ ″ ″ ″ $\begin{cases} 158,_{11}-175,_{11}; \\ 185,_{1}-212,_{19}; \\ 216,_{10}-225,_{5}; \\ 230,_{4}-237,_{9}; \\ \text{and portions of} \\ \text{the "Kitâb at-} \\ \text{Tanḳiṭ".} \end{cases}$

14) 10 ″ ″ ″ ″ $\begin{cases} 172,_{9}-179,_{13}; \\ 191,_{13}-194,_{21}; \\ 200,_{4}-203,_{8} \\ \text{and } 243,_{5}- \\ 246,_{16}. \end{cases}$

15) 7 ″ ″ ″ ″ $\begin{cases} 178,_{16}-180,_{2} \\ \text{and } 235,_{8}- \\ 245,_{13}. \end{cases}$

16) 16 ″ ″ ″ ″ $\begin{cases} 182,_{13}-192,_{4} \\ \text{and } 193,_{18}- \\ 213,_{6}. \end{cases}$

17) 7 ″ ″ ″ ″ $199,_{7}-215,_{1}.$

18)[1]) 2 ″ ″ ″ ″ $211,_{1}-218,_{19}.$

19) 1 leaf ″ ″ ″ $220,_{1}-221,_{5}.$

---

1) 12mo. size and written on parchment.

20)	4 leaves	corresponding	to pp.	221,11—228, 4.
21)	1 leaf	„	„ „	226, 2—227, 12.
22)	1 „	„	„ „	230, 1—231, 9.
23)	2 leaves	„	„ „	231, 9—232, 14 and 239, 8— 240, 17.
24)	4 „	„	„ „	232,14—237, 21.
25)	2 „	„	„ „	255,12—257, 17 and 270, 6 to end.
26)	3 „	from the "Kitâb at-Tanḳîṭ".

Dr. Kokowzoff has greatly increased the obligations under which he has placed me, by making a most accurate collation of my text with all the fragments, and in my "Textual Notes", which thus assume the proportions of an *apparatus criticus*, I have embodied all important variations of the manuscripts in question. It was impossible and also needless to include all and I have been guided in my choice by two considerations chiefly; 1) to produce a more complete text; 2) the relationship between the Arabic original and the two Hebrew translations. I take great pleasure in making public acknowledgment of the valuable service thus rendered to the study of the text by the learned Lector at the University of St. Petersburg. Without this collation, my edition would have been lamentably imperfect.

Finally, as a valuable source for fixing the text of Ḥayyûǵ's treatises, Ibn Ǵanâḥ is to be mentioned, who in the four monographs above described furnishes a very large number of quotations from our two treatises; and it has often been possible by a comparison of the manuscripts with these quotations to render a decision in cases that would otherwise have remained doubtful.

All the manuscripts of Ḥayyûḡ utilized by me as well as all those in St. Petersburg are written — as practically all of the Jewish-Arabic literature of Spain and Africa — in Hebrew characters. Bacher [1]) having proved that Ibn Ḡanâḥ himself used these characters in writing Arabic — and not merely the copyists —, there is of course every reason to assume that Ḥayyûḡ did the same. This method of writing Arabic with Hebrew characters appears to have been adopted by the Jewish scholars of the day merely as a matter of convenience. Hirschfeld [2]), indeed, goes so far as to declare that the Arabic speaking Jews of Spain and Northern Africa were unable to read Arabic in any other form than in Hebrew transliteration, but this extreme view is not tenable. For purposes of commercial intercourse, it would have been necessary for most of the Jews to read and write the Arabic characters, and certainly scholars like Ḥayyûḡ and Ibn Ḡanâḥ, who acquired their method from a study of the Arabic grammarians, notably Sîbawaihi, must have been able to read Arabic characters as fluently as Hebrew. At the same time, we may assume that it was easier for scholars who happened to be Jews and whose chief interest lay in the study of Hebrew, to make use of Hebrew characters when writing Arabic [3]), much as

---

1) "Z. D. M. G.", Bd. XLII, pp. 305—306.
2) "Z. D. M. G.", Bd. XLV, p. 331.
3) In Yemen, in the other hand, we find Jews employing Arabic characters when writing Hebrew (see Hoerning, "British Museum Karaitic Manuscripts", London, 1889).

elsewhere Christian scholars preferred the Syriac characters when writing Arabic.

If the use of Hebrew letters was more convenient even for scholars versed in Arabic literature, it stands to reason that it would be preferred by Jewish copyists as well as by such scholars as confined their activity to Biblical and Rabbinical Literature. It must also be remembered that Ḥayyûḡ as well as his predecessors and successors wrote for an audience of Jewish scholars. The Arabs took little or no interest in Hebrew and several centuries elapsed after the death of Ḥayyûḡ before Christian theologians turned their attention to the study of Hebrew. An additional motive was thus furnished to lead the Jewish-Arabic writers to the employment of Hebrew characters, which could so easily be adapted to writing Arabic.

In conclusion, I beg to direct attention to the "Textual Notes". In these notes, I have included a) the result of a collation of my text with the fragment in the British Museum and of a final collation of my printed text with the Bodleian manuscripts made during a visit to Oxford in September 1896; b) Dr. Kokowzoff's collation with the twenty-seven [1]) St. Petersburg fragments, and c) some readings found in Ibn Ḡanâḥ's monographs which it was too late to insert at the proper place in the foot-notes. Fourthly, I have embodied in these notes, numerous corrections to the text. While most of these are of a minor character, it nevertheless seemed advisable to me to include all of them in these notes.

---

1) N°. 26, it will be recalled (p. XXVII), belongs to the Kitâb ut-Tanḳît.

My thanks are due to Dr. Paul Herzsohn, the scholarly proof-reader of the E. J. Brill Company, who made numerous valuable suggestions to me while the work was passing through the press. I beg also to tender my acknowledgments to Prof. Dr. Franz Praetorius of the University of Halle, and to M. Zadoc Kahn, chief Rabbi of France, through whose kind services, the aid of the "Deutsche Morgenländische Gesellschaft" and of the "Société des Études juives", respectively, in publishing this work was obtained.

University of Pennsylvania,
June 1897.

MORRIS JASTROW JR.

TEXTUAL NOTES.

Page. Line.

١, 5, read فيها.

» 7, » للرُّشْدِ.

٦, 12, F omits وجاؤا.

» 15, F reads وانّ اصل יקום.

٣, 1, F and fragm. [1]) 1 read وتناكرب.

» 5, F فلمّا.

» 8, F and fragm. 1 read وموضع.

» » F and fragm. 1 read ادغام.

» 9, A reads ضمّت. Also F and fragm. 1.

Page. Line.

٣, 9, F reads فيه.

» 13, F يدفعه القياس.

» » F omits دافع.

» 15, F » ترتيبا.

» » F مواضعها.

» 16, F and fragm. 1 correctly منها.

» 20, read املى.

٤, 10, F لا بدّ; fragm. 1 لم يكن بدّ.

٤, 13, read الثالثة. So F and fragm. 1.

» 15, read المتحرّك.

» 16, F فأقول.

---

1) I e. St. Petersburg fragments in order as indicated pp. XXV—XXVI.

Page. Line.

٤, 17, F omits هذه.

» » Ġanâḥ, Opuscules etc., p. 274, adds عند اهل المشرق after שבעה מלכים.

» 18, F reads وأيْ وهى סגול ويسمّى ايضا פתח קטן وأيْ وهى צרי ويسمّى ايضا קמץ קטן.

» 19, F לא instead of لم.

» » F vocalizes שֻׁרֶק; fragm. 1 שֻׁרֶק.

٥, 3, F and fragm. 1 يبتدون.

» 4, Fragm. 1 محرّك.

» 5, F generally writes שוא, though often שבה

» » read مبتدى. So F and fragm. 1.

» 6, F متحرّكة.

» » F يتحرّك.

» 8, F اذا for إنْ.

» 10, F كانت.

Page. Line.

٥ 16, F and fragm. 1 omit وكذلك.

» 17, F المبتدى.

» 18, Fragm. 1 هذه الاحرف; F الاربعة احرف.

» » Better حركتها.

» 20, F قبله.

٦, 2, Better لٰكِن F لاكن.

» 8, F omits هذه.

» 13, F more correctly المبتدا.

» 14, F كلامهم.

» 20, F بعينها فى اوّل الكلام الفا او هاء او حاء او عينا.

» 21, F writes אלגאעיה.

٧, 1, F استدلّت.

» 3, Fragm. 2 omits .... فاذا والقطع.

» 5, Fragm. 1 المبتدى.

» 9, » 2 متحرّكتان.

» 16, » 2 وغيره مثله.

» 17 and 20, Ġanâḥ, Opuscules, p. 277 ثلاثة; F ثلاث.

Page. Line.

٧, 19, F احرف.

» 21, F and fragm. 2 למענאין.

» » read المنطق.

٨, 3, F فهذه for فاذا.

» » F and fragm. 2 احرف; fragm. 1 الاحرف.

» 4, F and fragm. 2 سائر صُوَر

» 9, F and fragm. 2 more correctly الظاهرة.

» 19, Fragm. 2 الاصول.

» 20, » » correctly السواكن. If the singular is to be retained, we must read الذى.

٩, 1 and 2, Ḡanâḥ, Opuscules, p. 292, has اللام. So also Ibn Ezra.

» 2, read كتابتها.

» 4, F انّه.

» 5, F and fragmts. 1 and 2 واعتلال.

» » Ḡanâḥ, Opuscules p. 302, omits اوائل; also F and fragmts. 1 and 2.

٩, 6, Fragm. 2 الالف.

» » » » فانْ.

» 9, » » الزايد فى الهاء at beginning of line.

» » Fragm. 2 omits التى; F in place of it الظاهرة.

» 11, Fragm. 2 جميعا for معا.

» 13, read واتّكالا.

» 17, Fragm. 2 كتبوها.

» 20, F and fragm. 2 ذلك الاسم.

١٠, 1, read وكلّما.

» 2, F and fragmts. 1 and 2 omit קמוצה.

» » F and fragmts. 1 and 2 אלהא או אלהא.

» 3, read وكذلك.

» 5, Fragm. 2 after קמוצה reads وكاف كذلك فانّ; F وكاف كذلك كان fragm. 1 وكاف فانّ.

Page. Line.

١٠, 5, F אלכֿא או אלכֿא; fragm. 1 אלכא או אלכאף.

» 8, F فانْ for كان.

» » F او بهاء for بعد الهاء.

» 11, F كتابتها.

» 13, F ادغام.

» 14, F اندغام.

» 15, F correctly الكلم والاسماء.

» 16, F اليسير.

» 17, F omits التى . . الفعل.

» 19, F more correctly المشتقّان.

١١, 3, read יָצַרְתִּי.

» 4, F اندغام.

» 6, add مثل at end of line.

» 12, read נֹאמַר.

» 14, » ישראל.

» » F correctly كلّها.

» 17, F بلاهاء for بهاء وبغيرها.

» 20, F اسقاطها for اسقاط الهاء.

١٢, 1, F omits اللفظ. This is correct. Ibn Esra and Gikaṭilyâ also omit these words.

Page. Line.

١٢ 4. The words اللين من ב״ג ד״כ״פ״ת belong to the heading of the chapter and should have been placed in line 3.

» 4, F omits الضرب.

» 5, F والضرب which is better.

» 14, F وامّا.

» 15, read תַּחַת.

» 16, F omits ومثل.

» 20, read فَسَمَّيتُ.

١٣, 3, F وهذا.

» » F له.

» 4, read F נֶאֶלְתָּ.

» 9, F omits الثانى.

» 10, F correctly وهو.

» 11, F ذلك instead of تعلّم.

» 13, F on the margin من الالف instead of منها.

» 16, F والوجه فيه.

Page. Line.

١٣, 17, F مثل for والوجه.

» 19, F وقد.

١٤, 1, F וְהָאֲרִיאֵל.

» » F איך יוכל.

» 2, F مثل for من.

» 3, F adds on margin לאט לי לנער.

» 11, F reads after قيل as follows إنّ الياء تبدل بالالف والالف بالياء وذلك مثل שְׂפָאִים שְׂפָיִים הלוִיִם נך.

» 13, A חלאים.

» 17, F وقد قيل.

١٥, 5, read יהוה.

» 6, F omits بالياء والهاء.

» 8, E and F جميع.

» » F اللغات.

» 9, E and F وهو for وهى.

» 14, E and F omit فى.

» 15, Ḡanâḥ, Opuscules, p. 301, adds لينة after الفا.

» 18, F adds محرّكة after باء.

Page. Line.

١٥, 18, F متحركتين.

١٦, 2, read عندنا.

» 6, add فيه after فرق; so also F, while E reads لا فرق فيه عندهم; Ḡanâḥ, Opuscules, p. 303, has بينة.

» 7, E and F more correctly قبلهما.

» 12, read קוֹמָתוֹ.

» 13, E كتب هذا.

» 14, E and F وقد.

» 19, F بالف وبهاء.

١٧, 1, E, F and fragm. 3 وقد.

» 2, E omits فيه; fragm. 3 reads بواو.

» » E and fragm. 3 لانّه.

» » read שְׁאָסַיִךְ.

» 5, E, F and fragm. 3 omit فيه.

» 8, E variant reading on margin as follows فنقول أنّ هذه الالف كتبت.

» 10, E جاز ايضا.

Page. Line.

١٧, 10, Fragm. 3 النسبة الذى.

» 11, adds واصحابها after חומה.

» 12, Fragm. 2 انْ for اِنْ.

» 14, read المطّرد وجّهناه.

» 16, E after לא on margin الذى معناه.

» 20, Fragm. 2 لكتابهم.

١٨, 5, E, F and fragmts. 3 and 4 البياء التى.

» 6, E, F and fragmts. 3 and 4 وقد.

» » E and fragm. 4 كتبوا for تكتب.

» 8, E and fragm. 3 and 4 שתותי; F and fragm. 2 תשתו instead of שתה.

» 14—15 E and fragm. 4 مرّة بهاء ومرّة بالف ومرّة بواو.

» 15, E, F and fragm. 2 وكتبوا for ايضا كتبوا.

» 16, Mss. يكتبان.

Page. Line.

١٨, 17, Fragm. 2 كتابهم.

» 19, E and fragm. 2 omits فى ما.

١٩, 3, Fragmts. 2, 4 and 5 وانّما.

» 6, Fragm. 4 الزايدة.

» 7, » 5 لانّ for فانّ.

» » » » فى for هى.

» 8, E الزايدة; fragm. 2 الزايد.

» 9, Fragm. 5 فى الاصل.

» 10, E, F and fragmts. 2 and 4 مزيدة.

» 13, E omits هذه.

» 14, E and fragmts. 2 and 4 اصل.

» 15, Fragm. 5 omits على ما بيّنت..

» 16, read فليس.

» 17, Fragm. 2 omits على.

» » Fragmts. 2 and 5 التى.

» 18, Fragm. 5 قبلها التى.

» 19, A and B الجماعة for للجمع.

Page. Line.

١٩, 20, Fragm. 5 بينهم.
» » » » ام for او.
» 21, E, F and fragmts. 4 and 5 زيادة.
» » read فيقال.
٢٠, 1, E omits ان اقول.
» 2, F يجوز instead of جائز.
» 3, E, F and fragm. 4 omit ما; fragmts. 2 and 5 read ذلك مجرى.
» 6, Fragm. 2 وجدتها تكتب.
» 7, E لا for لم.
» 8, E, F and fragmts. 2 and 5 الكلام.
» 9, E, F and fragm. 5 الانتفاع.
» 10, Fragm. 4 adds تعالى after اللّه.
٢١, 3, E and fragm. 5 ثلثة احرف; F حروف.
» 5, E on margin شبهاته.
» 8, E, F and fragm. 4 (sic!) لم يعوضون; fragm. 5 (sic!) لا يعوضوا.

Page. Line.

٢١, 8, Fragm. 5 سنبيّنى.
» 11, E and fragm. 4 غير for خلاف.
» 12, read و for او; fragm. 4 omits او פועלתי; E أنّ for فى and omits انّه.
» 14, E and fragm. 4 omit اللين.
» 15, read وسمّيت.
» 16, Fragm. 4 places منه after يكون.
٢٢, 1, E and fragm. 4 add الذى after الساكن.
» 2, Fragm. 4 تصاريفها.
» » E لا for فلا.
» 3, Fragm. 4 تصريف.
» 5, read اخفّها.
» 6, E and fragm. 4 فشدّة.
» » read البنيتان.
» 8, E and fragm. א'ה'ח'ע'ר; also l. 12.
» » Fragm. 4 لأنّ.

Page. Line.

٢٢, 9, A (and also E on margin) بانحاء for بانها.

» » E لانّها.

٢٢, 11, read وانّما for واما; E and fragm. 4 فاما.

» » E سلم.

» 13, E adds الغارب after الشاقّ.

» 14, E and fragm. 4 correctly وهى.

» 19, E and fragm. 4 add cousistently وحده after פֿעַל.

٢٣, 1, E and fragm. 4 omit او פֿעַל ופֿעל.

» 2, E and fragm. 4 correctly جميعًا.

» 7, D reads (more correctly) صرفوهما; also E and fragm. 4.

» 9—10, E and fragm. 4 read مرّة على الاصل السفا ومرّة واوا.

Page, Line.

٢٤, 10, E and fragm. 4 فالواو.

» 13, » » » 4 انقلبت like B.

» 14, read اتّكالا.

» 17, E and fragm. 4 تُنْبِئ عن.

» 2, read בני.

» » E موقوفة.

» 3, E ذكرت for وصفت.

» » E وقف for توقيف.

» 5, E موقوف.

» 8, E موقوفة.

» 10, D adds at close of chapter والله نستعين.

» 16, E موقوفة.

٢٥, 1, D after יאבד הון adds وقد لينت الف المتكلّم فى هذا الضرب عند دخول الواو عليها واسقطت من الخطّ اتّكالا على اللفظ, but in return omits all from الساكن (l. 3 of our text) up to اللفظ of line 5.

TEXTUAL NOTES. XXXIX

Page. Line.

٢٥, 3, E and fragm. 4 الالف والواو.

» 4, E and fragm. 4 more correctly ألينت.

» 4—5. Fragm. 5 omits اتّكالا على اللفظ.

» 4. 9. 20, read اتّكالا.

» 8, D adds الالف after قلبت; also E on margin.

» 11, E and fragmts. 4 and 5 add هو after والباء.

» 12, E يستعملونها for تكتب.

» 18, read الخطّ.

» 20, E and fragm. 4 like B.

٢٦, 3, Fragm. 4 omits وשבא تحت الالف.

» » E and fragm. 4 لكن.

» 5, E بالשבא.

» » read بצרי.

» 8, » וַיֶּאֱהַל.

» 10, » اتّكالا.

» 12, » מכלינו.

Page. Line.

٢٦, 14, Fragmts. 4 and 5 omit لين.

» 15, read بالצרי.

» 19, Fragm. 4 more correctly يكونا; E يكونان.

» 20, Fragm. 5 omits اعنى.

٢٧, 1, E هذا.

» » Fragm. 4 adds ثقيل after فعل.

» 2, E and fragm. 4 الالف for الفاء.

» » Fragm. 4 لثقل.

» 6, E fragmts. 4 and 5 خفيف.

» 9, E reads غير أنّها القيت; fragm. 5 غير أنه القيت.

» 11, E omits ان اقول.

» 12, Fragm. 5 وهو اصل.

» » » » على حسب.

» 13, E and fragm. 4 كانت for كان.

» 14, Fragm. 5 adds والانفعال (Ps. 65, 7) נֶאְזָר בגבורה

Page. Line.

والافــتــعــال עז הִתְאַזָּר (Ps. 93, 1).

٢٧, 16, Fragm. 5 وتنقلب.

» 20, read الاستخفاف. So also fragm. 5.

٢٨, 2, E والحاء هو فاء الفعل.

» 2, Fragm. 4 يكونا.

» 5, D adds هذه الالف after تتقلب; fragm. 5 adds الالف.

» 5, E and fragm. 5 omit لينة.

» 6, read ימין.

» 7, E and fragm. 5 ومثله.

» 10, E ונוחוו.

» 11, E and fragm. 4 נבחרו for נכחדו.

» » read האחיו.

» 13. The quotation is inexact. Cf. I Reg. 10, 19, — the parallel passage to II Chr. 9, 18; E and fragm. 4 both times לכסא.

Page. Line.

٢٨, 15, E and fragmts. 4 and 5 واصل.

» 16, E and fragm. 4 نحو.

» » E ולאכן.

» 17, read أن.

» » E and fragm. 4 א'ה'ח'ע.

» 18, » » » » ينقل.

» » E وتحريك.

» 19, E and fragm. 4 omit كقولك מאחז.

» 20, Fragm. 5 omits مكان.

٢٩ 1, E adds ולא אחר עד עתה (Gen. 32, 5) (sic!).

» 6, E and fragm. 4 omit وهو.

» 9, E at end of line adds אאחר.

» 11, Fragm. 4 omits עד עתה.

» 13, E لاكنهم.

» 15, E الف اخر at beg. of line.

» 18, E محركة.

» 19, E and fragm. 4 كتبوها.

Page. Line.
٢٩, 19, E واوا على اللفظ.
٣٠, 2, add Jes. 1, 20 after תאכלו.
» » Fragm. 4 omits ان.
» 5, E and fragm. 4 קמוצים.
» 8, E omits جاء.
» 8—9, E and fragm. 4 read פועל ان ذلك المعنى أمشى فى هذا الموضع ولو كان فعلا الخ.
» 11, E and fragm. 4 omit ومثله.
» » E adds جدّا after كثير.
» 12, E كان after الקמץ.
» 13, E موخّرة.
» » E فتصير.
» 14, D ومتقدّمة.
» 16—17, Fragm. 4 reads الذى هو واقعا.
» 17, Fragm. 4 المقدّم.
» 18, E and fragm. 4 وللاثنين.
» 19, » » » » omit معنى.

Page. Line.
٣١, 1, Fragm. 4 لقال.
» 2, E omits جاء.
» » E and fragm. 4 مثال for بنية.
» 3, E and fragm. 4 omit איננו; fragm. 4 also omits מאתך.
» 6, E جاء for خرجت.
» » E خامسا.
» » E and fragm. 4 لم for ولا.
» 6, Fragm. 4 reads فى المקרא.
» 10, E and fragm. 4 تكتب for قلبوا; frag 4 also omits واوا.
» 13, E ולעמסה תאמרו.
» 20, read "A and D read ادراج"; also E and fragm. 4 which likewise have, like A, اللفظ.
٣٢, 4, E الهاء.
» 6, » قال for قيل.

Page. Line.

٣٢, 7, E يقول for يقال.

» 10, D, and Ganâḥ, Opuscules, p. 20, يجوز; E يجيز.

» 11, E الاوامر for الامر.

» 12, » الامر من.

» 13, E adds קרב קרבה.

» 14, E واحدة شاذّة and omits ايضا.

» » E هذه.

» » » تلك.

» 18, D ينقسم.

» 19, E واما.

٣٣, 5, D and E ينقسم.

» 10, E omits كما.

» 12, E وصعنا.

» » D به for بها.

» 14, E لازما.

» 15, D منفعل for انفعلت.

» » E رتبوا instead of جعلوا.

» 16, read وقف for وقد. So D and E.

» 18, read עצמותיו.

Page. Line.

٣٣, 18, E omits الذى هو انفعلت.

» 19 and 20, D ووقفه. E وقفه.

» 20, E معناه for هو.

» 21, read "A בלא קמצות". So also D.

٣٤, 1, D and E add נאסרנוהו (Jud. 16, 5) לענותו.

» 2, D اجازوا.

» 3, E واسقطوها.

» 4, omits مثل.

» 6, D لكان السين مشدّدا.

» 9, D بلين الالف.

» 14, D reads הרמים את יורם and adds واصله הארמים.

٣٦, 6, read اتّكالا.

» 9, » اجتمعا for جاءت معا. So D.

» 17, D ונאשים אם לא ישים.

٣٧, 9, E and F انه.

» » read يدرك فى الجلوت.

» 11, E اجل انّ.

Page.	Line.	
٣٧,	14,	E انفعل.
»	15,	E ماضيا.
»	16,	E مستقبلا.
»	»	read زيدت.
»	17,	E الشواية.
»	21,	E فيهما for فيها.
»	»	E omits וַיֵּדְעוּ.
٣٨,	2,	E الياء التى للغائب.
»	»	E and F وانّما.
»	3,	read لانّها.
»	4,	E موقوفة.
»	5,	E adds فى كلّ موضع after ابدا.
»	»	read וַיֵּדְעוּ at end of line.
»	6,	E مثله for القول.
»	8,	E تحريك for كثرة.
»	9,	E وقيل.
»	12,	E الاصل for الوجه, and omits كلّه.
»	13,	E יעץ او עץ.
»	14,	E יְרָא את יי בני ומלך (Pr. 24, 21).
»	15,	read التى.

Page.	Line.	
٣٨,	19,	E مصادر.
٣٩,	4,	read الانفعال.
»	6,	E omits الفاء.
»	9,	read יכרת.
»	»	» التى.
»	10,	E adds قبلها after الياء.
»	12,	F omits فى.
»	15,	read נושע.
»	16,	» נותר.
»	15—16,	E adds as examples חולד תודע ,תושע תורא.
»	17,	E ונעדת אועד ונוקש; F נוקש יוקש ונועדתי אועד and omits ومن.
»	18,	E والقياس.
»	»	E omits هذه; F reads هذا.
٤٠,	1,	E and F الشديدة.
»	4,	E يقال for نقول.
»	5,	F ولذلك.
»	»	read اشتدّت.
»	11,	F باب منه.
»	13,	F ساكنا مضموما.

Page. Line

٤٠, 15, read فاءات.

» 19, F بان فعل ماض سوا هذه; E فان جميع.

» 20, E فموجودة.

» » read كلمات. So correctly E and F.

٤١, 4, » ומשירו.

» 6, » בהפעיל.

» 7, » منه. So E and F.

» 9, E adds הורדתם.

» 12, » » את תועבותיה.

» 15, E erroneously برد الياء.

» 17, E واما ما.

» 18, F برد.

» » E omits لينه. So also Ganâḥ. Opuscules p. 47.

» 19, E and F فاول.

٤٢, 3—4, E omits التى .... المקרא.

» 4, read الموجودة.

» 6, E اولها for فاولها.

» 10, E ثان.

» 11, read אשר נואלנו ואשר (Num. 12, 11) הטאנו. נואלו שרי צען (Jes.19,13). So F.

Page. Line.

٤٢, 15, read ואשתה.

» 16, „ דברת.

» 17, F مثل for على زنة; E omits والفاعل .... מדבר.

» 18, F مضموما.

» 19, E and F او بتشديد.

٤٣, 1, read יאת.

» 4, F omits هو; A reads هى.

» 12, E ومعنى omitting وفى ..... الاصل.

» 15, E reads תיבש איבש ורוח זכאה תיבש גרם.

» 18, read أن.

» 21, » زيدت. So E and F.

٤٤, 4, E فقال מן יבש ייבש יבש ויבשהו; F ויבשהו.

» » E ومثله.

» 7, E الفعل ثابت غير ساقط.

Page. Line.

٤٤, 7, A reads وممّا يشبه for ومثل; F وممّا شبه.

» » E ومثل וויבשהו and omits في ויבשהו.

» 8, E ان for من.

» 10, E الاخيرة for الاخرى.

» 11, F وكتب.

» 15, E الوزن תדע תדעו.

» » E תפעלו for תפעל.

» 18, E adds بقلب الياء واوا لينّة after والثقيل.

» 20, E and F like A.

٤٥, 2, E omits في.

» 7, E ماص. See note to p. ٥٠, 15.

» 10, read וְשֵׁנָה.

» 14, » לֵיחָמְנָה.

» 15, E adds (Jud. 5, 28) على زنة מדוע אֵחֲרוּ after הצאן.

» 17, read וַתֵּיחַמְנָה.

» » F omits قد.

» 19, A and Ḡanâḥ Opuscules p. 354 omit في.

Page. Line.

٤٦, 1, add "או פֵּעַל או פְּעַל". So Ḡanâḥ, Opuscules, p. 354; F punctuates פֵּעַל או פְּעַל.

» 2, F مشدّدة.

» 12, E ויחל.

» 15, E كلمة.

» 16, E ואלתהא; A, B and F ואלאהא.

» » F صغير.

» 17, E וייחל; F ויחל וייחל.

» 18, add וַיִּיָּחֶל עוד after first word.

» 20, read "Ḡanâḥ".

٤٧, 4, E adds on margin והדא ממא וגד עלי האמש נצכה צחיח ללשיך עבד אלכאפי והו ישיר באן יקדם הדא אלבאב אעני יחל עלי אלבאב אלמתקדם לה והו יחם עלי תלאוה חרוף אלמ.

» 8, E ויטבו דבריהם.

Page. Line.

٤٧, 11, read מַה־תֵּיטִיבִי דרכך (Jer. 2, 33) and add والوجه في יֵיטִיבוּ תֵּיטִיבִי.

» 15, E اصلا like B.

» 16, E اوايلها for اوله.

٤٨, 3, F adds المذكر after الاصل.

» 4, read יֹסֵף.

» 6, » ويتحركون.

» 16, E לא אוכל.

٤٩, 5, E مبنى من بنية.

» 6, E omits مبنى.

» 7, read שָׁסִיתִי; E وשיסיתי.

» 8, E adds אצמת after צמת.

» 10, read צִמְּתוּנִי.

» 11, E פעללתוני הפעלתוני

» » E اللغة.

» 12, read הֶעֱלִיתָנוּ.

» 15, » שׁוֹבַנְתָּ.

» 16, E omits مبنى.

» 17, E من بنيتين.

» 18, E الفاظ.

» » read شاذ.

Page. Line.

٤٩, 19, read عليها.

٥٠, 2—4, E places.... وكذلك لينة before.... من ضرب יוֹדַעְתִּי. So also F which however omits ومن ضرب שופטתי. E and F read שׁוֹסִיתִי instead of שׁוֹסַתִּי. Both E and F add فعلا ماضيا على مثال after שוסיתי.

» 4, E and F omit ...والامر الاصل.

» 8, F من الفعل الثقيل.

» 13, E and F ורשע.

» 14, read הַשְּׁכוֹר.

» » F فعل.

» 15, The Mss. so frequently have ماضى (and ثانى) with or without the article that there is every reason to believe that Ḥayyûḡ used this form. E and

Page. Line

F are somewhat more consistent than A and B in reading מאץ but. A in the case before us reads מאצי, and it will be preferable therefore for the sake of consistency to adopt the form with *yâ* throughout. Ḡanâḥ likewise uses ماضى.

٥٠, 17, E omits فاشتدت.

» 18, E להרפה (so also E and F line 16) instead of לו.

» » read وحرّك.

٥١, 4, F הבשן.

» 5, and 6. See note to p. ٥٠, 15; F has מאצי in both places.

» 7, E and F أمّا.

» 13, E الاولة.

» 15, E الكلمة الواحدة.

Page. Line.

٥١, 17, F وكان الوجه.

» 18, F الفرق.

» 19, F منها for منهما.

» » E correctly اسم واحد.

٥٢, 1, E and F كتبوه like A.

» 2, » » » المقروء.

» 3, E ونسبوه.

» » E and F omit قال.

» » E adds בן ימיני.

» 6, E places יוֹנֵק at end of line.

» 7, E والتثقيل.

» 8, read וְהֵינִקְהוּ.

» 12, E والصفة יוסד; F والفاعل יוסד.

» 15, E ادغام.

» 17, E ثان.

٥٣, 4, E and F نظيره.

» 6, F adds וְהוֹסַפְתִּי על כל (Ps. 71, 14) תהלתך.

» 8, E and F ויאסף שאול עוד.

» 13, read יַסֵּר.

Page. Line.

٥٣, 17, E ثان.

» 21, read "Ğanâḥ, Opuscules, p. 310".

٥٤, 5, F واصله عندى.

» 6, read שְׁמָרְנִי

» 9, F والمستقبل after יערה and after والانفعال بواو.

» 10, read וְנוֹעַדְתִּי; E וְנִעֲדְתִּי (Ex. 25, 22) לך שם.

» 13, F adds والواو اصلا.

» 14, » » לא יועיל.

» 18, E and F add כי יָעַץ עליך (Jes. 7, 5) ארם.

» 20, read شاقّ. Ğanâḥ, Opuscules, p. 38, reads الشاقّ. So also E and F.

٥٥, 4, F adds ردّت فيه الياء واوا after والتثقيل.

» 6, F (Gen.19,23) השמש יָצָא instead of יצאתי and adds after עמך, the following: יצוא יצא والمستقبل بياء لينة مسقطة من الخطّ استخفافا اتّكالا على اللفظ.

Page. Line.

٥٥, 8, F ואותנו הוֹצִיא (Deut. 6, 23) instead of הוציא.

» 15, F لادغام.

» 16, A بالاندغام, which is to be preferred.

» 17, F الصاد المشدّدة.

» 19, read ארץ.

» 21, F more correctly והפתעל.

٥٦, 1, F التاء الاولة.

» 8, F تاء الافتعال instead of التاء.

» 10, F omits وهى.

» » remove Dâgêš from שׁ.

» 11, A and F omit لانّ.

» 18, F adds فى after الّا.

٥٧, 2, F more correctly ותפתעל.

» 4, F ויתיצב ויתפעל.

» 6, F موقوف.

» 10, F فيها.

Page. Line.

٥٧, 11, F ووزنها.

» 12, remove Dâgêš from מוציק.

» 17, read אֶשְׁמְרָךְ.

٥٨, 1, F כיקוד אש.

» 3, E and fragm. 6 ينقلب.

» 4, Ḡanâḥ, Opuscules, p. 218, adds لينة after واوا. So also E,F and fragm.6.

» 8, E موقوفة.

» » E and F هى. Fragm. 6 omits וְהָקִיצָה ... فهى.

» 13, F אל תיקר נא.

» 17, Fragm. 6 ورשע.

» » F صارت for كانت.

» » F and fragm. 6 ונקוה.

» » E and F مفتوحة.

» 19, E and fragm. 6 תפארת גדולותו.

» 20, F adds ردّت فيه الياء واوا ساكنة after معدا.

٥٩, 3, F omits معنى.

» 3—4. Fragm. 6 omits مثل .... פעולים; E and F omit مثل.

٥٩, 13, Fragm. 6 الموقفة فى.

» 17, » » الياء الذى; E and fragm. 6 read هو for فى.

» 19, Fragm. 6 الالف.

» 20, E and fragm. 5 also שאול.

٦٠, 1, Fragm. 5 من الاصل for الاصل.

» 2, E واحسبه.

» » F and fragm. 5 omit ان; E reads من.

» 3, E omits من after هو.

» 5, E and fragm. 6 فيه.

» 9, Fragm. 5 גרשוני היום.

» 15, E and fragmts. 5 and 6 omit والمستقبل.. الياء; F reads والمستقبل بلين الياء واسقاطها من الخطّ استخفافا.

» 16, F adds לא יֵרֵד בני עמכם

Page. Line.

· (Gen. 42, 38) after עמך·

٦٠, 16, F וַיֵּרְדוּ אחי יוסף (Gen. 42, 3) instead of ירדו·

» » E and fragm. 6 موقوفة.

» 18, Fragm. 5 adds والاسم מוּרָד after רד·

٦١, 2, read בפניה·

» 3, F and fragmts. 5 and 6 add יָרַק·

» 16, F adds וְהוֹרִישׁ יי את כל הגוים האלה (Deut.11,23)

» 18—19. E reads יי מוֹרִישׁ ומעשיר פן אִוָּרֵשׁ ונגבתי وتقييد اخر في هذا المعنى יָרֵשׁ אִוָּרֵשׁ יְיָרֵשׁ (Deut. 28, 42) הצלצל·

» 21, F also ثاني.

٦٢, 6, F قلب.

» 12, F הוּשַׁב כספי (Gen. 42, 28).

» 18, F ثقيل.

» » read יָשַׁבְתִּי·

Page. Line.

٦٣, 10, read at beginning of line יָשָׁן.

» 18—19. See Derenbourg's note in Ḡanâḥ's, Opuscules, p. 56.

» 19, F انفعل.

٦٤, 3, F والصفة קמץ.

» 5, F omits وكان.... ايضا.

» 17, F فتكون.

» 18, read اقوى. So E and F.

» » F لم for לא.

» » add من الفعل الثقيل after نجد. See Ḡanâḥ, Opuscules, p. 361. So F which, however, omits ויפעלנה·

٦٥, 1, E مثال for زنة.

» 2, F adds שׁוֹכֵן וְשָׁכֵן·

» 16, F adds וְהַנּוֹתָר בבשר (Lev. 8, 32).

» 19, A والله الحمد والشكر; E والحمد لله وحده, while F omits entirely.

Page. Line.

٦٥, 21, F also التصاريف.

» 22, E and F also على مثال.

٦٦, 1, E omits هذه while F begins as follows نبتدى المقالة الد" من الكتاب حروف اللين العبرانية.

» 2, E (דאווד) يحيى بن داود.

» » F مضى منا.

» » E وانا اذكر.

» 4, read كنهها. So F which also adds وبعد.

» » read والله.

» 9, F اصل.

» 13. In B את has been erased. F omits את.

» 17, F والدال instead of بين الدال.

» 20, read ‘A and B’ instead of ‘Mss’.

» 21, F לְקַיֵּם כל דבר (Ruth 4, 7).

٦٧, 4, read והיה ה'; and 16 for 15.

Page. Line.

٦٧, 8, read كثيرة. F وامثالها كثيرة.

» 12, F يسقط.

» » » adds معا at end of line.

» 20, F ماضيا.

٦٨, 1, read שם.

» 2, add “Zach. 12, 2”.

» 4, F in both instances ראש; also in l. 5.

» 9, F פועל או פֻּעַל או פָּעַל או פעל المشدّد.

» 13, read وحرّكت.

» 15, A and Ǧanâḥ, Opuscules, p. 313, כֵּנִים אֲנַחְנוּ (Gen. 42, 11).

» 16, من هذه الافعال belongs to preceding line.

» 18, F مضموما.

٦٩, 1, F ימוש for ימוט and بساكن for باسكان.

» 1, read الاربع.

» 4, » التى.

Page. Line.

٦٩, 6, F الاسكان.

» 8, F فاسكنوها.

» 9, F اربع.

» » read والياء.

» 14, » الزوايد.

» » F حركاتها.

» 15, F التين for التى.

» 18, read اصلها. So F.

٧٠, 7, F correctly الثابت.

» 10, Fragm. 7 بضمير.

» 15, The word ראש belongs to l. 14 after ישופך. So F which adds תְּשׁוּפֶנּוּ (Gen. 3, 15) עקב.

» 17, A يجوز.

» 18, read יְבֹאוּן.

» 20—21. Fragm. 7 וּשׁרק in l. 20 and וּחלָם in l. 21.

» 21, F and fragm. 7 التصاريف.

٧١, 1, A and fragm. 7 ازيد.

» 3, read الفعل. So also fragm. 7; F لفعل.

Page. Line.

٧١, 4, F and fragm. 7 correctly مضموما.

» 7, F and fragm. 7 וַיָּגָר בגרר (Gen. 20, 1).

» 11, read فى ما.

» 15, F اللفظ الذى.

» 19, F بالمبنيات instead of بالمكنيات.

٧٢, 7, F ونظرها; A and fragm. 7 ونظايرهما.

» 15 and 20. A and F ونظايرها.

» 18, read سقوطه.

» 20, F اذ.

٧٣, 4, read منها for منه.

» 5, » مضمومة against Mss.

» 14, read דִּינָךְ.

٧٤, 4, F adds טוב בעיני יי (Num. 24, 1).

» 9, E انّها.

» » E and F التصاريف.

» 11, add לָקוּם.

» 17, A and F ونظايرهما.

Page. Line.
٧٤, 20, read אלהצאריף.
٧٥ 2, F متحرك.
» 7, Fragm. 8 ساكنة.
» 12, F المبنيات for المكنيات. So also in ll. 20 and 21.
» 16, F adds הֲצִיקוֹתִי.
» 20, read بهذه. So F and fragm. 8.
٧٦, 3, F بالمبنيات.
» 4, F المبنيات.
» 7, Fragm. 8 reads فيها لان بعدها; F also فيها.
» 8, read هذا. So A and F.
» 17, » אלהים.
» 21, » הַחַיִּיתֶם הַחַיְּתָה
٧٠, 2, » לו for לך. So F and fragm. 8 correctly.
» 6, read רצוח.
» 7, » الهاء.
» 10, F and fragm. 8 יפרנו for יניפנו.
» 11, Fragm. 8 ויעירני So also Ibn Ezra.

Page. Line.
٧٧, 13, F اجتمعت.
» 14, read اصلا.
» 21, » هو for هو. So F.
٧٨, 2, » وهو for وهو. So F.
» 16, F (also l. 3). واخوتهما; E واصحابهما.
» 18, add בַּיִּצְרוּ.
» 20, read השיב for השב.
٧٩, 6, F (I Chr. 25, 7) שִׁיר לה׳.
» 9, E omits الامر......الاوّل.
» 12, E and F add תנומה.
» 18, E والهاء for والهاءات.
» 19, Mss. מרוץ.
» 21, Read 'A and B' instead of 'Mss.' E and F אחכי.
٨٠, 2, F والفعل.
» 4, read كلّ and ماخوذ.
» » F السالم.
» 5, E א״ה״ח״ע.
» 6, E مسقطة; F مسقوطة.
» 13, read הוקם for הוכח.
» 15, E واخواتهما for اصحابهما.

Page. Line.

٨٠, 17, F adds منها.

» 19, F الذى عين الفعل واوا ساكنا مضموما.

٨١, 1, A, E and F omit נְחלם.

» 3, E الاولة for الاولى.

» 16, F נכון for נבון. So also l. 18.

» » E واصحابها.

» 19, E السواكن

٨٢, 1, F נכון.

» 13, F المشدّدة.

» 15, read ومثله. So F.

» 21, » ومثل هذه.

٨٣, 2, » تنفعل. So B and F.

» 11, F الانفعالات.

» 13, erase افعال.

» 17, E انفعل; both E and F omit ومثله... انفعال.

» 19, E يكون معناه.

٨٤, 7, E יקומם instead of יעקב עליו.

» 12, read וְהִתְשַׁטְּנָה.

Page. Line.

٨٤, 14, read נד.

٨٥, 2, F adds אֲבוּסֶנּוּ (Jes. 14, 25).

» 4, F adds ואעמד. עליו וַאֲמוֹתְתֵהוּ (I Sam. 1, 10).

» 9, read כברקים.

» 17, F adds יָלוּן.

» 21, F » לֵץ.

٨٦, 6, F קט for קוט.

» 7, F adds אתקוטט before קינה.

» 10, F הֲשִׁיר for השירו and omits ישיר.

» 12, F وانّما for واما.

» 13, F فليس.

» 14, read וְסָבַב.

» 17, » וְאֶשְׁתּוֹמֵם.

» 18, add שממה after مـن. So also F which however reads لانها for لانهما.

٨٧, 1, F هذا.

» 11, F הֲתָעִיף עיניך בו (Pr. 23, 5).

Page. Line.

٨٧, 15, F omits ll. 15—p. ٨٨, 5.

» 17, A احديهما.

» » Ganâḥ, Opuscules, p. 315. احداهما من الاخرى; Fragm. 7 احدها.

» 20, The reading المثل appears to have been the original one. So F.

٨٨, 4, Ganâḥ, ib., اثباتى. B اثبته.

» 11, read وكذلك.

٨٩, 9, F איור for אִוּר.

» 10, read ليكون. So also F.

» 13—14. F omits.... والاسم الماضى.

٩٠, 3, read اتّكالا.

» 11, F الاولة.

» 17, read كلمتان شاذّتان.

» 20, F جعل مصلحو.

٩١, 3, F استعملوا.

» 3, for נִתְנַבְּהֶינָה see Ez. 16, 50.

٩٢, 1, F فاصل.

Page. Line.

٩٢, 6, F adds יָבוּס צרינו (Ps. 60, 14).

» 21, F عين الفعل.

٩٣, 1, F انقلبت.

» 7, F adds יבושש.

» 11—12. F omits.. والانفعال הגוּ.

» 20, read اللين for النون; F omits بواو اللين.

٩٤, 16 and 18. F omits استخفافا.

» 19, F correctly omits تشديد.

٩٥, 2, read הִדִּיחַ.

» 3, remove Dâgêš from העולה.

» 4, read דוּן for דָּן.

» 5, F تحرّكت.

» 7, F נדונותי.

» 11—13. F omits...... ومنه לוטה.

» 21, F also omits דוץ, but adds ידוץ at end of line.

٩٦, 4, F דיש.

Page. Line.

٩٦, 11, and 15, read حرّكت.

» 15, F omits فيه.

» 17, F مفتوحة.

» 19, read הֶהִים.

٩٧, 5, remove Dâgêš from הֶהִין.

» 6, read "Jer. 49, 4".

» 10, F אָזוּר.

» 11, F ببياء.

» 19, read حرّكت.

» 21, F مقلوب من.

٩٨, 9, F אָזוּר for תזור.

» 11, F بياء محرّكة.

٩٩, 1, F وفى المعنى.

» 8, F reads وفى هذا الاصل معنى ثالث ثقيل חוללה الخ.

» 15, F adds לְמַרְחַר רִיב مضاعف (Pr. 26, 21).

١٠٠, 1, F טָח טָחְתִּי.

» 3, read אָטוּם.

» 4, » الامر.

» 8, » فى for فيه. So F.

» 17—18. F omits הִטּוֹל. יִטּוֹל.

Page. Line.

١٠٠, 20, read "Ḡanâḥ".

١٠١, 4, F وفى الاصل instead of فيه and adds אָכִיל.

» 11, F adds הִכּוֹן.

» 20, read تنقلب. F reads like B لאט ... واوا لينة, but omits the following words.

١٠٢, 2, read הֵלִיט.

» 3, F correctly ولغة اخرى.

» 4, F وقد.

» 8, read לאבשלום.

» 18, F adds לברך (sic!) וְלַצְּתָה (Pr. 9, 12).

١٠٣, 6, read הִמּוֹג.

١٠٤, 3, F נמול. So also in l. 4.

» 4, F ויפעולו.

» 5, F ונשלח ספרים.

» 8, F معناها.

» 9, F كانت for كان.

» 19, F בצרי.

» » F فقالوا.

» 20, read "B" for C.

Page. Line.

١٠٥, 21, F also الثناء.

١٠٦, 1, F adds פעלול after ניחוח

» 19, F ניף.

» 20, F adds בְּנָפַת שוא (Jes. 30, 28) after גנים.

١٠٧, 8—9 F נָסוגו אחור (Jes. 42, 17) instead of נסוגותי ... נסוג.

» 13, read المتغيّرة.

» 17, » וְהֻסַּג אחור (Jes. 59, 14).

١٠٨, 8, Fragm. 9 אדושנו instead of אדוש

١٠٩, 12, read עָבִים.

» 13, » עֻגָה.

» 15, E وفى الاصل فعل ثقيل.

» 18, read בנו for בו.

» 21, E also בהם.

١١٠, 3, read הָעֵד.

» 5, E עיז for יעיז.

» 12—13. E merely من هذا المعنى.

١١١, 1, E ويقال من עלוה انّه.

Page. Line.

١١١, 2, E هذه for هذا.

» 5, E adds נפש עֲיֵפָה ויגע עָיֵף (Jer. 31, 25) (Num. 25, 18).

» 7, E omits من.

» 10, E (Dan. 9,21) מֻעָף ביעף.

» 16, E מְעוּפַף.

» 20, read «Ḡanâḥ».

١١٣, 5, E (Ps. 91, 3) מִפַּח יקוש

» 11, read כל הארץ. So correctly E.

١١٤, 13, read וּפִישְׁתֶּם.

١١٥, 1, Fragm. 9 تضاعف.

» 2, read להם for לכם.

» 10, Fragm. 9 استعمل.

» 19—20. E omits ليكون .... الاصل.

١١٦, 2, E عليه for على.

» 5, E ثانٍ.

» 9, read هذه.

» 16, E adds וַיָּצָם (II Sam. 12, 16).

» 22, read הֲצִיצוֹתִי.

Page. Line

١١٧, 11, Fragm. 10 فى for فيه.
» 12, read وحرّكوا.
» 16, E and fragm. 10 واستعمل. So also l. 18.
» 17, E استعمل.
» 20, E and fragm. 10 like A.
١١٨, 14, Fragm. 10 فى الصفة.
» 21, » » وزن for زنة.
١١٩, 1, read "Jes. 51, 2".
» 8, » הַאֲזִנָה.
١٢٠, 2, E, F and fragm. 10 add הָקָר.
» 6, Fragm. 10 الكلمة.
» 11, » » الساكن الذى omitting the preceeding الياء.
» 13, Fragm. 10 يكون.
» 16, read הֲרִיד for תריד. So E and fragm. 10.
» 20, E also רוד.
١٢١, 4, Fragm. 10 רים.
» » E adds ירימו רמה.
» 21, Fragm. 10 like B.

Page. Line.

١٢٢, 1, read وشدّة.
» 2, » مثلها. So fragm. 10.
» 4, Fragm. 10 omits فى عين الفعل.
» 12, read مثله. So fragm. 10.
» 16, Fragm. 10 هى.
» 21, » » ومסלול.
١٢٣, 6, read מעלליהם.
» 8, E, F and fragm. 10 וירע לעשות.
» 13, St.Petersburg Mss. בְּיָרַע (Jos. 6, 20) העם ויתקעו.
» 19, read ועלהו. So E and F.
١٢٤, 19, E ومعنى اخر فيه.
١٢٥, 6, F adds אָרוּר.
» 9, E עֹשֶׂה פעלה שקר (Pr. 11, 18).
» 14, read רְשַׁשְׁנוּ.
» 15, E اصل اخر ويمكن. F omits من . . . . يمكن.
» » read يكون من معنى. So E and F.

TEXTUAL NOTES. LIX

Page. Line

١٢٥, 21, E and F likewise ראש.

١٢٦, 1, F השיב والتقيل.

» 14, F فعل ثقيل.

١٢٧, 1. This line wanting in F.

» 5, F אָשִׂיםָ בחקיך confusing with אָשִׂיחָה (Ps. 119, 48).

١٢٨, 11 E المتحرّك.

» 12, F الفتح التى فى ויושם.

» » insert Gen. 19, 9 after גש הלאה.

» 15, F omits هو.

١٢٩, 2, F correctly בשערה

» 5, F ومعنى ثانى.

» 10, read שִׁיר. F adds وثقيل اخر.

» 17, read שׁוֹרְרוּ.

١٣٠, 10, F שית שות.

» 12, F adds وكان الوجه שִׁיתִי مثل שִׁיתִי אותותי (Ex. 10,1) وكذلك الوجه فى שַׁתּוּ בשמים פיהם (Ps. 73, 9) after מַחְסִי but omits אָשׁוּה.

١٣٠, 13, F adds אָשׁוּה יָשׁוּת שׁוּת after השערה.

» 15, F שִׁיתִי כליל לבך (Jes. 16, 3).

» 21, F والحمد لله تع.

١٣١, 2, F merely يجيبى.

» 6, A and B لم for لا.

» 9, F ونهذه.

» 12, read والله.

» 13, F على for فى.

» 16, F يقلبوا منها.

» » Ḡanâḥ, Opuscules, p. 296 omits لينة.

» » F مكسورا.

» 18, F منه for منها.

١٣٢, 3, Ḡanâḥ, Opuscules, p. 297 يقلبونه.

» 8, note *a* belongs to حذفهم, line 9.

» » A انى.

» 9, F لهذه.

» 12, F منه for منها.

Page. Line.

١٣٢, 15, F اصله.

١٣٣, 17, F adds וַיִּשְׁבְּ ישמעאל (Jer. 41, 10).

١٣٤, 5, F וַיִּשְׁתְּ and וישתה.

» 13, F فيه.

» 14, read اطّرد. So F.

» » F فاذا.

» 16, F منها for منه.

١٣٥, 8, F adds רואיים עושיים.

» 10, » » רוּעָה זוּנָה.

» 13, F فافهم ذلك.

» » F فليس instead of فلم.

١٣٦, 4, F من for في.

» 8, F محرّكا.

» » F بالافعال.

» 16. The reading وكثيرا ما is probably the one employed by Ḥayyûḡ. See also ١٢١, 13, where A, B and fragm. 10 have وكَثيرا ما.

١٣٦, 20, F agrees with A, B and A respectively.

Page. Line.

١٣٧, 3, F adds ماخوذ من הפנה after ثقيل.

» 10, read ومثله. So E and F.

» 12, E and F omit غير.

» » F وبتحريك الياء مفتوحة,

» 13, E الذى after לבן.

» 15, omits في.

» 16, and 17 (and 18?) E النقصان.

» 20, E also كلّها.

١٣٨, 2, E الذى after ואשמידם

» 4—5. In E the words ومن .... جميعها appear p. ١٣٧, 18 after جميعها.

» 6, E and F הפעלה.

» » F فبتاء.

» 11, E and F omit استعمل.

» 12, » » » read محرّكا.

» 14, E والوجهان.

١٣٩, 7—8, D omits ومن .... كلّها.

Page Line.

١٣٩, 8 and 13, E النقصان.

» 20, E also الجميع.

١٤٠, 8, E هى for التى; D omits هى .... الهاء.

» 11, E والهاء.

» 14, E الاولة.

١٤١, 8, D and E נפעלים

» 12, D inserts الفعل before التخفيف.

» 14, E omits هو.

» 19, D inserts אלישע both times after ויאמר.

» 19—20, E omits او .. حسنا.

١٤٢, 7, E ليست.

» 10, read الواو. So E.

» 15, E الاسم من אשר הונה ה׳ ايضا انّ الياء.

» 17, read נָאון.

» 18, D adds وما اشبه ذلك.

» 20, E begins as follows الافعال التى فاؤها نون ولامها حرف لين مثل

Page. Line.

(Job 15, 25) נָטָה אל ידו כי יואב الخ.

١٤٣, 7, E الذى اصله.

» 11, D and E واصله אל תִּנְטֶה ימין ושמאל.

» 20, E like A.

١٤٤, 3, E תִּנְטֶה بلا ادغام.

» 4, read بالادغام. So D and E.

» 7, E adds مثل מַרְבִּים after מטים.

» 9, D reads انطاء شديدة لاندغام النون واصله.

» 21, read واَمّا.

» 21, D والسالمة.

١٤٥, 4, After الشديدة, D adds واصله מַנְקָה מַנְקָה מַנְכּוּת.

» 6, E هذه.

» 14, E الفعل for الفاعل.

» » E הציו מציה.

» 15, E المندغمة for المكتوبة.

» 16, E الفعل فندغمة.

» 18, D والسالمة.

Page. Line.

١٤٦, 6, E omits الشديدة.

» 9, E لانّه لم.

» 10 and 12, D writes المקרה.

» 11, E ان يكون.

» 14, D and E المندغم.

» 19, read עליה.

١٤٧, 2, D and E عليه.

» 18, E النوع الاخر.

١٤٨, 8, D فيكون.

» 12, read وربّما.

» 19, D and E انّ for انّه.

١٤٩, 4, D omits هاء .... واوا.

» 6, E وقال.

» 7, D and E كالحاقها.

» 11, read معناه. E has معنى.

» 17, F ويصح.

١٥٠, 4, read אניתי.

» 6, Ğanâḥ, Opuscules, p. 326, reads ومن هذا الاصل.

» 8, E and F add אֱלוֹ אֶלְהָה.

١٥١, 4, مرة واوا ومرة الفا.

Page. Line.

١٥١, 10, F adds יֶאֱרֶה אֱרֵה.

» 13, F אֶתְיָה.

١٥٢, 4, E, F and fragm. 11 ان اصل אפו.

» 5, F وقد جاء.

» » Fragm. 11 ابتدلت; E ادخلت.

» 7, Fragm. 11 correctly בדא.

» 8, E كتبوا.

» 10. The proper reading appears to be وَانَّ منهم; E, F and fragm. 11 read او الشيء على اصله اذ منهم الخ.

» 11, Fragm. 11 בודאָם; E בודם.

» 12, E בודאם for בודם.

» 18, Fragm. 11 בוז.

١٥٣, 3, F adds בְּכוֹ.

» 11, E الفعل for الفاعل.

١٥٤, 1, F places على القياس after רוים.

TEXTUAL NOTES. LXIII

Page. Line.

١٥٤, 4, F اصلها.

» 6, F اصله.

» » F واعلم.

» 8, Fragm. 12 اصله.

١٥٥, 1, E פעלל; fragm. 12 פעלן.

» » read בִּנְיָן.

» 5, E and F add תִּבְעֶה.

» 16, F والمصدر before הַבְּרוּת.

» 19, E واسقطت.

١٥٦, 5, E الاصل for مذهب; F لفظة.

» 19, add "(ib.)" after הָגְלְתָה.

١٥٧, 1, » "(II Reg. 17, 11)" after הִגְלָה.

» 9, read وكذلك.

١٥٨, 5, F reads لعلّة and places after ארץ.

» 6, A من الوجوه.

» 21, F also ليس.

١٥٩, 1, read דְּוַי.

» 3, E والمؤنّث.

» 14, read דחו.

١٦٠, 4, Fragm. 13 مبدلا.

Page. Line.

١٦٠, 5, F منها for معها.

» 16, Fragm. 13 אל מי דָמִיתָ (Ez. 31, 2) בגדלך.

» 20, E also דכה.

١٦٢, 16, F and fragm. 13 omit ومنه.

١٦٣, 3, F and fragm. 13 add הָמָה.

» 6, Ḡanâḥ, Opuscules, p. 328, adds أنّ after احسب.

» 7, Ḡanâḥ, Opuscules, ib. reads نسب.

» 9, F and fragm. 13 correctly וילד שקר.

» 19, F اسم كامل.

١٦٤, 15, read שאריתך.

» 19, F and fragm. 13 لولا.

١٦٥, 2—3. Fragm. 13 omits اخر.... وثقيل.

» 3—4. Fragm. 12 הזרי הזריתי, תזרי.

» 5, F adds חָבָה.

Page. Line.

١٦٥, 5, read שְׁבִי.

» 12, F omits...... وكـان ... القياس.

» » Fragm. 13 والتاء.

» 19, place a dash (—) after the word "line".

» 21, F and fragm. 13 also الياء.

١٦٦, 3, F חָוָה חִוִּיתִי which is preferable.

» 8, read הִרְבָּה.

» 10, F انّ ليس هو.

» 11, Fragm. 13 فيه.

» 18, » » פתח.

» 20, See note to p. ١٣٦, 16.

١٦٧, 11, F وقال.

» 17, read העודם.

» 20, E, F and fragm. 13 omit the superfluous words من الافعال.

» 21, also F.

١٦٨, 1, E, F and fragm. 13 omit حكم.

Page. Line.

١٦٨, 20, E omits وأمّا ... תמימה; F omits من תמימה.

١٦٩, 4, E, F and fragm. 13 מרורים for מרור.

» 5, E تـشـتـدّ; fragm. 13 تشدّ.

» 13, read יְרַנְּנוּ.

» 16, Fragm. 13 صحيحًا.

١٧٠, 10, read אֲחַכֶּה.

» 11, F adds חַכּוּ לִי נאם ה׳ (Zeph. 3, 8).

» 16, E and fragm. 13 ויחלא.

» 21, read בְּמַחֲלָה.

١٧١, 5, » הָחֳלֵתִי.

» 9, » יְחַלֶּה. So F and fragm. 13.

» » F חִלָּה את פני ה׳ (II Chr. 33, 12).

» 12, F and fragm. 13 اصله.

» 18 and 19, Ḡanâḥ, Opuscules, p. 143, reads يكن for يقل, and على زنة for مثل.

Page. Line.

۱۷۲, 2, read כנפיך.

» 15, » המלקוח.

» 21, » היריעה.

۱۷۳, 3, » מְחֻקָּה.

» 12, C, F and fragmts. 13 and 14 add أخذ before من.

» 13, F الاصل for الوجه.

» 14, F واصحابهم.

» 18, Fragmts. 13 and 14 اصل.

» 20, F and fragmts. 13 and 14 also אנשי.

۱۷۴, 10, F ومعنى ثانى ثقيل.

» 11, read مثال. So F and fragm. 13.

» 13, read الكلمتان. So F.

» 14, Last word of line should be טְוֵה (imper.)

» 18, Fragm. 14 هاء.

» 19, C, E, and fragmts. 13 and 14 טְחֻוְתִי אֲטַחֲוּ מְטַחֲוּ. Dr. Kokowzoff gives these readings the preference.

۱۷۴, 21, E begins وفيه فعل خفيف טָעִיתִי بوزن נָעִיתִי والثقيل.

۱۷۵, 1, E and fragmts. 13 and 14 also omit this line; F reads ומכה טריה بوزن רְמִיָּה.

» 6, E, F and fragm. 13 كاملا.

» 7, Fragm. 13 מוּנֶה מוּנִים מוּנֶה מוּנוֹת.

» 8, read נוּנֶה נוּנוֹת ناقصا ناقصين. So C; E and fragm. 13 also ناقصين.

» 11, Fragm. 13 والمنفعل for والانفعال.

» 20, E also انفعل which seems to be the better reading.

۱۷۶, 10, E المعروف الصحيح.

» 15, F adds הוֹדִיתִי.

Page. Line.

١٧٧, 8, Fragm. 14 وقيل for ويقال.

» 12, C المذهب.

» 14, C and fragm. 14 add التى after الشين.

» 19, Fragm. 14 adds on margin على زنة פְּעַלְעַל as a note to הפכפך.

١٧٨, 2 and 3. Fragm. 14 مكرّرا.

» 6, F adds נִירָה וַיִּירֶה וַנִּירָה וייר וניר بالحذف مثل וַיִּיף בגדלו (Ez. 31, 7) וַיִּשְׁבְּ (Jer. 41, 10) ישמעאל.

» » Fragm. 14 adds او ير וייר (like F) بالحذف الخ.

» » F adds לירות במסתרים (Ps. 64, 5) after יִירָה.

» 7, F instead of וייר a lengthy discussion of the form ונירם (Num. 21, 30) which is practically identical with

Page. Line.

Kitâb al-Mustalḥiḳ pp. 146—147.

١٧٩, 4, C واحدهم.

» » F and fragmts. 14 and 15 omit דלים.

» 14, read כְּהָיִתִי.

» 20, Fragmts. 14 and 15 also كلمتين.

١٨٠, 8, Fragm. 15 والمعنى الثانى.

» 10, read ביום השביעי. So correctly F.

» 15, F احدهما.

» 16, F and fragm. 15 الاخر.

» 18, F ومكن for ويمكن.

١٨١, 5, F والهاء.

» 6, F omits بل.... كتبت.

» 8, F كتبت فى.

» 20, F correctly ولم instead of وليس.

١٨٢, 17, E, F and fragm. 16 add לָאָה.

١٨٣, 1, E and fragm. 16 add להה; and similarly in

Page.	Line.	
		most of the articles, one fragment or the other or several, add the 3d person perfect of the kal of the verb under consideration.
١٨٣,	13,	read וַיִּמַח.
»	16,	E, F and fragm. 16 مكسورا.
١٨٤,	3,	F يبدلون.
»	4,	F موّصل.
»	5,	F يجرى for جاء.
»	12,	F and fragm. 16 اصل.
»	12,	and 14, F and fragm. 16 التشديد.
»	16,	F and fragm. 16 اسقطوه which is preferable.
»	17,	F and fragm. 16 בִּקְשׁוּ.
»	21,	F correctly ماضيًا.
»	»	the ء belongs to وأسقط (so!).
١٨٥,	3,	Fragm. 13 لانّه.
»	4,	read فمن. So E and fragmts. 13 and 16.
١٨٥,	6,	Fragm. 13 يقول for يكون.
»	7,	F فجعلوا.
»	8,	F omits الاوايل; fragm. 13 instead الواحد.
»	8,	read لئلّا.
»	9,	Fragm. 13 المستعمل.
»	12,	read المثل. So fragmts. 13 and 16.
»	17,	F קראים المكتوب.
»	20,	read انّ لا for أنّا. So fragmts. 13 and 16.
»	»	Fragm. 13 يجعل.
»	21,	Fragm. 13 omits this line; fragm. 16 adds اثنين after استعمالين and both F and fragm. 16 read اقول for نقول.
١٨٦,	1,	Fragm. 13 ينطقوا.
»	6,	F and fragmts. 13 and 16 omit من.
»	10,	Fragm. 13 كتبت في.

Page.	Line.	
١٨٦,	11,	F الياء for الواو; fragm. 16 واو.
»	14,	read מוּנָה.
١٨٧,	1,	F and fragmts. 13 and 16 correctly omit הזה.
»	3,	Fragmts. 13 and 16 omit فيه.
»	5,	F and fragm. 13 قالوا.
»	6,	Fragm. 13 انّه.
»	19,	» 16 adds والثقيل before המרה.
١٨٨,	2,	read على for عليه. So F and fragmts 13 and 16.
»	3,	F and fragmts. 13 and 16 والفاء which is preferable.
»	6,	F and fragm. • 13 اصله.
»	9,	read אֶמְשֶׁה; F and fragm. 16 add والثقيل.
»	10,	read יַמְשֵׁנִי.
١٨٩,	6,	F والثقيل הנחה.
١٨٩,	21,	Fragm. 16 הַט אזנך ושמע (Pr. 22, 17).
١٩٠,	6,	read ויחבשנו.
»	18,	Fragmts. 13 and 16 correctly נְצא.
١٩١,	2,	Fragm. 16 adds ومعنى ثالث ועריך תִּצֶּינָה (Jer. 4, 7).
١٩١,	8,	F כי נשה ממלכתו (II Sam. 5, 12) after لقال and instead of נשאת.
»	13,	Fragm. 16 هذا الاصل.
»	14,	» » الهاء.
»	»	F الالف.
»	18,	F adds ماضى וינטלם (Jes. 63, 9) וַיְנַשְּׂאֵם מְנַשְּׂאִים את היהודים (Esth 9, 3).
١٩٢,	6,	F and fragm. 16 correctly פעיל.
»	14,	F נתנקה for תנקו.
»	19,	Fragm. 14 انّها.

Page. Line.

١٩٣, 2, E, F and fragm. 13 omit the superfluous بالفتح.

» 5, read I Reg. 8, 31.

» 8, » הַגִּשָׁה. So F and fragm. 14.

» 11, Better סְחָה. So fragm. 13.

» 16, F and fragmts. 13 and 14 correctly המסלאים.

» » Fragmts. 13 and 14 كاملا.

» 19, F and fragmts. 13, 14 and 16 add אֶסְפָּה.

١٩٤, 5, read בַּעֲבִי ; בְּמַעֲבֵה.

» 9, F لمكان for من طريق.

» 11, read בַּעֲדֵי עֲדָיִים.

» 12, F and fragmts. 13, 14 and 16 correctly ويمكن ان يكون من.

١٩٥, 4, F יַעֲלֶה for עָלָה.

» 6, F adds וַיַּעַל אברם (Gen. 13, 1).

Page. Line.

١٩٥, 8, Fragm. 13 וַיַּעַל; fragm. 16 וַיַּעַל.

» 9, F and fragmts. 13 and 16 المعدا.

» » read وكذلك.

» 11, Fragm. 16 المعنى الثانى.

» 14, read כלה.

» 17, Fragm. 16 אל תַּעֲלֵנוּ (Ex. 33, 15) מזה.

» 21, erase את.

١٩٦, 5, read יַעֲנֶה.

» 20, F and fragm. 13 correctly להשוב תהפוכות (Pr. 16, 30) for מראות ברע which rests upon a confusion with Jes. 33, 15.

١٩٧, 2. So also ١٧٩, 18, but see ٢٠٧, 7; ٢١٣, 15, and ٢١٥, 15; F and fragm. 13 اربعة.

» 9, read צִוּוּ for יְצַוּוּ. So

Page. Line.

F and fragmts. 13 and 16.

١٩٧, 9, F adds ولاقتعال תשכרי (Threni 4, 21) וְתִתְעָרִי·

» 13, read עָרָה and כָּלָה. So F and fragm. 13.

» 15, E, F and fragmts. 13 and 16 אנכי עשיתי ארץ·

١٩٨, 2, E, F and fragm. 13 ومعنى ثانى.

» 4, read עֲשִׂיתִי. So E and fragmts. 13 and 16.

» 6, F and fragm. 13 قوم for بعض الناس.

» 10, E, F and fragmts. 13 and 16 פִּרְיוֹן פִּרְיוֹם פְּרוּיִם which is preferable. In all these manuscripts as also in the two Hebrew translations, the three words appear after עבדיו (l. 11).

» 12, read פוֹדֶךָ. So E, F and fragmts. 13 and 16.

١٩٨, 18, E and fragm. 13 add (Ps. 17, 7) מושיע חוסים·

١٩٩, 5, read וַיִּפְנֶה עמדו ואין מפנה·

» 8, Fragmts. 13, 16 and 17 יִפְנֶה מִפְנֶה·

» 13, read פִּצְנִי·

٢٠٠, 2, F adds واصله וַיִּפְרֶה.

» 9, E, F fragmts. 13, 14, 16 and 17 المعدا.

٢٠١, 2, E and fragm. 16 ולהנפיל·

» 4, E, F and fragmts. 13, 14, 16 and 17 לְנְחוֹת واصله לְהַנְחוֹת.

» 12, Same six Mss. omit ومعنى .... צעדינו.

» 14, Fragm. 14 وقال for يقال.

» 15, read יַצֶּרָה (with Dageš).

٢٠٢, 6, » צָעָה. So fragm. 16.

» 7, Six St. Petersburg Mss. צְפִיתִי for צפית

» 8, read בינך·

Page. Line.

٢٠٢, 13, F adds וַיְצַף אוֹתָם (Ex. 38, 6).

» 15, read הבוסר.

٢٠٣, 1, Fragm. 16 places קוה אלה' before ومعنى (l. 2).

» 8, read הַקְּלוֹקֵנִי

» 9, » גברתה.

» 11, » רודפיכם.

» » » هذا.

» 15, F and fragm. 13 קִנֶּךָ.

» » read עֻשְּׁךָ.

» » Fragm. 13 اتّصال for الوصل.

٢٠٣, 20. Six St. Petersburg Mss. like A ثاني.

» » E, F and fragm. 17 like A; fragm. 13 واندراج.

٢٠٤, 10, F بعيد.

» 15, read כי.

» 19, F adds ה' לִקְרָאתִי (Num. 23, 3).

٢٠٥, 1, F لمّا for اذا.

Page. Line.

٢٠٥, 1—2. Fragm. 13 omits وما . . . . القاف.

» 2, F adds البتة after بوجه.

» » read מִקְרָה. So F.

» 5, F and fragmts. 13 and 16 المشدّدى which is preferable.

» 6, Fragm. 17 قيل.

» 10, Better לקראתך in both places. So five St. Petersburg Mss.

» 16, read כי.

» 20, Also St. Petersburg Mss.

٢٠٦, 5, read אמרת.

» 10, Fragm. 16 וארא, ויֵרא, ותֵרא.

» 17, read בני.

» 19, » הכהן.

» 20, » حرّكت.

» 21, » נהיתה.

٢٠٧, 1, » כי

» » F adds לא יֵרָאֶה לך חמץ (Ex. 13, 7).

Page. Line

٢٠٧, 4, E, F and fragmts. 13, 16 and 17 omit גדול.

» 5, read מְרְאָה· So F and fragmts. 13, 16 and 17.

» 17, F הַרְבָּה.

٢٠٨, 1, Fragm. 16 ومعنى for وثقيل.

» » read צבאך for צאנך·

» 12, read וְיֵרְדְּ מיעקב.

» 13, » הַרְדָּה. So correctly fragmts. 13 and 16.

» 14, F الذى اصله.

» 20, E, F and fragm. 13 correctly ביתך·

٢٠٩, 3, read כי·

» 7, F* and fragm. 17 יושבי for אלהי·

» 11, F ירמה for רמה (after ארמה).

» 13, F ومعنى ثانى ثقيل.

» 16, St. Petersburg Mss. תרמה.

Page. Line.

٢٠٩, 21, Fragm. 16 adds תִּרְעֶינָה (Jes. 11, 7).

٢١٠, 2, read רֵעָה לו.

» 5, F اصله before תתכסה and before תתגרה.

» 7, Ḡanâḥ, Opuscules, p. 111, reads فليست.

» 7—8, Fragm. 17 omits ومعنى.... רוח.

» 9, read לערוב.

» 10, Place צוין before אל (l. 11).

» 11, erase "(*sic*)".

» 12, F and fragm. 16 والانفعال, נִרְפִּים·

» 17, read ממני·

» 18, F adds (*sic!*) וידיו תִּרְפֶּינָה بوزن תִּכְבֶּנָה (Job 5, 18) (*sic!*).

٢١١, 1, F adds נרפו.

» 10, E, F and fragm. 13 correctly יראיו·

» 11, St. Petersburg Mss. correctly סגול.

Page. Line.

٢١١, 16, St. Petersburg Mss. كان.

» » E omits فيه.

» 17, E, F and fragmts. 16 and 17 كان لوجه.

» 19, Fragm. 17 ناقصا.

٢١٢, 21, read שְׁבִיהֶם

٢١٣, 1, » כי

» 4, Fragm. 16 adds יִשְׁגּוּ (Ez. 34, 6) צאני.

» 13, read הַן.

» 15, Fragm. 18 هذه.

» » F ثلاث.

» 16, E, F and fragmts. 17 and 18 וְכל חפצים לא (Pr. 8, 11) יִשְׁווּ בה.

» 18, E والتقيل منه.

٢١٥, 14, read يكن.

» 20, F like A וְשָׁנְא.

٢١٦, 2, F correctly אלהיך; fragm. 18 merely אל תשתע.

» 3, Fragm. 18 مثل for كما.....في.

Page. Line.

٢١٦, 6, E, F and fragm. 18 ولبيس.

» 9, F زنة for مثل; E مثل.

» 12, St.Petersburg Mss. יִשְׁפֶּה for שופה.

» 19, F وثقيل اخر שקה.

٢١٧, 2, Fragm. 18 ابتدلت.

» » E, F and fragmts. 13 and 18 واوا like A.

» 3, Fragm. 18 هذا.

» 6, E and fragmts. 13 and 18 لشدّ; F شدّ.

» 7, read אלהים.

» 7—8. Article שרה missing in fragm. 18; in F placed before שרה.

» 8, read עם.

» 9, E, F and fragm. 13 correctly omit את

٢١٨, 1, F adds תתאה.

» 2, F and fragm. 13 תתאו.

» 5, Ganâḥ, Opuscules, p. 121, reads اصلا.

Page.	Line.	
٢١٨,	10,	F and fragm. 13 תלויים; fragm. 18 correctly תלאים.
٢١٩,	5,	Fragm. 13 omits الثالثة and reads بتمامه.
»	5—7,	والحمد . . . . باثباته, missing in F and fragm. 13. F has instead: ويتلوه كتاب الافعال ذوات المثلين العبرانية. Fragm. 13 merely ولله الحمد. In P the following additional lines are found رحم الله مألفه ورضى عنه ونفع به من نشط الطالبين نفع مودّى الى رضا من الله (sic) سبحانه وتعالى يتلوه كتاب ذوات المثلين العبرانية.
٢٢٠,	1,	Fragm. 19 begins as follows בשם אל עולם كتاب الافعال ذوات المثلين تأليف يحيى بن داود رحمه الله عليه قال الخ; F begins كتاب الافعال ذوات المثلين العبرانية قال الخ.
٢٢٠,	1,	Fragm. 19 ابن.
»	»	E דאווד.
»	»	F علمت for تاملت.
»	2,	E and fragmts. 13 and 19 omit العبرانية.
»	»	E فوجد.
»	3,	Fragm. 19 وجدته فيها.
»	»	According to Mr. H. W. Hogg of Oxford who kindly looked up the passage for me again, A reads at end of line תצדיא i. e. تصدّيا.
»	5,	Fragm. 19 adds فقد.
»	6,	read ويسلك.
»	8,	E, F and fragmts. 13 and 19 omit قال يحيى الافعال.
»	10,	St.Petersburg Mss דללו.
»	11,	F الافعال for الفعل.

Page. Line.

٢٢٠, 12, Fragm. 13 اصل.

» 13, » » بانـدغام.

» 14, » » omits بالفتح.

» 15, » 19 وقيل.

٢٢١, 3, F and fragmts. 13 and 19 ومثله.

» 8, Fragm. 13 omits الاوّل .... الواحد; E and F omit الواحد.

» 9, E and F חננני.

» » E ماض.

» 10, F واصحابها.

» 11, F مفتوحة at beg. of line.

» » F منها فعل; E and fragm. 13 فعل منها.

» 15, F and fragm. 13 omit بالتشديد.

» 17, F واصله.

» 18, F and fragm. 13 بالواو.

» 19, Fragm. 13 انّه.

» 20, Fragmts. 13 and 19 تكون مشدّدة like A; E and F correctly تكن مشدّدة.

٢٢١, 20, E and F بادغام in first instance (l. 10); F also in second (l. 12).

» » Fragm. 13 like B مشدّدة and like A المشدود and حرفين.

٢٢٢, 1, F omits ربّما.

» 5, Fragm. 13 بفتح.

» 8, F عوضا for وتكميلا.

» » F and fragm. 13 بالافعال.

» 14, Fragm. 20 omits ومثله.

» 17, F وامثاله.

» » Fragm. 20 لحق.

» 18, » 13 فعل for الفعل.

» » F and fragm. 20 دالّا for دالّة at end of line.

» 20, E, F and fragm. 13 like A.

٢٢٣, 3, F وليس يكون.

Page. Line.

٢٢٣, 4, Fragm. 13 المثل الواحد مندغمة.

» 5, F and fragm. 13 كان; fragm. 20 كانوا.

» 8, Fragmts. 13 and 20 omit واو.

» 9, Fragm. 13 omits كما كان.

» 10, » » فاذا for فانّ.

» » F and fragmts. 13 and 20 المضمر for الضمير.

» 11, F and fragm. 13 الساكن.

» 16, » » » correctly יְשֻׁדָם.

» 17, F and fragm. 13 יחום.

» » Fragm. 13 وممثلهما.

» 18, to ٢٢٤, 1 F omits. ولكن .... وامثالهما.

» 20, Fragm. 13 like B.

٢٢٤, 1, » 20 omits الاصل and وامثالهما.

» 2, F تتشابه for تشتبه.

» » F وامثالها.

Page. Line.

٢٢٤, 2, F and fragmts. 13 and 20 فاذا.

» 3, F and fragm. 13 الاصل for اصله.

» » and 4. Fragmts. 13 and 20 وامثاله for وامثالهما.

» 4, Fragm. 13 نينة for ناقصة.

» » E واعلم.

» 6, Fragm. 20 وامثاله.

» 7, F and fragm. 13 مشدّدا.

» » St. Petersburg Mss. correctly كلّ ما.

» 8, Fragmts. 13 and 20 correctly هذه.

» » E א"ה"ח"ע"ר; Fragm. 20 א"ח"ה"ר"ע.

» 11, E اللين.

» 18, E and fragm. 13 omit الواحد فى; F omits الواحد only.

» 20, F and fragmts. 13 and 20 اتّصلت.

Page. Line.

٢٢٥, 10, Fragm. 20 adds يقوم مقام اثنين after واحد.

» 12, read הארץ.

» 13, F adds ולבבו יבין (Jes. 6, 10) after من.

» 18, Fragm. 20 adds הַפִּי.

٢٢٦, 2, » 21 بمقام.

» 7, » 20 ولا يكون.

» 8, F وثبتنا; fragm. 20 وثبتتن; fragm. 21 وثبت.

» 12, Fragm. 21 بغيرها.

» 13, F and fragmts. 20 and 21 وتحريك.

» 14, F והדקות.

٢٢٧, 1, St. Petersburg Mss. ان.

» 2, E الموصولة.

» 4, F الذين.

» » E and fragm. 21 الفعلة for الفاعلين.

» 6, E omits فعل.

» 10, Fragm. 21 واصله.

» 11, » 20 omits او before יקלל.

Page. Line.

٢٢٧, 12, F correctly יָסֵב.

» 13, F وقال for يقال.

» » F adds وكذلك after ויסב.

» 16, F الذى for التى.

» 20, Fragm. 20 اتّصلت.

» 21, read 'A and B' instead of 'Mss.'

٢٢٨, 1, E, F and fragm. 20 يردّ.

» 1, F omits ...... مندغما الساقط; E omits only والساكن.

» 3, A's reading اتّصل is preferable.

» 13—14. F omits.... نحو השימוהו.

» 17, F more correctly מסבים מחולם.

» 20, E and F also اتّصل and مردود.

٢٢٩, 1, F omits ذلك.

» 3, F اثنين for حرفين.

» 4, F واصحابه.

» 7, F omits او.

Page. Line.

٢٢٩, 15, Ḡanâḥ, Opuscules, p. 222, reads والواحد منها غير المتّصل.

» 21, read ᶜA and Bᵓ instead of ᶜMss.ᵓ

٢٣٠, 1, F omits الساكنان ...... اعنى.

» 5, F الضمير.

» 6, F omits ابدا.

» 7, Fragm. 13 اسقطت.

» 8, » 24 انـفـعـل for انفعال.

» 13, read وتـركـت. So F, fragm. 24 and Ḡanâḥ, Opuscules, p. 224.

» » Ḡanâḥ, ib. مشدّدة.

» 15 and 18. Fragm. 13 انفعال for الانفعال.

» 16, Ḡanâḥ, Opuscules, p. 183, adds الصحيح after والقياس.

» 17, Fragmts. 13 and 24 واسقط.

Page. Line.

٢٣٠,20, Fragm. 24 بتشديد.

» 21, F omits ما يشبه لانفعال.

» » Fragm.24 اللّينة for اللين.

» » F and fragm. 13 adds مثل הבון after العين.

٢٣١, 3, Fragm. 24 adds ايضا after واحد.

» » Fragm. 24 وعلامته.

» 4, E الذى هى קמאץ.

» » read وعلامة.

» 5, E هتان العلامتان; fragm. 24 omits ان.

» 5, Fragm. 13 الفعل منه فاء.

» 6, E, F and fragm. 24 امّا; fragm. 13 وامّا.

» 9, E ראין; F ראיין; fragm. 13 ראאין.

» 11, F وקמצות.

» 12, Fragm. 13 ذكـرت for وصفت; fragm.23 وضعت.

» 13, St. Petersburg Mss.קמץ.

» 14, Fragm. 13 جعل.

» 15, » » مثل.

Page. Line.

٢٣١, 16, Fragm. 13 انفعال.

» 17, » 23 مثل.

» 18, F واما for وانّما.

» 19, F פיסוק.

٢٣٢, 1 and 2 E متى ما.

» 2, F انفعال for انفعل.

» 3, F اسقطو[ا].

» 6, F and fragm. 23 رنّت.

» 14, St. Petersburg Mss. נְסַבִּי נְסַבִּי נְסַבֵּךְ which is preferable.

٢٣٣, 1, E واصله at beg. of line.

» 2, E omits اصله.

» 6, F الوجه.

» 8, Fragm. 24 ارنت انفعلا.

» » » » او غيرهما.

» 13, E and fragm. 24 مخاطبة.

» 16, F » » 13 واعلم.

» 17, St. Petersburg Mss. هى for هو.

» » Fragm. 13 هذه for هذا.

» 19, St. Petersburg Mss. قايم for يقوم.

Page. Line.

٢٣٣, 12, St. Petersburg Mss. واصله both times.

٢٣٤, 3, St. Petersburg Mss. יִדַּל (Jes. 17, 4) כבוד יעקב ידלל اصله after יקלל.

» 4, F اجتمعت for اجتمع.

» 5, St. Petersburg Mss. correctly لام الفعل (for عين).

» 9, St. Petersburg Mss. الاصل.

» 15, St. Petersburg Mss. correctly التى اصلها.

» 16, St. Petersburg Mss. correctly فى كتاب حروف اللين.

» 16, Fragm. 24 אלליין.

» 18, F مشدودا كاملا.

» 19, F ناقص.

» » E פתחין; F adds الفا.

» 20, E and F correctly omit وانفصاله.

» 20, to ٢٣٥, 1, fragmts. 13

Page. Line.

and 24 omit ... واتصاله الكلام.

٢٣٤, 21, St. Petersburger Mss. also المعتلّ which must therefore be noted as the correct reading in l. 14.

٢٣٥, 1, St. Petersburg Mss. correctly وانفصاله for واتّصاله.

» 3, Ḡanâḥ, Opuscules, p. 138 قالوا for قيل.

» 5, F والاصل; Ḡanâḥ ib. اصله.

» 8, Fragm. 15 omits جملة.

» 10, St. Petersburg Mss. correctly المتعلّمين.

» 15, read לְאָשִׁישֵׁי.

٢٣٦, 1, St. Petersburg Mss. add יְאָר.

» 2, St. Petersburg Mss. omit فيه.

» » read אֹרְרֶיךָ אָרוּר (Gen. 27, 29).

Page. Line.

٢٣٦, 3, E and fragm. 13 omit فيه.

» » E للادغام; fragm. 13 للاندغام.

» 4, St. Petersburg Mss. omit المثل.

» » St. Petersburg Mss. omit تشدّ.

» » Fragm. 24 adds مشدّد علی زنة מחתת דַּלִּים (Pr. 10, 15) after מארח ה׳.

» 8, Fragm. 24 adds وما لم يسمّ فاعله תָּאוֹר יוּאָר وقد جعل נֵאָרִים من هذا الاصل (Mal. 3, 9) علی انّ [الاصل] فيه נְאָרִים علی زنة נְמַקִּים after فاعله. See Ḡanâḥ, Kit. al-Must., p. 178.

» 8, Fragm. 15 vocalizes אֵבֶר אֲרַרְתִּי·

» 11, Fragm. 15 هذا امر واصله

Page. Line.

ארֲרה לִי (like B); E and fragmts. 13 and 24 هذا امر اصله.

٢٣٦, 12, St. Petersburg Mss. مقام راين.

» 13, Fragm 24 adds an article as follows אבב אָבִיב (Cant 6, 11) בְּאִבֵּי הנחל עודנו בְאִבּוֹ לא יקטף (Job 8, 12).

» 15, Fragm. 24 ويقرب ان.

» » E and fragmts. 15 and 24 add פרא בּוֹדֵד לו (Hos. 8, 9).

٢٣٧, 3, Fragm. 24 adds وما لم يسمّ فاعله חרב אל אוצרותיה וּבְזוּו (Jer. 50, 37) (see Ǧanâḥ, Kit. al-Must., p. 179).

» 6, Fragmts. 15 and 24 בָּא בָּל; fragm. 13 בָּא בָל.

» » E and fragm. 24 وجعل منهما; fragmts. 13 and 15 وجعل منها.

Page. Line.

٢٣٧, 7, Fragm. 15 يؤدّى الى.

» » » » ايضا for هذا.

» 8, Fragmts. 15 and 24 الذى كتب; E and fragm. 13 الذى كتبوه.

» 9, Fragm. 15 والاصل فيه.

» » Fragmts. 13 and 15 كلمتين.

» » Fragmts. 15 and 24 בָּא נָר.

» » E and fragmts. 15 and 24 ان يكون בבל.

» 13, Fragm. 24 adds an explanatory note to יבול as it did p. 178, 7.

» 15, Fragm. 24 adds والافتعال אפרים בעמים הוא יִתְבּוֹלָל (Hos. 7, 8).

٢٣٩, 10, Fragm. 23 adds على רִבָּה זֹנָה מִדָּה after רִבָּה.

Page.	Line.	
٢٣٩,	13,	Fragm. 23 بالتشديد.
»	18,	» » יִדְּמוּ (Ex. 15, 16) כאבן.
»	19,	Fragm. 15 فيها والميم.
»	20,	» 23 فيها for فيه.
٢٤٠,	4,	» 15 اثنيين for ميمين.
»	5,	Fragm. 23 والاصل.
»	15,	Fragmts. 15 and 23 واسقاط الساكن.
»	»	Fragm. 23 omits اللين.
»	»	» 15 » الذى.
»	16,	read הַלְלוּיָהּ.
»	»	Fragm. 23 بالتشديد.
»	17,	» » adds (from the Kitâb al-Mustalḥiḳ p. 184 والافتعال يתהלל המתהלל המ..... (fragment ends) after ידבר פי.
٢٤١,	3,	Fragm. 15 omits الاصل.
»	11,	» » التشديد.
٢٤٢,	17,	» » او for هو.
٢٤٢,	20,	Fragm. 15 من for في.
٢٤٣,	4,	» » اصل חיים » נפש חיה.
»	8,	Fragm. 15 لامه لام الفعل for الشديدة.
»	10,	Fragm. 15 الاولة for الاولى.
»	11,	Fragmts. 14 and 15 ثقيل.
٢٤٤,	4,	Fragmts. 14 and 15 חממתי at end of line.
»	6,	Fragm. 15 أصلها for الاصل فيهما.
»	8,	E and fragm. 15 אין for ان; frag. 14 ان אין.
»	17,	E and fragm. 15 correctly بان for كان.
٢٤٥,	1,	St. Petersburg Mss. الاصل.
»	2,	Fragmts. 14 and 15 omit الاولى.
»	3,	Fragm. 14 الاصل.

Page. Line.

٢٤٥, 5, Fragm. 14 omits وساكنين.

» 11, E من معنى.

» 13, Fragm. 14 شىء for معنى.

» 19, read חָק. Fragm. 14 adds על ספר חֻקָּה (Jes. 30, 8).

٢٤٦, 10, Fragm. 14 التاء.

» 14, read החת.

٢٥٥, 20, i. e. A and B.

٢٥٦, 15, Here and elsewhere read ‘Threni’ for ‘Lam’.

» 17—18, E writes בסכה, בסכות, וסכה; fragm. 25 also בסכות.

٢٥٧, 15, read ומגני

٢٦٢, 2, E اصله.

٢٦٣, 5, E ماض.

» 6, E correctly مثله.

» 10, E omits التثقيل.

» 13, E يجرى for يجوز.

» 14, E omits كما...والماضى.

٢٦٤, 4, E الاصل.

Page. Line.

٢٦٦, 2, E נשרונו.

» 4, 6 and 7, E معناه.

٢٦٧, 6, E ومعنى ثانى.

» 12, E places منه after וישרק (l. 13).

» 14, E الشين فيه.

» 18, E بالשרק.

» 19, E لانّها.

٢٦٨, 3, E بساكن اللين.

» 15, E adds اصله ישססו.

» 17, E يكون منه.

» 18, E תשקק.

» 21, E فليس من هذا الاصل.

٢٦٩ 14, E like B المعنى for الاصل.

» 15, E more correctly بوجه من الوجوه.

» 16, E and F add וְתַמּוּ כל (Jer. 44, 27) איש.

٢٧٠, 4, E omits فيه.

» 8, E and F have the correct quotation וַיַּתֵּם את (II Reg. 22, 4) הכסף.

» 13, F اتّصل for اتصلت.

Page. Line.

٢٧٠, 13, E and F and fragm. 25 بشدّة for بتشديد.

„ 19, E and F and fragm. 25 omit الاصل.

„ 20, E and F and fragm. 25 add תמימות after תמימים.

٢٧١, 4, F inverts order of quotations.

„ 6, Fragm. 25 adds after المثلين:
العبرانية الحمد لله على حسن تو[فيقه] ברוך יי לעולם אמן ואמן كتبه العبد الفقير الى الله السائل منه المغفرة والرحمة ישעיהו הכהן בן עזיאל....עיהו הכ' הרופא נ[?]בתויא.
There follow several defective and illegible lines.

F adds العبرانية ברוך.....ר.

E „ وتمّ بتمامه (*sic!*) جميع الكتاب ברוך הנותן ליעף כח ולאין אונים עצמה ירבה.

Regarding the collation with the St. Petersburg manuscripts I beg to add:

(1) In so many cases do we find the simple Ka̱l form of the verb added after the indication of the verbal stem, that we are justified in adding this form throughout, in connection with each article.

(2) The St. Petersburg Mss. very frequently arrange the quotations and verbal forms introduced, in a different order from that found in the Oxford manuscripts. I have not thought it necessary, except in a few instances that may serve as specimens, to indicate such variations. In the comparative study, however, of the Arabic original with the

Hebrew versions, these divergences in the manuscripts must be taken into account.

(3) In the Biblical quotations, there is rarely agreement among the manuscripts as to the number of words quoted. At times one manuscript gives the quotation in fuller form, at times another. I have not considered it necessary, except in a few instances, to indicate such variations.

(4) The orthographical inconsistencies and peculiarities of the Mss. are so numerous that Dr. Kokowzoff very properly did not deem it worth while to note any but really important ones; and in my notes. I have only embodied some — by no means all — of these.

(5) Dr. Kokowzoff calls especial attention to fragment no. 18. — the one on parchment — which appears to be quite old and represents a copy prepared with great care. It agrees in most cases with F which is by far the best of the St. Petersburg manuscripts.

(6) The two elaborate notes (a) in F to p. 178, 7 (נְיָרָם) (b) in fragm. 24 to p. 237, 13 (וַיבל) are interesting as illustrating the liberties that were taken with the text of Ḥayyûḡ and that must have led to considerable confusion. See my introduction p. VIII note 3 and p. XX. I have not deemed it necessary to embody these two notes in the collation.

אלך (ib. 26, 11) לֹא אסיר תֻּמָּתִי ממני (Job 27, 5)

תפף תֹּף וחליל (Jes. 5, 12) בְּתוֹף וכנור (Ps. 149, 3)

בְּתֻפִּים ובמחולות (Ex. 15,20) עוד תעדי תֻפַּיִךְ (Jer. 31,3)

מְתוֹפְפוֹת על לִבְבֵהֶן (Nah. 2, 8) בתוך עלמות תוֹפֵפוֹת

*(Ps. 68, 26)

تمّت الافعال ذوات المثلين

(Jos. 8, 24) עד תֹּם כל הדור (Num. 32, 13) כְּתָם פרח
(Jes. 18, 5) תָּם صفة والجمع תַּמִּים بالتشديد שנה
תְמִימָה (Lev. 25, 30) פעילה وأمّا כי לא תָמְנוּ (Lam. 3, 22)
فقد جاء شاذًّا عن القياس والوجه فيه תמונו او תממנו
على الاصل والثقيل וַהֲתִמּוֹתִי טמאתך ממך (Ez. 22, 15)
כְּהָתֵם הפושעים (Dan. 8, 23) כַּהֲתִמְךָ שודד תושד
(Jes. 33, 1) اصله التشديد فأُسقط استخفافا יתם יתמו
وقد جاء معوضا بتشديد التاء וַיִּתֹּם הכסף (Gen. 47, 15)
والانفعال יִתַּמּוּ חטאים (Ps. 104, 35) במדבר הזה יִתַּמּוּ
(Num. 14, 35) وقد يمكن ان يكون וַתִּתֹּם השנה ההוא
(Gen. 47, 18) וַיִּתֹּם הכסף (ib. 47, 15) תִּתֹּם חלאתה
(Ez. 24, 11) النوع الاخر من الانفعال وقد ذكرته في صدر
الكتاب والقياس اذا اتّصلت بالواو תתמו יתמו بتشديد
التاء والميم وساكن المدّ الّا انّهم قد قالوا וַיִּתְּמוּ ימי בכי
אבל משה (Deut. 34, 8) على غير القياس اسقطوا شدّة
الميم وساكن المدّ استخفافا وعوّلوا على شدّة التاء الدالّة
على الانفعال ومعنى ثاني תָּם וישר (Joh 1, 1) יונתי
תַמָּתִי (Cant. 5, 2) والجمع תמים תמות بالتشديد على
الاصل ايضا وأمّا זכר תָּמִים (Lev. 1, 3) תורת ה׳ תְּמִימָה
(Ps. 19, 8) فهو פעיל פעילה والجمع תמימים בְּתָם לבבי
(Gen. 20, 5) תום וישר יצרוני (Ps. 25, 21) ואני בְּתֻמִּי

שרר שָׁרְרֵךְ אגן הסהר (Cant. 7, 3) לא כרת שָׁרֵּךְ (Ez. 16, 4) רפאות תהי לְשָׁרֶּךָ (Pr. 3, 8) ومعنى اخر בִּשְׁרִירוּת לבי אלך (Deut. 29, 18)

שרר כי תִשְׂתָּרֵר עלינו גם הִשְׂתָּרֵר (Num. 16, 13) ويمكن ان يكون منه וַיָּשַׂר אל מלאך (Hos. 12, 5) בי שָׂרִים יָשׂוֹרוּ (Pr. 8, 16) ويكون التشديد اصل שרים ישורו

תזז يمكن ان يكون من هذا الاصل התז הסיר הֵתַז (Jes. 18, 5)

תכך תּוֹךְ ומרמה (Ps. 55,12) מִתּוֹךְ ומחמס (ib. 72,14) ראש ואיש תְּכָכִים (Pr. 29,13)

תלל תֵּל עולם (Deut. 13, 17) על תִּלָּם (Jos. 11, 13) ונבנתה עיר על תִּלָּהּ (Jer. 30, 18) הר גבוה וְתָלוּל (Ez. 17, 22) ولعلّ ان يكون من هذا الاصل a וְתֹלָלֵינוּ שמחה (Ps. 137, 3) بوجه من الوجه

תמם תמוּתי ויהי כאשר תַּמּוּ (Deut. 2, 16) כי אם תַּם הכסף (Gen. 47,18) תַּם עונך (Lam. 4, 22) וַתִּתֹּם השנה ההוא (Gen. 47, 18) וַיִּתֹּם הכסף (ib. 47, 15) תֵּתֹּם חלאתה (Ez. 24, 11) تشديد التاء للتعويض עד תֻּמָּם

---

a) B المعنى.

وتخفيف الشين لكان حسنا لانّه حسن أن يقال הוּשַּׁם
بساكن لين بعد الهاء للتعويض وتخفيف الشين والتعويض
بالساكن هو الاكثر والاعرف فافهم والانفعال נשם וְנָשַׁמּוּ
הכהנים (Jer. 4, 9) נָשַׁמָּה כל הארץ (ib. 12, 11) ישם
ישמו והארץ הַנְּשַׁמָּה (Ez. 36, 34) וערים נְשַׁמּוֹת
(Jes. 54,3) الاصل נשמם ונשממו נשממה ישמם ישממו
הנשממה נשממות

שנן שנן אם שַׁנּוֹתִי ברק חרבי (Deut. 32, 41) ישון
ישונו וחץ שָׁנוּן (Pr. 25, 18) שָׁנְנוּ לשונם (Ps. 140, 4)
ويقرب منه וכליותי אֶשְׁתּוֹנָן (ib. 73, 21) ومعنى اخر
וְשִׁנַּנְתָּם לבניך (Deut. 6,7) למשל וְלִשְׁנִינָה (ib. 28,37)

שסס שסותי שַׁסֻּהוּ כל עוברי דרך (Ps. 89, 42) فتح
الشين يدلّ عليه انّه من שסס וַיָּשֹׁסּוּ אתם (Jud. 2, 14)
والانفعال נשם וְנָשַׁסּוּ הבתים (Zach. 14, 2) יִשַּׁסּוּ בתיהם
(Jes. 13, 16)

שקק שקותי בעיר יָשֹׁקּוּ (Joel 2, 9) כמשק גבים שׁוֹקֵק
בו (Jes. 33, 4) ונפשו שׁוֹקֵקָה (ib. 29,8) ويمكن ان يكون
וַתִּשַּׁק ידי לפי (Job 31, 27) انفعال (*sic!*) منه وأصله ותשקק
ويمكن ان يكون من هذا الاصل فى معنى اخر פקדת הארץ
וַתְּשֹׁקְקֶהָ (Ps. 65, 10) ولعلّه ان يكون من المعنى الاوّل
بوجه وأمّا וְהֵשִׁיקוּ הוקבים (Joel 2, 24) فليس منه

שכך שכותי ישוך וַיָּשֹׁכּוּ המים (Gen. 8,1) כְּשֹׁךְ חמת
המלך (Esth. 2, 1) שָׁכָכָה (ib. 7, 10) والثقيل וַהֲשִׁכֹּתִי
מעלי (Num. 17, 20) ישך אשך ישכו

שלל וְשָׁלַל שְׁלָלָהּ (Ez. 29, 19) כי אתה שַׁלּוֹתָ גוים
רבים יְשָׁלּוּךָ כל יתר עמים (Hab. 2, 8) اصلهما שללת
ישללוך אֶשְׁתּוֹלְלוּ אבירי לב (Ps. 76, 6) ومعنى اخر او
قريب من الأوّل שֹׁל תָּשֹׁלּוּ לה (Ruth 2, 16)

שמם שמותי ישום יָשֹׁמּוּ ישרים על זאת (Job 17, 9)
שום שומי שֹׁמּוּ שמים על זאת (Jer. 2, 12) שַׁמָּה
ושערורה (ib. 5, 30) משמה אשר שם שַׁמּוֹת בארץ
(Ps. 46, 9) לְשַׁמָּה תהיה (Hos. 5, 9) על הר ציון שֶׁשָּׁמֵם
(Lam. 5, 18) לאמר שָׁמֵמוּ (Ez. 35, 12) ويمكن ان يكون منه
יִשּׁוֹם ווישרק (Jer. 19, 8) وجعل تشديد الشين عوضا من
النقصان وأمّا תִּשּׁוֹמֵם (Ecc. 7, 16) فتشديد الشين لانه
תתשומם والثقيل וַהֲשִׁמֹּתִי אני את הארץ (Lev. 26, 32) وات
נוהו הֵשַׁמּוּ (Ps. 79, 7) ישם אל האשדודים וַיְשִׁמֵּם
(I Sam. 5, 6) وما لم يسمّ فاعله הוּשַּׁם بتشديد الشين
عوضا من النقصان وضمّ الهاء بשרק او بקמץ חטף
لانّهما واحد في بعض التصريف فاذا وُصل بقيت شدّة
الشين كما كانت ورد المثل مندغما כל ימי הָשַּׁמָּה
(Lev. 26, 34) ولو قيل הוּשַׁמָּה بساكن لين بعد الهاء

فى بعض التصريف שָׁדוֹד נְשַׁדֻּנוּ (Mic. 2, 4) وأصله נשדדנו ישד ישדו ويمكن ان يكون فى שדוד נשדנו وجه اخر غير ما قلت اذ كان بالשרק ولم يكن بالחלם على الوجه المعروف بأن نقول ان معناها נשדו ממנו على مذهب *a* الكلمة الواحدة التى معناها كلمتان مثل בָּנַי יְצָאֻנִי (Jer. 10, 20) التى معناها יצאו ממני ومثل יְשֻׂשׂוּם מדבר (Jes. 35, 1) التى معناها ישושו בם ومثل בִּשְּׁלָם הבשר (I Reg. 19, 21) التى معناها בשל להם הבשר وعن جماعة בִּשְּׁלוֹם بمعنى בשלו להם وبهذا الوجه لا يمكن ان تحرّك الدال فى נשדונו الّا بالשרק لانّ الواو بعدها واو الجماعة ويكون اصله נשדדונו بهذا التخريج لا נשדדנו

שׁדד יְשַׂדֶּד לו יעקב (Hos. 10, 11) וִישַׂדֵּד אדמתו (Jes. 28, 24)

שׁחח תחתיו שָׁחֲחוּ (Job 9, 13) שַׁחוּ גבעות עולם (Hab. 3,6) שַׁחוֹתִי (Ps. 38,7) כי יָשֹׁחוּ במעונות (Job 38,40) اصله التشديد ידכה יָשֹׁחַ (Ps. 10, 10) וְשַׁח עינים יושיע (Job 22, 29) والانفعال וַיִּשַּׁח אדם (Jes. 2, 9) וַיִּשַּׁחוּ כל בנות השיר (Ecc. 12, 4) اصلهما וישחח וישחחו

---

a) A معنى.

والثقيل כי רִצַּץ עזב דלים (Job 20, 19) وثقيل اخر וירעצו וַיְרוֹצְצוּ (Jud. 10, 8)

רקק הָרַקּוֹת והרעות (Gen.41,20) וּרְקִיקֵי מצות (Ex.29,2) وليس من هذا الاصل השבלים הָרֵקוֹת (Gen. 41, 27) فاعلة .

רשש כי תאמר אדום רֻשַּׁשְׁנוּ (Mal. 1, 4) يمكن ان يكون منه מִתְרוֹשֵׁשׁ והון רב (Pr. 13, 7) יְרוֹשֵׁשׁ ערי מבצריך (Jer. 5, 17)

שבב כי שְׁבָבִים יהיה עגל שומרון (Hos. 8, 6) يمكن ان يكون منه וְשׁוֹבַבְתִּיךָ וששאתיך (Ez. 39, 2) לְשׁוֹבֵב שדינו יחלק (Mic. 2, 4) ومعنى اخر ולא יגה שְׁבִיב אשו (Job 18, 5)

שגג על שִׁגְגָתוֹ אשר שָׁגָג (Lev. 5, 18) שגגה

שדד שדותי او שדדתי على الاصل זו שַׁדּוּנִי (Ps. 17, 9) ישוד יָשׁוּד צהרים (ib. 91, 6) וסלף בוגדים יְשָׁדֵּם (Pr. 11, 3) הוי שׁוֹדֵד ואתה לֹא שָׁדוּד (Jes. 33, 1) לִשְׁדוֹד את כל פלשתים (Jer. 47,4) נהפך לְשַׁדִּי (Ps. 32,4) שוד ושבר גדול (Jes. 59, 7) والثقيل שדד ישדד מְשַׁדֵּד (Pr. 19, 26) وثقيل اخر שודד שודדתי יְשֹׁדֵד מצבותם (Hos. 10,2) والانفعال נשר נשדו נשדותי נשדותם נשדונו بالحلم او נשדונו بالشرق فقد يقوم احدهما مقام الاخر

לבי (Job 23, 16) הרכותי ארך ירך הרך הרכו הרכי
والاصل הרכיך הרככתי ארכיך ירכיך הרכך הרכיכו
הרכיכי والانفعال פן יֵרַךְ לבבכם (Jer. 51, 46) اصله פן
ירכך والاصل في الراء التشديد وأمّا והבאתי מֹרֶךְ (Lev.26,36)
فما اظنّه من هذا الاصل

רמם וְרִמָּה תכסה עליהם (Job 21, 26) قيل ان منه
וַיָּרֻם תולעים (Ex. 16, 20) ولو وُصل قيل וירומו
بالتشديد

רנן רנותי וְתָרוֹן לשון אלם (Jes. 35, 6) יָרֹנּוּ יושבי
סלע (ib. 42,11) תרונה יָרוֹן ושמח (Pr. 29, 6) כי רִנְנַת
רשעים מקרוב (Job 20,5) בואו לפניו בִּרְנָנָה (Ps. 100,2)
כנף רְנָנִים נעלסה (Job 39, 13) פצחו רִנָּה (Jes. 14, 7)
בְּרָן יחד (Job 38, 7) רָנֵּי פלט (Ps 32, 7) מִתְרוֹנֵן מיין
(ib. 78,65) والثقيل جاء على الاصل הַרְנִינוּ לאלהים עוזנו
(ib. 81, 2) הַרְנִינוּ גוים (Deut. 32, 43) ולב אלמנה אַרְנִין
(Job 29, 13) وثقيل اخر רַנֵּן ובאו וְרִנְּנוּ במרום ציון
(Jer. 31, 12) רַנֵּן יְרַנֵּנוּ (Ps. 132, 16)

רסס לָרֹס את הסלת (Ez. 46,14) רְסִיסֵי לילה (Cant. 5,2)

רצץ את מי רַצּוֹתִי (I Sam. 12,3) ולא רַצּוֹתָנוּ (ib. 12, 4)
ירוץ ירוצו וְתָרוּץ גלת הזהב (Ecc. 12, 6) ويمكن ان
يكون منه וְנָרוֹץ הגלגל אל הבור (ib.) ولو اتّصل لشدّ

כצמח השדה (Ez. 16, 7) ومعنى اخر יסבו עלי רַבָּיו (Job 16,13) השמיעו אל בבל רַבִּים (Jer. 50,29) والثقيل فى

هذا المعنى רובב רובבתי רובבו وقد كرهوا تحريك[a] المثلين

فى هذا الفعل فأسكنوا الاوّل وأدغموه فى الثانى الشديد

וימררהו וָרֹבּוּ (Gen. 49,23) فعل ماضى اصله רובבו والامر

المتّصل بواو الجماعة من هذا الاصل اعنى רבב مثل

سواء الّا ان اصل الامر רבבו وأصله هو רובבו لانّ רבו

الذى هو امر اذا لم يتّصل بالواو كان רוב والاصل فيه

רבוב ولولم يتّصل ורובו بالواو لكان רובב وإذا اردت

الامر من هذا الفعل الثقيل اعنى רובב רובבתי قلت

רובב רובבו مثل الماضى سواء وقد وجدته فى الماضى רבו

וימררהו וָרֹבּוּ (Gen. 49, 23) وأصله רבבו كما اعلمتك

فالقياس يجوز ان يكون الامر רובו وأصله רובבו فيقال

רבו فى الامر والماضى كما يقال רובבו فى الامر والماضى

רדד רדדתי הָרוֹדֵד עמי תחתי (Ps. 144, 2)

רכך רכותי רַכּוּ דבריו משמן (Ps. 55, 22) רַךְ לבבך (II Reg. 22, 19) רַךְ וטוב (Gen. 18, 7) כי הילדים רַכִּים (ib. 33, 13) רַכָּה וענוגה (Jes. 47, 1) ועיני לאה רַכּוֹת (Gen. 29,17) والثقيل ואל הָרֵךְ לא רֻכְּכָה בשמן (Jes. 1,6)

---

a) B بتحريك.

קַלִּים היו (Lam. 4, 19) **والانفعال** יִקַּלּוּ רודפיכם (Jes. 30, 16)

وأصله יקללו **ومعنى ثالث** הברכה וְהַקְּלָלָה (Deut. 30, 1)

יקלל וּמְקַלֵּל אביו ואמו (Ex. 21, 17) **ومعنى رابع**[a] נחשת

קָלָל (Ez. 1, 7)

קנן צפרים יְקַנֵּנוּ (Ps. 104, 17) שמה קִנְּנָה קפוז

(Jes. 34, 15) ודרור קֵן לה (Ps. 84, 4) כי יקרא קן צפור

לפניך (Deut. 22, 6) קִנִּים תעשה את התבה (Gen. 6, 14)

קנה קני קנו

קצץ וְקַצּוֹתָה את כפה (Deut. 25, 12) יקוץ יקוצו קוץ

קוצי קוצו **والثقيل** קִצֵּץ עבות רשעים (Ps. 129, 4) וְקִצֵּץ

פתילים (Ex. 39, 3) מְקֻצָּצִים

קשש הִתְקוֹשְׁשׁוּ וָקוֹשׁוּ (Zeph. 2, 1) **مشدّد ومعنى ثانى**

לְקֹשֵׁשׁ קש (Ex. 5, 12) מְקוֹשֶׁשֶׁת שנים עצים (I Reg. 17, 12)

מְקוֹשֵׁשׁ עצים (Num. 15, 32) **والجمع** קשים **بالتشديد**

او קששים

רבב רבותי רַבּוּ משערות ראשי (Ps. 69, 5) וְרַבָּה

עליך (Ex. 23, 29) רַב לך (Deut. 3, 26) עוד העם רָב

(Jud. 7, 4) רַבִּים יחלו פני נדיב (Pr. 19, 6) על ארץ

רַבָּה (Ps. 110, 6) לָרוֹב על פני האדמה (Gen. 6, 1) רֻבֵּי

תורתי (Hos. 8, 12) **ويقال ان من هذا المعنى** רְבָבָה

---

a) A اخر.

קבב קבותי קבו וְקַבֹּתו לי משם (Num. 23, 27) اصله
וקבבתו לי מה אֶקֹּב לא קַבֹּה אל (ib. 23, 8) اصله
מה אקבב לא קבבה تشديد القاف في מה אקוב عوض
من النقصان واختاروا في الالف السגול على التشبيه بالف
المتكلّم اللاحقة بالافعال الخفيفة السالمة من التغيّر
والنقصان ولو قيل אֶקוב لكان حسنا לָקוב אויבי (ib. 23,11)
לְכה קָבָה לי (ib. 22, 11) يمكن ان يكون امر (*sic!*) من فعل
ثقيل קבב יקבב وأصله קבבה فخفّفت الباء المشدّدة *a*
استثقالا لشدّتها فالتقت *b* باءان خفيفتان *c* فقامت الواحدة
مقام اثنتين *d* على ما اعلمتك من عادتهم في المثلين
وأمّا וְקָבְנו לי משם (ib. 23, 13) فأصل اخر اعنى קבן
وكذلك וַיִּקֹּב בן האשה (Lev. 24, 11) וְנֹקֵב שם ה'
(ib. 24, 16) اصل اخر اعنى נקב

קלל הן קַלּוֹתִי (Job 40, 4) כי קַלּוֹתָ (Nah. 1, 14) יקול
יקולו والانفعال וְנָקַל זאת (II Reg. 3, 18) וּנְקַלֹּתִי עוד
מזאת (II Sam. 6, 22) נקלות נקלונו על נְקַלָּה (Jer. 6,14)
والاصل في قاف וַתֵּקַל גברתה (Gen. 16, 4) וָאֵקַל בעיניה
(ib.16,5) ובוזי יֵקָלּוּ (I Sam.2,30) التشديد لانّها موضع اندغام
نون الانفعال فأُسقط استخفافا ومعنى اخر קַל הוא (Job 24,18)

---

a) A الشديدة. *b*) B فالتقا. *c*) A خفيفان.
d) Mss. אתנתאן.

צלל כְּצֵל עובר (Ps. 144,4) סר צִלָּם מעליהם (Num. 14,9) צִלְלֵי ערב (Jer. 6, 4) ונסו הַצְּלָלִים (Cant. 4, 6) וחורש מֵצַל (Ez. 31, 3) على مثال מֵסַב קלע (I Reg. 6, 29) ومن هذا المعنى על מְצִלּוֹת הסוס (Zach. 14, 20) ومعنى اخر צָלֲלוּ כעופרת (Ex. 15, 10) وقيل ان منه כאשר צָלְלוּ שערי ירושלים (Neh. 13, 19)

צרר צָרוֹר את המדינים (Num. 25, 17) כי צוֹרְרִים הם (ib. 25,18) וְצוֹרְרֵי יהודה (Jes. 11,13) צוֹרֵר היהודים (Esth. 3, 10) ותהיינה צְרֻרוֹת (II Sam. 20, 3) ويقرب من هذا المعنى צְרֻרוֹת בשמלותם (Ex. 12, 34) צְרוֹר הכסף (Pr. 7, 20) צָרַר רוח (Hos. 4, 19) ويمكن ان يكون من هذا الاصل وهذا المعنى וְהֵצַר לך (Deut. 28, 52) וַהֲצֵרֹתִי לאדם (Zeph. 1, 17) וַיָּצֵרוּ להם (Neh. 9, 27) على ان يكون اصلها التشديد ويمكن ان يكون ايضا منه צַר ומצוק (Ps. 119, 143) כי אין הַצָּר שוה (Esth. 7, 4) צָרִים (Lam. 1, 7) יום צָרָה (II Reg. 19, 3) צָרוֹת רבות (Ps. 71, 20) على ان يكون الاصل في צרים צרה צרות التشديد ومعنى اخر לִצְרוֹר לגלות ערותה (Lev. 18, 18) וכעסתה צָרָתָהּ (I Sam. 1, 6) اصله التشديد *a*

---

a) B.

פזז וַיָּפֹזּוּ זרועי ידיו (Gen. 49, 24) כתם פָּז (Cant. 5, 11)
قيل ان منه מְפַזֵּז ומכרכר (II Sam. 6, 16)

פלל פללתי ראות פניך לא פִלָּלְתִּי (Gen. 48, 11)
ויעמוד פנחס וַיְפַלֵּל (Ps. 106, 30) וּפִלְלוֹ אלהים
(I Sam. 2, 25) اسقط منه التشديد استخفافا פקו פְּלִלִיָּה
(Jes. 28, 7) ונתן בִּפְלִלִים (Ex. 21, 22) וְנִפְלַל חלל
(Ez. 28, 23) ومعنى اخر תְּפִלָּה לדוד (Ps. 86, 1) וַיִּתְפַּלֵּל
משה (Num. 11, 2)

פסס כי פַסּוּ אמונים (Ps. 12, 2)

פתת הפתותי וְהִפְתִּיתָ בשפתיך (Pr. 24, 28) اتى شاذًّا
على ما ذكرت[a] فى صدر الكتاب ومعنى اخر פַּת לחם
(Gen. 18, 5) ואכל פִּתִּי לבדי (Job 31, 17) מִפִּתּוֹ תאכל
(II Sam. 12, 3) פִּתְּךָ אכלת תקיאנה (Pr. 23, 8) וּבִפְתוֹתֵי
לחם (Ez. 13, 19) פָּתוֹת אותה פִּתִּים (Lev. 2, 6) פתתי
بادغام التاء الساكنة التى هى لام الفعل فى تاء الفاعل
الشديدة אפתות פותת פתות פתי פתו بادغام عين
الفعل فى لامه ووزنه שמרי שמרו هذا على الاصل وعلى
الوجه الاخر المستعمل פתותי אפות יפות יפותו פותו
او פָּתוּ פותי او פָּתִּי

צחח צְחִיחַ סלע (Ez. 24, 7) שכנו צְחִיחָה (Ps. 68, 7)

---

a) A وصفت.

עֲלִילוֹת דברים (Deut. 22,14) נורא עֲלִילָה על בנ׳ אדם
(Ps. 66, 5). וְעוֹלֵל למו כאשר עוֹלַלְתָּ לי (Lam. 1, 22) את
אשר הִתְעַלַּלְתִּי במצרים (Ex. 10, 2) רוע מַעַלְלֵיהֶם
(Jer.21,12) ومعنى رابع אשר לא עלה עליה עול (Num.19,2)
ופרקת עֻלּוֹ (Gen. 27, 40) a אוסיף על עֻלְּכֶם (I Reg. 12,11)
הקשה את עֻלֵּנוּ (ib. 12, 4) وقيل ان וְעוֹלַלְתִּי בעפר
קרני (Job 16, 15) من هذا المعنى

עמם עמותי او עממתי على الاصل ארזים לא עֲמָמֻהוּ
(Ez. 31, 8) כל סתום לא עֲמָמוּךָ (ib. 28, 3) ولو قيل עמוך
لكان حسنا ويمكن ان يكون منه יוּעַם זהב (Lam. 4, 1)
ولو وصل لشدّ יוּעַמּוּ ومعنى اخر עם עַמִּים הר יקראו
(Deut. 33, 19) אחריך בנימין בַּעֲמָמֶיךָ (Jud. 5, 14) ואת
עַמְמֵי הארץ (Neh. 9, 24) وעממים

ענן ענן אענן מענן והיה בְּעַנְנִי עָנָן (Gen. 9, 14) الاصل
فيه التشديد b فأُسقط استخفافا فافهم

עסס עסס עסותי וְעַסּוֹתֶם רשעים (Mal. 3, 21) ושם
עִסּוּ דדי בתוליהן (Ez. 23, 3) *(sic!)* יעום יעוסו עוּם
עוסו עוסי ويمكن ان يكون منه עָסִיס c

עשש עָשְׁשָׁה מכעס עיני (Ps. 6,8) ועצמי עָשֵׁשׁוּ (ib. 31,11)
עָשׁ יאכלם (Jes. 50, 9) والجمع עשים بالتشديد

---

a) A quotes Jes. 10, 27. *b*) B تشديده. *c*) e. g. Joel 1, 5.

סלל סלותי יסול יסולו סול סולו סולו הַמְסִלָּה (Jes. 62,10) מִמְסִלּוֹתָם (Jud. 5, 20) ואמר סלו סלו פנו דרך (Jes. 57, 14) מַסְלוּל ודרך (ib. 35, 8) דרך לא סְלוּלָה (Jer. 18, 15) סָלּוּהָ כמו ערמים (Jer. 50, 26) וַיָּסֹלּוּ עלי ארחות (Job 30, 12)

ספף סַף השער (Ez. 40, 6) כתתם סִפָּם את סִפִּי (ib. 43, 8) וירעשו הַסִּפִּים (Am. 9, 1) בחרתי הִסְתּוֹפֵף (Ps. 84, 11)

סרר כי כפרה סוררה סָרַר ישראל (Hos. 4,16) סוֹרֵר ומורה (Deut. 21, 18) יסור יסורו ويمكن ان يكون منه יָסוּרוּ בי (Hos. 7, 14) وأصله التشديد

עזז עזותי יָעוֹז בהותו (Ps. 52, 9) תָּעֹז לחכם (Ecc. 7,19) וַתָּעָז יד מדין (Jud. 6, 2) כי עַז העם (Num. 13, 28) יגורו על עַזִּים (Ps. 59, 4) חמה עַזָּה (Pr. 21, 14) עֻזִּי ומגיני (Ps. 28, 7) עָזִּי וזמרת יה (ib. 118, 14) ה' עִזּוּז וגבור (ib. 24,8) וֶעֱזוּזוֹ ונפלאותיו (ib. 78, 4) בַּעֲזוֹז עינות תהום (Pr. 8, 28)

עלל עולל עוללים שאלו לחם (Lam. 4, 4) מפי עוֹלְלִים (Ps. 8, 3) ويمكن ان يكون منه נגשיו מְעוֹלֵל (Jes. 3, 12) ومعنى اخر עוֹלֵל יְעוֹלְלוּ כגפן (Jer. 6, 9) וַיְעוֹלְלֻהוּ (Jud. 20, 45) ונשאר בו עוֹלֵלוֹת (Jes. 17, 6) ومعنى ثالث

(Num. 34, 5) נסבותי נָסַבּוּ על הבית (Gen. 19, 4) יסב
לא יִסַּבּוּ בלכתם (Ez. 10, 11) والامر הָסֵב הָסַבּוּ הסבי
بشدّتين وساكن المدّ ويمكن ان يكون גת יִסֹּב (I Sam. 5,8)
וַיִּסּוֹב מאצלו (ib. 17, 30) וַתִּסֹּב המלוכה (I Reg. 2, 15)
النوع الاخر من الانفعال وقد ذكرته فى صدر الكتاب
وقد يمكن ألّا تكون انفعالا بل فعلا خفيفا جعل فيه
تشديد السين عوضا من النقصان فمَن قال مِن العبرانيّين
יִסוֹב תִּסוֹב جعل التعويض ساكنا لينا ومَن قال منهم יִסּוֹב
תִּסּוֹב جعل التعويض تشديد السين واختار الكسر فى
الزوايد على التشبيه بالافعال الغير متغيّرة وقد يمكن ايضا
والله اعلم ان يكون גת יִסּוֹב (I Sam. 5, 8) וַיִּסּוֹב מאצלו
(ib. 17, 30) וַתִּסּוֹב המלוכה (I Reg. 2, 15) ורחבה וְנָסְבָה
למעלה (Ez. 41, 7) اصل (*sic!*) اخر اعنى נסב

סכך וְסַכּוֹתִי (*sic!*) כפי (Ex. 33, 22) סַכּוֹתָה בענן לך
(Lam. 3, 44) יסוך וַיָּסֹכּוּ הכרובים (I Reg. 8, 7) סוֹכְכִים
בכנפיהם (Ex. 25, 20) והוכן הַסֹּכֵךְ (Nah. 2, 6) יְסוֹכּוּהוּ
צאלים צללו (Job 40, 22) סוך סוכו סוכי כי יצפנני בסוכה
(Ps. 27, 5) וְסוּכָּה תהיה לצל יומם (Jes. 4, 6) בַּסֻּכּוֹת
תשבו (Lev. 23, 42) ويمكن ان يكون منه וַיָּסֶךְ בדלתים
ים (Job 38, 8) וַיָּסֶךְ אלוה בעדו (ib. 3, 23) وأمّا שכת
בעדו ובעד ביתו (ib. 1, 10) فليس منه

والجمع מְסִבִּים بالتشديد وكسر السين وقد جعل شدّة السين فى וַיַּסֵּב אלהים את העם (Ex. 13, 18) عوضا من النقصان كما جعل الساكن اللين بعد الزوايد عوضا من النقصان وعليه بُنى וַיַּסֵּבּוּ את ארון אלהים *a* (I Sam. 5, 8) فيه شدّتان شدّة السين كما كانت قبل الاتّصال بالواو وشدّة الباء لاندغام المثل فيهما على العادة فى الاتّصال وفيه الساكن اللين بعد السين كما كان قبل ولو قيل וַיָּסֵב بتخفيف السين وساكن التعويض لكان حسنا ولو قيل וַיָּסֵבּוּ بتخفيف السين وساكنين لينين ساكن التعويض الذى بعد الياء وساكن المدّ الذى بعد السين لكان حسنا والذى لم يسمّ فاعله הוסב יוסב מוסב מוסבים מוסבה מוּסַבּוֹת שם (Num. 32, 38) وقد جعل تشديد السين فى על כמון יוּסָּב (Jes. 28, 27) عوضا من النقصان مثل יֻכַּת שער (ib. 24, 12) ولو قيل יוּסָב بتخفيف السين لكان حسنا لانّ الساكن اللين بعد الياء للتعويض كما انّ تشديد السين للتعويض وثقيل اخر סבב סבבתי יסבב לבעבור סַבֵּב את פני הדבר (II Sam. 14, 20) وثقيل ثالث סובב סובבתי יְסוֹבְבוּהָ על חומותיה (Ps. 55, 11) יסוֹבְבֶנְהוּ יבוננהו (Deut. 32, 10) والانفعال וְנָסַב הגבול

---

a) So Mss. instead of אלהי ישראל.

يدلّ على انّه من هذا الاصل لانّه لو كان من اصل اخر
اعنى נשה لكان נִשַּׁנִי بكسر النون وتشديد[a] الشين
او נָשַׁנִי بקמצות النون وتخفيف الشين فافهم

סבב סַבּוֹתִי אֲנִי וְלִבִּי (Ecc. 7, 25) او סִבַבתי على
الاصل וְסָבַב בית אל (I Sam. 7, 16) סַבּוּנִי כמים כל היום
(Ps. 88, 18) סַבּוּנִי גם סְבָבוּנִי (ib. 118, 11) יָסֹב אתו
(I Reg. 7, 23) וַנָּסָב את הר שעיר (Deut. 2, 1) יָסֹבּוּ עלי
רביו (Job 16, 13) יְסֻבֻּהוּ ערבי נחל (ib. 40, 22) יסובנו
והנה תְסֻבֶּינָה (Gen. 37, 7) סֹב דמה לך דודי (Cant. 2, 17)
סֹבּוּ ציון והקיפוה (Ps. 48, 13) קחי כנור סֹבִּי
עיר (Jes. 23, 16) רב לכם סֹב (Deut. 2, 3) סובב
סובבים סָבִיב סָבִיב (II Chr. 4, 3) סְבִיבוֹת שניו
אימה (Job 41, 6) ועל סְבִיבוֹתָיו (Ecc. 1, 6) כי היתה[b]
סִבָּה (I Reg. 12, 15) מֵסַב קלע (ib. 6, 29) עד שהמלך
בִּמְסִבּוֹ (Cant. 1, 12) ראש מְסִבָּי (Ps. 140, 10) והוא
מְסִבּוֹת (Job 37, 12) والثقيل וְהֵסֵב לב מלך אשור
(Ezr. 6, 22) ואתה הֲסִבֹּתָ את לבם (I Reg. 18, 37) אחרי
הֵסַבּוּ אותו (I Sam. 5, 9) וַיְסִבֵּנִי דרך חוץ (Ez. 47, 2)
יסב נסב נָסֵבָּה אלי (ib. 26, 2) הנני מֵסֵב (Jer. 21, 4)

---

a) A وشدّة. b) Mss. יהיה.

נדד כי נָדְדוּ ממני (Hos. 7, 13) יִדּוֹד ממך (Nah. 3, 7)
יִדּוֹדוּן יִדּוֹדוּן (Ps. 68, 13) וְיֻדַּד כחזיון לילה (Job 20, 8)
على الاصل النون مندغمة[a] فى الدال الشديدة والثقيل
הנד הנִידוֹתִי ינד ומתבל יְנִדֻּהוּ (Job 18, 18) كسر النون
يدلّ على انّه من هذا الاصل ولو انّه من נדה נדיתי
ינדה הַמְנַדִּים ליום רע (Am. 6, 3) מְנַדֵּיכֶם (Jes. 66, 5)
لفتحت النون فاعلمه ومعنى ثانى او قريب من الاوّل
נָדְדָה שנת המלך (Esth. 6, 1) וַתִּדַּד שנתי (Gen. 31, 40)
النون مندغمة فى الدال ושבעתי נְדוּדִים עדי נשף
(Job 7, 14) وامّا אֶדַּדֶּה כל שנותי (Jes. 38, 15) فليس
من هذا الاصل

נסס ונשא נֵס לגוים (Jes. 5, 26) ה׳ נִסִּי (Ex. 17, 15)
נתתה ליראיך נֵס (Ps. 60, 6) ويقرب منه לְהִתְנוֹסֵס (ib.)
כי אבני נזר מִתְנוֹסְסוֹת (Zach. 9, 16) ومعنى ثانى והיה
כמסוס נוֹסֵס (Jes. 10, 18)

נצץ וְנוֹצְצִים כעין נחשת (Ez. 1, 17) נצץ נצצו

נקק וּבִנְקִיקֵי הסלעים (Jes. 7, 19)

נשש נשותי כִּי נַשַּׁנִי אלהים (Gen. 41, 51) على مثال
כי חַנַּנִי אלהים (ib. 33, 11) فتح النون مع تشديد الشين

---

a) A المندغمة.

רוח (Gen. 26, 35) اسم اصله מָרַּת بتشديد الراء وضمّ الميم بקמץ חטף وانّما تولّد الساكن اللين بعد الميم من اجل تخفيف الراء الذى يستثقل تشديدها وقد اتى هذا الاسم بعينه بتشديد الراء على الاصل وקמצות الميم לב יודע מָרַּת נפשו (Pr. 14, 10) על מצות וּמְרוֹרִים (Num. 9,11) בשברון מתנים וּבמְרִירוּת (Ez. 21,11) وقطب מְרִירִי (Deut. 32,24) الياء فى מרירי ياء النسبة כי תכתוב עלי מְרוֹרוֹת (Job 13, 26) ويمكن ان يكون من هذا المعنى وهذا الاصل וּמֶמֶר ליולדתו (Pr. 17, 25) الراء فى موضع راءين وأصله ממרר كما قلت فى מֶכֶם ان اصله מכסם والثقيل הֵמַר נפשי[a] (Job 27, 2) כי הֵמַר שדי לי (Ruth 1, 20) اصله המריר המרותי بالتخفيف والاصل تشديد ימר ימרו وثقيل اخر מרר מררתי ימרר אֲמָרֵר בבכי (Jes. 22, 4) וַיְמָרְרוּ את חייהם (Ex. 1, 14) لولا مكان الراء لكان مشدّدا

משש משותי ימוש ימושו אולי יְמֻשֵּׁנִי (Gen. 27, 12) מוש מושו מושי او מששי على الكمال والثقيل כי מִשַּׁשְׁתָּ את כל כלי (Gen. 31,37) והיית מְמַשֵּׁשׁ בצהרים כאשר יְמַשֵּׁשׁ העור (Deut. 28, 29)

נבב ـ ואיש נָבוּב ילבב (Job 11,12) נְבוּב לחות (Ex. 27,8)

---

a) Mss. רוחי.

بساكن لين بعد الميم على القياس الصحيح ويمكن ان يكون من هذا الاصل وهذا المعنى לַמָּס מרעהו חסד (Job 6, 14)

מצץ מצותי המוץ למען תָּמוֹצוּ (Jes. 66, 11)

מקק המק המקותי ימק אמק ימקוני המק המקו המקי הָמֵק בשרו (Zach. 14, 12) הומק יומק הומקה המקו יומקו מומק מומקים מומקה מומקות والانفعال נמק וְנָמַקּוּ כל צבא השמים (Jes. 34, 4) נמקותי וּנְמַקּוֹתֶם בעונותיכם (Ez. 24, 23) נמקונו ובם אנחנו נְמַקִּים (ib. 33, 10) יִמַּקּוּ בעונם (Lev. 26, 39) תִּמַּקְנָה בחוריהן (Zach. 14,12) القوة فى תמקנה مقام קופין *a* ولשונו תִּמַּק בפיהם (ib.) والاصل فى هذا الانفعال נמקק ונמקקו ונמקקתם נמקקים ימקקו תמקקנה תמקק والامر منه הִמַּק המקו המקי بساكن لين بعد الميم ومن هذا الاصل وهذا المعنى מַק יהיה (Jes. 3, 24) والجمع מַקִּים بالتشديد

מרר מַר נפשי (Jes. 38, 15) כי רע וָמָר (Jer. 2, 19) כי מְרִים הם (Ex. 15, 23) מָרָה כלענה (Pr. 5, 4) קראנה (*sic !*) לי מָרָה (Ruth 1, 20) והיא מָרַת נפש (I Sam. 1, 10) الاصل فيها التشديد الّا ان الراء لا يستسهل تشديدها מָרַת

---

a) So Mss.

ومعنى اخر ויָמֹדּוּ בעמר (Ex. 16, 18) מי מָדַד בשעלו מים (Jes. 40, 12) ומים תכן בְמִדָּה (Job 28, 25)

מטט وجدت נָמוֹטּוּ פעמי (Ps. 17, 5) مشدّدا فى بعض المصاحف ومخفّفا فى بعضها فإن كان مشدّدا فهو من هذا الاصل وإن كان مخفّفا فهو من الافعال اللينة العين وقد مضى ذكره فى كتاب حروف اللين

מכך מכותי ימוך וְיָמֹכּוּ בעונם (Ps. 106, 43) ואם מָךְ הוא (Lev. 27, 8) والجمع מַכִּים بالتشديد

מלל מי מִלֵּל לאברהם (Gen. 21, 7) מי יְמַלֵּל גבורות ה' (Ps. 106, 2) ברור מִלֵּלוּ (Job 33, 3) כי אין מִלָּה בלשוני (Ps. 139, 4) אני אשיבך מִלִּין (Job 35, 4)

מסס מסס כִּמְסוֹס נוסס[a] (Jes. 10, 18) والثقيل המס המסו אחינו הֵמַסּוּ את לבבנו (Deut. 1, 28) המיסותי המסוני ימס ימסו ימסוהו ימסום ימסוני המס המסו המסי والانفعال נמס וחם השמש וְנָמָס (Ex. 16, 21) וְנָמַסּוּ ההרים (Jes. 34, 3) נמסותי וַיִּמַּס לבב העם (Jos. 7, 5) הִמֵּס יִמָּס (II Sam. 17, 10) اصله המסס ימסס וַיִּמַּסּוּ אסוריו (Jud. 15, 14) والامر הִמַּס המסו המסי

---

a) To כמסום נוסס, B adds on the margin this interesting gloss: פ' علما معلوما כן פירש רבנו סעדיה, evidently a quotation from Saadia's translation of Isaiah.

والتاء لاندراج الكلام واذا اتّصل יַכַּת بواو الجماعة ردّ
المثل الساقط مندغما على العادة فى الاتّصال وردّ الساكن
اللين الساقط فى الادراج وبقيت شدّة الكاف كما كانت
قبل الاتّصال وכל פסיליה יֻכַּתּוּ (Mic. 1, 7) وأمّا ויכום
וַיַּכְּתוּם (Num. 14, 45) فليس من هذا الاصل والله اعلم

לבב לבב לבבתי וּתְלַבֵּב לעיני שתי לְבִבוֹת (II Sam. 13,6)
ومعنى اخر לב לבי לבבי לבבות ׃מה אמולה לִבָּתֵךְ
(Ez. 16, 30) ويمكن ان يكون منه ואיש נבוב יִלָּבֵב
(Job 11, 12) وقيل ان منه ايضا לִבַּבְתִּנִי אחותי כלה
(Cant. 4, 9) على معنى زوال القلب

לקק לקותי ילוקו او לקקתי على الاصل לקקו כל אשר יָלוֹק
בלשונו מן המים (Jud. 7, 5) וַיָּלֹקּוּ הכלבים (I Reg. 22, 38)
والثقيل לקק לקקתי ילקק מלקק הַמְלַקְקִים בידם
(Jud. 7,6) الاصل فى القاف الاولى التشديد فاسقط استخفافا

מדד וּמַדּוֹתִי פעלתם (Jes. 65, 7) וּמַדּוֹתֶם מחוץ לעיר
(Num. 35, 5) ימוד וַיָּמָד אלף (Ez. 47, 3) בקנה הַמִּדָּה
(ib. 42,16) والثقيل וַיְמַדְּדֵם בחבל (II Sam. 8,2) וַיְמַדֵּד שני
חבלים (ib.) وثقيل اخر עמד וַיְמֹדֶד ארץ (Hab. 3, 6)
ويقرب من هذا المعنى וַיִּתְמֹדֵד על הילד (I Reg. 17,21)
אנשי מִדָּה (Jes. 45, 14) מי שם מְמַדֶּיהָ (Job. 38,5) ويمكن
ان يكون من هذا المعنى וּמִדַּד ערב (ib. 7,4) فعل ماضى

ثانى אהבת כְּלוּלֹתָיִךְ (Jer. 2,2) כַּלָּה קשוריה (ib. 32)

כסס כסות יכום תכום תָּכֹסּוּ על השה (Ex. 12, 4)

ومنه בְּמִכְסַת נפשות (ib.) ויהי הַמֶּכֶס לה׳ (Num. 31,37)

على ان تكون السين فى موضع سينين والاصل מכססת מכסס

כפף כָּפַף נפשי (Ps. 57, 7) כפפתי זוקף כְּפוּפִים (ib. 146, 8) הֲלָכֹף כאגמון (Jes. 58, 5) الفاء فى موضع فاءين

כתת וְכַתּוֹתִי מפניו צריו (Ps. 89,24) יכות יכותו וָאֶכֹּת אותו טחון (Deut. 9, 21) شدّة الكاف فى ואכות بدلا من الساكن اللين المزيد فكما ان الساكن اللين المزيد عوض من النقصان فى الكلمة *a* وتكميلا لها كما اعلمتك مرارا كذلك التشديد عوض من نقصانها وتكميل (*sic!*) لها وأصل ואכות ואכתות כות כֹּתּוּ אתיכם (Joel 4, 10) ומעוך וְכָתוּת (Lev. 22, 24) לא ימצא (I Reg. 5, 25) שמן כָּתִית בִּמְכִתָּתוֹ (Jes. 30, 14) والثقيل כתת וְכִתַּת נחש הנחשת (II Reg. 18,4) אכתת מכתת وما لم يسمّ فاعله بمثل واحد قائم مقام مثلين وشدّة الكاف تعويضا من النقصان יֻכַּת שער (Jes. 24, 12) سقط الساكن اللين الذى بين الكاف

---

a) A نقصان الكلمة.

الكسر او حرّكت السگول ولكنّهم ربّما اختاروا فى ما قبل
الحاء الفتح الذى هو اخفّ الحركات وامّا יַחְתְּךָ ויסחך
מאהל (Ps. 52, 7) תֵּחַת גערה במבין (Pr. 17, 10) فليس
من هذا الاصل

טלל טלל טללתי יטלל הוא יבננו ויטללֻנוּ (Neh. 3, 15)
ثقيل والاصل التشديد فاسقط استخفافا ومعنى اخر כי
טַל אורות טַלֶּךָ (Jes. 26, 19) יתנו טַלָּם (Zach. 8, 12)
والجمع טַלִּים بالتشديد او טללים

טפף הלך וְטָפוֹף תלכנה (Jes. 3, 16)

יבב יבבתי בעד החלון נשקפה וַתְּיַבֵּב (Jud. 5, 28) איבב

ידד ידותי ועל נכבדיה יַדּוּ גורל (Nah. 3, 10) فتح
الياء يدلّ على انّه من ذوات المثلين איוד תיוד תיודו
יוד יודו יודי وامّا יְדוּ אליה (Jer. 50, 14) לְיַדּוֹת אֶת
קרנות הגוים (Zach. 2, 4) فليس من هذا الاصل

ילל הֵילִילוּ תילילו ייליל הֵילֵל ברוש (Zach. 11, 2)
עד אגלים יִלְלָתָהּ ובאר אלים יִלְלָתָהּ (Jes. 15, 8)
ومعنى اخر יְלֵל ישימון (Deut. 32, 10)

ישש בִּישִׁישִׁים חכמה (Job 12, 12) זקן וְיָשֵׁשׁ (II Chr. 36, 17)
גם שב גם יָשִׁישׁ בנו (Job 15, 10)

כלל כלותי او כללתי אני כְּלִילַת יופי (Thr. 2, 15)
מִכְלַל יופי (Ps. 50, 2) בְּמַכְלוּלִים (Ez. 27, 24) ومعنى

ويمكن ان يكون من هذا الاصل وهذا المعنى נָחַר מפוח (ib. 6, 29) ויחר והעצמות יֵחָרוּ (Ez. 24, 10) على ان يكون انفعالا ويكون الاصل فى יחרו التشديد لمكان المثلين ويمكن ايضا ان يكون منه חָרוּ ישבי ארץ (Jes. 24, 6) والاصل فيه التشديد

חתת חתותי חַתּוּ לא ענו עוד (Job 32, 15) חַת מרודך (Jer. 50, 2) המה חַתִּים (ib. 46, 5) יחות יחותו הות חותו התאזרו וָחֹתּוּ (Jes. 8, 9) מְחִתַּת דלים (Pr. 10, 15) תראו חֲתַת (Job 6, 21) ויהי חִתַּת אלהים (Gen. 35, 5) والتاء الاخيرة للتأنيث والتاء التى هى عين الفعل مندغمة فى التاء الشديدة والانفعال נחת אל תירא ואל תֵּחָת (Deut. 1, 21) יֵחַת אפרים מעם (Jes. 7, 8) ולא יראו עוד ולא יֵחַתּוּ (Jer. 23, 4) الاصل فى الحاء التشديد وأصلها נחתת תחתת יחתת יחתתו والثقيل חתת הַחִתֹּתָ כיום מדין (Jes. 9, 3) بمدّ الهاء والاصل הֶחתות مثل הֲסִבּוֹתָ יחת אחת ובוז משפחות יְחִתֵּנִי (Job. 31, 34) פן אֲחִתְּךָ לפניהם (Jer. 1, 17) החת החתו החתי وقد جاء على الاصل החתות החתית بدلالة וְהַחְתַּתִּי את עילם (ib. 49, 37) التاء الساكنة التى هى لام *a*) الفعل مندغمة فى تاء الفاعل الشديدة وكان الوجه فى الهاء

---

a) A عين.

والاصل فيه تشديد النون الاولى فاسقط استخفافا وكذلك
בְּהִתְחַנְנוֹ אלינו (Gen. 42, 21 بتخفيف النون الاولى
والاصل التشديد وثقيل اخر חונן חוננתי מחונן والفعل
الذى لم يسمّ فاعله יוּחַן רשע (Jes. 26, 10 بمثل واحد
قائم مقام مثلين *a* والمتّصل بالتشديد وساكنين יוחנו

חפף חפף חפפתי חוֹפֵף עליו (Deut. 33, 12 ويمكن
ان يكون منه לְחוֹף ימים (Gen. 49, 13

חצץ מקול מְחַצְּצִים (Jud. 5, 11 بالتخفيف والاصل
التشديد ويمكن ان يكون منه חֵץ שחוט לשונם (Jer. 9, 7
וישלח חִצָּיו (Ps. 18, 15 חִצִּים ومعنى اخر ויצא חוֹצֵץ
כלו (Pr.30,27 وقد يجعل מחצצים و חוצץ معنى واحد (sic!)
وחץ وחצים شيًا اخر ومعنى ثالث ומספר חדשיו חֻצָּצוּ
(Job 21, 21 وقد يجعل מחצצים و חוצצו معنى واحد (sic!)

חקק חקק חקותי וְחַקּוֹתָ עליה (Ez. 4, 1 יחוק יחוקו
הוי הַחוקקים חִקְקֵי און (Jes. 10, 1 חִקְקֵי לב (Jud. 5, 15
לבלי חק (Jes. 5, 14 כי חָקְךָ וְחָק בניך (Lev. 10, 13
לחם חֻקִּי (Pr. 30, 8 חֻקָּה אחת (Num. 9, 14 חֻקִּים
ומשפטים (Deut. 4, 8 אם בְּחֻקּוֹתַי (Lev. 26, 3 والامر
חק او חוק וישכח מְחֻקָּק (Pr. 31, 5 מחוקק

חרר חרותי יחור יחורו ושכן חֲרֵרִים במדבר (Jer. 17, 6

---

a) B اثنين .

לחמנו חַם הצטידנו (Jos. 9, 12) אשר בגדיך חַמִּים
(Job 37, 17) קֹר וָחֹם (Gen. 8, 22) בְּחֻמָּם אשית את
משתיהם (Jer. 51, 39) בְּחֻמּוֹ נדעכו ממקומם (Job 6, 17)
ומגז כבשי יִתְחַמָּם (ib. 31, 20) والثقيل חמם חממת
ועל עפר תְּחַמֵּם (Job 39, 14) والانفعال נחם נחמותי
איך יֵחָם (Ecc. 4, 11) כלם יֵחַמּוּ (Hos. 7, 7) الاصل فيهما
יחמם יחממו ومن هذا المعنى ברה כַּחַמָּה (Cant. 6, 10)
ואין נסתר מֵחַמָּתוֹ (Ps. 19, 7) وقيل ان גחלת לַחְמָם
(Jes. 47, 14) من هذا المعنى

חנן וְחַנֹּתִי את אשר אָחֹן (Ex. 33, 19) כי חַנַּנִי
אלהים (Gen. 33, 11) יחן יחנו חלו נא פני אל וִיחָנֵּנוּ
(Mal. 1, 9) וַיְחֻנֶּנּוּ ויאמר פדעהו (Job 33, 24) וִיחֻנֶּךָּ
(Num. 6, 25) חָנּוּנִי חָנּוּנִי (Job 19, 21) ה׳ חָנֵּנִי (Ps. 41, 5)
חון חונו او חָנּוּ חָנֵּנִי او חוני תחנה وعلى الاصل
אשר חָנַן אלהים את עבדך (Gen. 33, 5) אולי יֶחֱנַן
ה׳ אלהי צבאות (Am. 5, 15) חָנוֹן יָחְנְךָ (Jes. 30, 19)
بانّ الوجه فيه יָחָנְךָ بتشديد النون وקמצות الحاء
فخففت النون وقامت مقام نونين واسكنت الحاء
والقيت حركتها على الياء תְּחַנּוּנִים (Pr. 18, 23) ومن هذا
المعنى חֵן וחסד (Esth. 2, 17) ויתן חִנּוֹ (Gen. 39, 21)
والثقيل כי יְחַנֵּן קולו (Pr. 26, 25) חָנְנֵנִי ה׳ (Ps. 9, 14)

(Job 41, 22) وقيل ان منه חַדּוּדֵי חרש (Ez. 5, 1)

חיי חַי אני (Num. 14, 21) חַיִּים כלכם היום (Deut. 4, 4)

חֵי פרעה (Gen. 42, 16) מות וְחַיִּים (Pr. 18, 21) נפש חַיָּה

(Gen. 1, 20) الاصل חויים[a] נפש חויה الّا ان الهاء اللينة

انقلبت ياء على العادة فى حروف اللين فاندغمت الياء التى

هى عين الفعل فى الياء التى هى لامه فاشتدّت[b] ففى חיים

ثلث ياءات الياء الساكنة التى هى عين الفعل المندغمة

والياء التى هى لام الفعل والياء الثالثة التى هى للجمع

חלל חלותי او חללתי ולבי חָלַל בקרבי (Ps. 109, 22)

مفتوح اللام الاولى لانّه فعل ماضى חלל חללים חַלְלֵי

חרב (Jer. 14, 18) ومعنى اخر فى الاصل وهو الثقيل היום

הַחִלּוֹתִי (I Sam. 22, 15) הֵחֵל הנגף (Num. 17, 11) אָחֵל

תת פחדך (Deut. 2, 25) והמשאת הֵחֵלָּה (Jud. 20, 40)

וַיָּחֵלּוּ להכות מהעם (ib. 31) בַּתְּחִלָּה (Gen. 13, 3) תְּחִלַּת

חכמה (Pr. 9, 10) ومعنى ثالث דום לה' וְהִתְחוֹלֵל לו

(Ps. 37, 7) לִי שמעו וְיִחֵלּוּ (Job 29, 21) ومعنى رابع

וּבִמְחִלּוֹת עפר (Jes. 2, 19) ومعنى خامس מְחַלְּלִים

בַּחֲלִילִים (I Reg. 1, 40) תֹף וְחָלִיל (Jes. 5, 12)

חמם חַמּוֹתִי ראיתי אור (Jes. 44, 16) אַף יָחוֹם (ib.)

וְחַם להם (Ecc. 4, 11) חַם לִבִּי בקרבי (Ps. 39, 4) זה

---

a) B חיים. b) A فاشتدا.

זָלַל כי הייתי זוֹלֵלָה (Lam.1,11) זוֹלֵל וְסוֹבֵא (Deut. 21,20) ومعنى ثانى وهو انفعال نزول הרים נָזוֹלוּ (Jes. 64, 2) נזלותי יזול יזולו הזול הזולו הזולי

זָמַם זַמּוֹתִי בל יעבר פי (Ps. 17, 3) او زممتي على الاصل כן שבתי זָמַמְתִּי (Zach. 8, 15) على الاصل גם זָמַם ה' (Jer. 51, 12) זְמָמוֹ אל תפק (Ps. 140, 9) זִמּוֹתַי נתקו (Job 17, 11) מְזִמָּה תשמר עליך (Pr. 2, 11) ومعنى ثانى כי זָמָּה עָשׂוּ (Hos. 6, 9)

זָקַק זקותי זקו יזק יָזוֹקוּ מטר לאדו (Job 36,27) ומקום לזהב יָזוֹקוּ (Job 25, 1) والثقيل וְזִקַּק אותם (Mal. 3, 3) מְזֻקָּק שבעתים (Ps. 12, 7)

חָבַב חבותי او חבבתי אף חוֹבֵב עמים (Deut. 33, 3) לטמון בְּחֻבִּי עוני (Job 31, 33) ويمكن ان يكون من هذا المعنى חבולתו חוב ישיב (Ez. 18, 7)

חָגַג חגותי וְחַגּוֹתָם (Ex. 12, 14) המון חוֹגֵג (Ps. 42, 5) חַג לה' (Ex. 12, 14) וּבַחַגִּים ובמועדים (Ez. 46, 11) יָחוֹג יחוגו חוג חָגִּי יהודה חַגַּיִךְ (Nah. 2, 1) ومعنى ثانى هو قريب من هذا יָחֹגּוּ וינועו כשכור (Ps. 107, 27) אדמת יהודה למצרים לְחָגָּא (Jes. 19,17) كتبت الالف فى موضع الهاء على العادة فى حروف اللين

חָדַד חדותי וְחַדּוּ מזאבי ערב (Hab. 1, 8) חרב חַדָּה

ثـالـث החל ההלותי כי יָהֵל (Job 31, 26) תָּהֵל אור (ib. 41, 10) לא יָהֵלּוּ אורם (Jes. 13, 10) החל ההלו ההלי בְּהִלּוֹ נרו (Job 29, 3) ومـن هـذا الاصـل הֵילֵל בן שחר (Jes. 14, 12)

המם וְהַמּוֹתִי את כל העם (Ex. 23, 27) او והממתי כי אלהים הֲמָמָם (II Chr. 15, 6) וְהָמַם גלגל עגלתו (Jes. 28, 28) مفتوح الميم الاولى لأنّها عين الفعل יהם ויהם וַיְהֻמֵּם ה׳ (Jos. 10, 10)

הרר הֲרָרִי בשדה (Jer. 17, 3) כְּהַרְרֵי אל (Ps. 36, 7) וּמֵהֲרָרֶיהָ תחצב נחשת (Deut. 8, 9) הרים הרי بلا تشديد لمكان الراء والاصل تشديد فافهم

התת إما ان يكون תְּהוֹתְתוּ על איש (Ps. 62, 4) على زنة תפועלו فيكون اصله התת مثل תסובבו الذى اصله סבב وإما ان يكون على زنة תפעללו فيكون اصله הות مثل ימותתו الذى اصلـه מות ومثل אקומם الـذى اصله קום وليس فى תהותתו ما يستـدلّ بـه على اكثر من هذين الاصلين فاعلمه

זכך זכותי זַכּוּ נזיריה (Lam. 4, 7) לא זַכּוּ בעיניו (Job 25, 5) אם זַךְ וישר (ib. 8, 6) والجمع זַכִּים بالتشديد وقيـل ان זְכוּכִית (ib. 28, 17) من هذا المعنى والثقيل הזך וַהֲזִכּוֹתִי בבור כפי (ib. 9, 30) אזך יזך יזכו

אנשי המלחמה יִדַּמּוּ (Jer. 49, 26) אל *a* תִּדַּמּוּ בעונה (ib. 51, 6) וְנִדְּמָה שם (ib. 8, 14) شدّة الدال فى ונדמה שם لاندغام نون الانفعال فيها وقامت الميم الواحدة مقام ميمين والثقيل فى هذا المعنى הֲדַם او הֲדֵם כי ה׳ אלהינו הֲדִמָּנוּ (ib.) الاصل הדמימנו הדמותי הדמנו הדמו הִדמה הדם הדמו הדמי

דקק כאבק דַּק (Jes. 29, 5) עד אשר דַּק (Deut. 9, 21) דממה דַקָּה (I Reg. 19, 12) השבלים הַדַּקּוֹת (Gen. 41, 7) والثقيل הֵדַק לעפר (II Reg. 23, 15) اصله הדקיק וַהֲדִקּוֹת עמים רבים (Mic. 4, 13) כטיט חוצות אֲדִקֵּם (II Sam. 22, 43) ושחקת ממנה הָדֵק (Ex. 30, 36) وما لم يسمّ فاعله הוּדַק לחם יוּדָק (Jes. 28, 28) תודק הודק הודקה הודקו יודקו תודקו بالتشديد واثبات الساكنين معا מוּדָק מודקה מודקים بالتشديد واسقاط الواحد اللين الذى بعد الدال

הלל שבע ביום הִלַּלְתִּיךָ (Ps. 119, 164) תְּהַלֵּל יה (ib. 150, 6) الاصل فى הַלְלוּיָהּ מְהַלְלִים التشديد فاسقط استخفافا לא הוּלָּלוּ (ib. 78, 63) תְּהִלַּת ה׳ ידבר פי (ib. 145, 21) ومعنى اخر הלותי او הללתי على الاصل יהול אמרתי לַהוֹלְלִים אל תָּהֹלּוּ (ib. 75, 5) הול הולו ومعنى

---

a) Mss. פן.

הגן יי צבאות יָגֵן עליהם (Zach. 9, 15) יגנו بالتشديد
ومعنى اخر מְגִנַּת לב (Lam. 3, 65) مثل מְחִתַּת (Pr. 10,15)

גרר גרותי او גררתי على الاصل מְגוֹרָרוֹת בַּמְּגֵרָה
(I Reg. 7, 9) اصله מגרה بالتشديد لولا الراء ويمكن ان
يكون من هذا الاصل فى معنى اخر יָגוּרוּ מלחמות
(Ps. 140, 3) שוד רשעים יְגוֹרֵם (Pr. 21, 7) יָגוּרוּ יצפונו
(Ps. 56, 7)

גשש נְגַשְׁשָׁה כעורים. קיר וכאין עינים נְגַשֵּׁשָׁה
(Jes. 59, 10)

דבב דּוֹבֵב שפתי ישנים (Cant. 7, 10) דִּבָּה (Pr. 10, 18)

דלל דַּלּוֹתִי ולי יהושיע (Ps. 116, 6) דָּלְלוּ וחרבו
(Jes.19,6) דַּל דלים דַּלּוּ מאנוש נעו (Job 28, 4) والانفعال
יִדַּל כבוד יעקב (Jes. 17, 4) اصله ידלל יִדַּלּוּ بتشديد
الدال واللام ومعنى اخر דַּלּוּ עיני למרום (ib. 38, 14)

דמם דמותי او דממתי דום לה' (Ps. 37, 7) דּוֹמּוּ עד
הגיענו אליכם (I Sam. 14, 9) דְּמָמָה דקה (I Reg. 19, 12)
אבן דּוּמָם (Hab. 2, 19) ويمكن ان يكون וַיִּדֹּם אהרון
(Lev. 10, 3) וְיִדְּמוּ למו עצתי (Job 29, 21) انفعالا شدّة
الدال فى ידמו لاندغام نون الانفعال فيها وقامت الميم
الواحدة فى موضع ميمين والوجه فيه ידמו بالتشديد ومعنى
اخر وهو انفعال וְנָדַמּוּ נאות השלום (Jer. 25, 37) וכל

التشديد בָּרוּר מִלֵּלוּ (Job. 33, 3) כֻּלָּם הַבְּרוּרִים (I Chr. 9, 22) יִתְבָּרְרוּ (Dan. 12, 10) والثقيل הבר לא לזרות ולא לְהָבַר (Jer. 4, 11) הָבֵרוּ החצים (ib. 51, 11) اصله التشديد والانفعال עִם נָבָר (II Sam. 22, 27) נְבָרִים بلا تشديد ايضا لمكان الراء *a*

גדד גְדוּדִים (II Sam. 4,2) גדותי יָגוֹדּוּ על נפש צדיק (Ps. 94, 21)

גזז לִגְזוֹז את צאנו (Gen. 31, 19) גּוֹזְזִים (I Sam. 25, 7) גֵּזַּת הצמר (Jud. 6, 37) גֵּז צאנך (Deut. 18, 4) גזים بالتشديد וַיָּגָז את ראשו (Job 1, 20) וַיָּגוֹזּוּ بالتشديد وفى الاصل معنى اخر وكن נָגוֹזּוּ (Nah. 1, 12) נגזותי

גלל וְגָלֲלוּ את האבן (Gen. 29, 3) וַיָּגֶל את האבן (Gen. 29, 10) גלותי גלים גֹּל על ה׳ דרכך (Ps. 37, 5) גֹּולּוּ אלי היום (I Sam. 14, 33) ويحسن ان يكون من هذا الاصل وهذا المعنى גַּלּוֹתִי את חרפת מצרים (Jos. 5, 9) والانفعال נגול וְנָגוֹלּוּ כספר השמים (Jes. 34, 4) יגול יגולו ومن هذا المعنى מְגִלַּת ספר (Ez. 2, 9)

גנן וְגַנּוֹתִי יגון יגונו גָּנוֹן והציל (Jes. 31, 5) والثقيل

---

a) B adds on margin: (Jes. 52, 11) הִבָּרוּ נושאי כלי ה׳ بلا تشديد ايضا لمكان الراء.

(I Sam. 14, 36) الاصل فيه التشديد فاسقط استخفافا וּבַבִּזָּה
לא שלחו את ידם (Esth. 9, 16) יתר הַבָּז (Num. 31, 32)
والجمع בִּזִּים بالتشديد

בלל על כן קרא שמה בָּבֶל כי שם בָּלַל ה' שפת (Gen. 11, 9) ويمكن ان يكون الاصل فى בבל كلمتين בא בל فجمعتا وجعلوا منها اسما واحدا ولذلك كتب بلا الف واللفظ ايضا يؤدّى الالف فاستغنى عنها فى الخطّ وهذا مثل בָּגָד (ib. 30, 11) التى كتبوه كلمة واحدة بلا الف والاصل كلمتان בא גד بهذا الوجه يصحّ ان בבל من בלל فافهم ومعنى اخر فى الاصل בַּלֹּתִי בשמן רענן (Ps. 92, 11) او בללתי على الاصل בָּלוּל בשמן (Lev. 14, 21) בְּלוּלָה בשמן (Lev. 2, 5) وقيل ان תְּבַלֻּל בעינו (ib. 21, 20) من هذا المعنى ومعنى ثالث בלותי او בללתי יבול וַיָּבָל לחמורים (Jud. 19, 21) וַיָּבֹלּוּ بالتشديد בְּלִיל חמיץ (Jes. 30, 24)

בקק כי בְקָקוּם בֹּקְקִים (Nah. 2, 3) גפן בּוֹקֵק (Hos. 10, 1) וּבַקֹּתִי את עצת (Jer. 19, 7) ويمكن ان يكون הִבּוֹק תִּבּוֹק הארץ (Jes. 24, 3) انفعالا من هذا الاصل وهذا المعنى وثقيل וִיבֹקְקוּ את ארצה (Jer. 51, 2)

ברר וּבָרוֹתִי מכם (Ez. 20, 38) الاصل فيه التشديد لولا الراء וּבַר לבב (Ps. 24, 4) בָּרָה כחמה (Cant. 6, 10) اصله

וגם אָרוּתִיהָ (Mal. 2, 2) ומקללך אָאֹר (Gen. 12, 3) الاصل فيه אארור فقام المثلِ الواحد فيه مقام اثنين אֹרְרֶיךָ אָרוּר אוֹרוּ מרוז (Jud.5,23) الاصل فيه التشديد لاندغام المثل الّا ان الراء لا تشدّد وكذلك מְאֵרַת ה׳ בבית רשע (Pr. 3, 33) الاصل التشديد وأمّا אתם נֵאָרִים (Mal. 3, 9) فليس من هذا الاصل بل من נִאֵר מקדשו (Lam. 2, 7) ولولا مكان الالف لكان مشدّدا لاندغام نون الانفال وأصله ננארים فافهم وفى الاصل فعل ثقيل אֵרֵר אררתי אשר אֵרְרָהּ ה׳ (Gen. 5, 29) המים הַמְאָרְרִים (Num. 5, 27) والاصل فى الراء الاولى التشديد לכה אָרָה לי יעקב (Num. 23, 7) اصله[a] אררה براءين خفيفتين على تصريف بنية ארר אררתי فقامت الراء الواحدة مقام اثنتين

בדד בָּדָד ישב (Lev.13,46) ישבה בָדָד (Lam.1,1) ונשיהם לְבָד (Zach.12,12) והוא לְבַדּוֹ נשאר (Gen.42,38) נשארתי לְבַדִּי (Jes. 49, 21) ويقرب منه כצפור בּוֹדֵד על גג (Ps. 102, 8) ואין בּוֹדֵד במועדיו (Jes. 14, 31)

בזז בזותי בָּזוֹנוּ לנו (Deut. 3, 7) او בזותי בזזנו على الاصل וּבָזוּ בִּזָּהּ (Ez. 29, 19) תָּבוֹז לך (Deut. 20, 14) שארית עמי יְבָזּוּם (Zeph. 2, 9) וְנָבֹזָה בהם עד אור הבקר

---

a) B هذا امر واصله.

ادراج الكلام واتّصاله فافهم والامر من هذا الانفعال على
القياس الصحيح הָסֵב הדם הבר والاصل הסבב הדמם
הברר واذا اتّصلت بواو الجماعة او بياء التأنيث قيل
הָסֵבּוּ הדמו بشدّتين وساكن المدّ הָבָרוּ נשאי כלי ה׳
(Jes. 52,11) بتخفيف الراء وأصلها التشديد הָסֵבִּי הדמי
بشدّتين وساكن المدّ הָבָרִי بتخفيف الراء والاصل הסבבו
הדממו הבררו הסבבי הדממי הבררי وبعد هذه
المقدّمات ارى ان أؤلّف جملة الافعال ذوات المثلين اوّلا
فاوّلا واذكر ما وجدت من الخواصّ لبعضها دون بعض
ليتمّ بذلك ما اردته من بيانها وانتفاع المتعلمين بها
ان شاء الله *

جملة الافعال ذوات المثلين الموجودة فى المקרא

אפף אפפתי כי אֲפָפוּ (Ps.40,13) אֲפָפוּנִי מים (Jon.2,6)
اتى هذا باظهار المثلين على الاصل

אשש לַאֲשִׁישֵׁי קיר חרשת (Jes. 16, 7) قيل ان منه
זכרו זאת וְהִתְאֹשָׁשׁוּ (ib. 46, 8) ومعنى اخر אֲשִׁישֵׁי
ענבים (Hos. 3, 1) בַּאֲשִׁישׁוֹת (Cant. 2, 5) וַאֲשִׁישָׁה
(II Sam. 6, 19)

ארר אררתי على الاصل او ארותי וְאָרוֹתִי את ברכותיכם

יָמֵס את לבב אחיו (Deut. 20, 8) اصله ימסס וימסס תִּמַּקְנָה בחריהן ולשונו תִּמַּק בפיהם (Zach. 14, 12) اصلهما תמקקנה תמקק יֵקַל اصله יקלל יָדֵר اصله ידרר יֵשַׁם اصله ישמם واذا اتّصلت بواو الجماعة اجتمع شدّتان شدّة فاء الفعل لاندغام نون الانفعال فيها وشدّة عين الفعل لاندغام المثل فيها وساكن المدّ ثابت اعنى الساكن اللين الذى بعد فاء الفعل לא יִסַּבּוּ בלכתם (Ez. 10, 11) اصله יסבבו כל אנשי המלחמה יִדַּמּוּ (Jer. 49, 26) אל תִּדַּמּוּ בעונה (ib. 51, 6) اصله ידממו תדממו וַיִּמַּסּוּ אסוריו (Jud.15,14) اصله וימססו יִמַּקּוּ בעונם (Lev.26,39) اصله ימקקו יִקַּלּוּ רדפיכם (Jes. 30, 16) اصله יקללו יֵשַׁסּוּ בתיהם (ib. 13, 16) اصله ישססו وكذلك القياس اذا اتّصلت بياء التأنيث תסבי תדמי وقد يشتبه יסב וימק וימם بالافعال المعتلّة *a* اللام اعنى תִּגַּל ערותך (ib. 47, 3) וַיִּקַּר אלהים (Num. 23, 4) الذى اصلهما תגלה ויקרה على ما بيّنت فى حروف اللين فاذا اتّصلت ظهر بينها بون بعيد لانّ יסב וימק וימם وامثالها عند الاتّصال مشدّدة كاملة وتגל ויקר وامثالهما عند الاتّصال مخفّفة ناقصة وايضا יסב וימק וימם وامثالها פתוחין فى ادراج الكلام واتّصاله وانفصاله فقط وتلك קמוצין ابدًا فى

a) Mss. المعتل.

اصله נמססו וְנָמַקּוּ (ib. 4) اصله נמקקו וְנָשַׁמּוּ כמות (Jer. 12, 11) اصله ונשממו נָשַׁמָּה כל הארץ (Am. 7,9) נשממה هذا هو الوجه الصحيح والقياس الحقّ الّا انّهم ربّما قالوا انفعلت على لفظ انفعل اعنى بمثل واحد ورחכה וְנָסְבָה (Ez. 41, 7) וְנָבְלָה שם שפתם (Gen. 11,7) والوجه فيهما וְנָסַבָּה וְנָבַלָּה لانه من בָּלַל ה׳ (Gen. 11,9) وقد يمكن ان يكون ונסבה ונבלה اصلا اخر اوّله نون ولا تكون انفعالا فإن اردت נפעלתי او נפעלנו وغيرهما شدّدت الاواخر للاندغام ووصلتها بواو لينة وحرّكت فاء الفعل بالفتح ابدًا واسقطت الساكنين اللينين تقول נְסַבּוֹתִי נדמותי נמסותי נמקותי וּנְמַקּוֹתֶם בעונותיכם (Ez. 24, 23) וּנְקַלּוֹתִי עוד מזאת (II Sam. 6, 22) وكذلك נסבונו נדמונו נמסונו נסבות ومخاطبة المؤنّث נסבות נדמות נמסות وكذلك كلّها وقد تساوى *a* لفظ נסב واصحابه بلفظ ذوات النون اعنى נפל נדר فإذا اتّصلت ظهر بينهما بون بعيد وعلم ان نون נסב واصحابه للانفعال ونون נפל واصحابه هو فاء الفعل والمستقبل من هذا الانفعال بتشديد فاء الفعل لاندغام نون الانفعال فيها وبمثل واحد يقوم مقام اثنين יִסַּב اصله יסבב יִדַּם اصله ידמם ولا

---

a) Mss. תסאוא.

حروف اللين فاحفظ هذا متى اردت من هذا الضرب منفعلا اجعل فاء الفعل קמוצה ومتى اردت انفعل اجعلها פתוחה وإنّ (sic!) كانوا ربّما يسقطون هذا الشرط مثل וְנָמֵס כל לב (Ez. 21, 12) נָמֵס בתוך מעי (Ps. 22, 15) נָקֵל מהיותך לי עבד (Jes. 49, 6) وإنْ جمعت נסב الذى معناه منفعل واصحابه رددتَ المثل الساقط بالتشديد واسقطتَ الساكنين اللينين وحرّكت فاء الفعل بالفتح ابدًا נְסַבִּים נקלים נשמים וכם אנחנו נְמַקִּים (Ez. 33, 10) נְבָרִים بالتخفيف وקמצות الباء من اجل الراء وأصله التشديد واصل هذا נסבבים נקללים נשממים נמקקים נבררים وكذلك ايضا اذا وصلتَها بهاء التأنيث او جمعتها جمع التأنيث נְסַבָּה נְסַבּוֹת נקלה נקלות הַנְּשַׁמָּה הַנְּשַׁמּוֹת נמקה נמקות وأمّا נְבָרָה נְבָרוֹת فبالتخفيف وكذلك اذا اضفتها الى مكنّيات נְסַבִּי נסבו נסבוך נסבותיך وكذلك جميعها واذا اتّصل *a* נָסַב الذى معناه انفعل بواو الجماعة او بهاء التأنيث ردّ المثل الساقط مندغما وحرّكت فاء الفعل بالفتح كما كانت وبقى الساكنان اللينان كما كانا נָסַבּוּ על הבית (Gen. 19, 4) اصله נסבבו וְנָדַמּוּ נאות השלום (Jer.25,37) اصله נדממו וְנָמַסּוּ הרים (Jes. 34, 3).

---

a) A اتّصلت.

الاتّصال تجد الفرق بينهما ووجدت لذوات المثلين ضربا
اخر من الانفعال وهو اكثر فى המקרא من الضرب الاوّل
وهو ناقص ايضا بمثل واحد قائم مقام اثنين وعلامة
منفعل التى هى الקמץ وعلامة انفعل التى هى الפתח
ثابتتان فيه الّا ان هاتين العلامتين فى فاء الفعل منه
لسقوط عين الفعل وتغيّر البنية فأمّا منفعل فمثل עִם
נָבָר תתברר (Ps. 18, 27) النون نون الانفعال والساكن
بعدها مزيد على الوجه الذى ذكرت فوق والباء فاء الفعل
وهى קמוצה لانّ المعنى منفعل والراء فى موضع راءين هما
عين الفعل ولامه وأصله נברר لانّه من בָּרוּר מללו
(Job 33, 3) תִּתְבָּרָר (Ps. 18, 27) وبקמצות الراء لانّه
منفعل كما وصفت فى كتاب حروف اللين من ان נפעל
الذى معناه*a* منفعل بקמץ العين فلمّا سقط احد المثلين من
נבר جعلت العلامة فى الباء التى هى فاء الفعل وأمّا انفعل
فمثل נָסַב וְנָקַל זאת (II Reg. 3, 18) السين والقاف
مفتوحتان لانّ المعنى انفعل وأصلهما נִסְבַב נקלל بالفتح
فلمّا سقط احد المثلين نقلت العلامة الى فاء الفعل ومثل
هذا וחם השמש וְנָמָס (Ex. 16, 21) وانّما صار קמץ من
اجل انّه فى סוף פסוק على ما وصفت ايضا فى كتاب

---

a) B هو.

بالتشديد وبقى الساكنان الليّنان اعنى الساكن الذى بعد النون وواو المدّ الساكنة التى بعد فاء الفعل كما كانا قبل الاتّصال قيل נָגוֹזּוּ נגולו נזולו واذا اردت נפעלתי او נפעלנו وغيرهما اسقطت الساكنين الليّنين معا ووصلت اللام المشدّدة بواو ليّنة يصل بها الانفعال الى ضمير المنفعل وحرّكت فاء الفعل بالضمّ ابدًا تقول נְגֻזּוֹתִי נגלותי נזלותי נגזונו נגלונו נזלונו נגזותם נגלותם وقد سقطت علامة انفعال ومنفعل من נגזז واصحابه لسقوط احد المثلين وتغيّر البنية والمستقبل יגוז יגול יזול بتشديد فاء الفعل لاندغام نون الانفعال فيها ويمكن ان يكون مثلها וַיִּדֹּם אהרן (Lev. 10, 3) וַתִּתֹּם השנה ההיא (Gen. 47, 18) فاذا وصلتَها شدّدت الاواخر لرجوع المثل الساقط عند الاتّصال وحرّكت ما بعد الزوايد مشدّدا كما كان قبل تقول יִגּוֹזּוּ יזולו יגולו واحسب ان גם מדמן תִּדֹּמִּי (Jer. 48, 2) من هذا الضرب من الانفعال هذا هو الوجه والقياس الّا انّهم قد قالوا יִדְּמוּ כאבן (Ex. 15, 16) بتخفيف الميم وعدّها معدّ اثنين واسقاط واو المدّ وعوّلوا على شدّة الدال الدالّة على الانفعال ومثله וַיִּתְּמוּ ימי בכי (Deut. 34, 8) والامر הִגּוֹז הגול הזול والمتّصل הִגּוֹזּוּ הגולו הזולו הגולי הגוזי הזולי بشدّتين وواو المدّ وفى هذا الانفعال ما يشبه الانفعال الليّن العين فابصره عند

الثقيلة اللينة العين فاعتبر ذلك بالاتّصال تجد بينها بونا بعيدا وما لم يسمّ فاعله بساكنين لينين ومثل واحد قائم مقام حرفين הוּדַק לֶחֶם יוּדָק (Jes. 28,28) والقياس اذا اتّصل הודק יודק واصحابهما بواو الجماعة او بياء التانيث أن يثبت الساكنان معا ويرجع المثل مندغما على العادة הוּדְקוּ יוּדְקוּ תודקו بشدّة[a] القاف הוּסַבּוּ יוסבו תוסבו والمفعول מוּדָק מוּסָב والجمع او المتّصل بهاء التأنيث او المضاف الى اسم مبنى بردّ المثل مندغما وسقوط الساكن اللين الذى بعد فاء الفعل מוּדָקִים מוּסַבִּים מוּסַבּוֹת משבצות זהב (Ex. 39, 13) מודקה מוסבה מודקי מוסבי *

باب الانفعال

لمّا وجدت וכן נָגוֹזּוּ ועבר (Nah. 1, 12) וְנָגוֹלּוּ כספר השמים (Jes. 34,4) הרים נָזוֹלּוּ (ib. 64, 2) مشدّدة علمت انها انفعال من ذوات المثلين والواحد الغير متّصل على القياس الصحيح נָגוֹז נזול נגול الساكن الذى بعد النون فى נגוז مزيد على المذهب الذى ذكرت فوق هذا والجيم فاء الفعل والواو للمدّ ليست اصلا والزاى فى موضع زايين هما عين الفعل ولامه وكذلك נגוז נגול ונזול وأصلها נגלל נזלל נגזז فاذا اتّصلت بواو الجماعة ردّ المثل

---

a) Mss. بشدّ.

أنّ يردّوا المثل الساقط مندغما *a* والساكن الساقط ايضا
וַיִּסֹּבּוּ ויגלו וַיָּחֵלּוּ להכות מהעם חללים (Jud. 20, 31)
واذا اتّصلت *b* יסב ויסב واصحابهما بضمير المفعول فالمثل
الساقط مندغم *c* والساكنان معا ساقطان وتحريك فاء الفعل
بالكسر ابدا וַיְסִבֵּנִי (Ez. 47, 2) כטיט חוצות אֲדִקֵּם
(II Sam. 22, 43) וַיְשִׁמֵּם (I Sam. 5, 6) ومתבל יְנִדֻּהוּ
(Job 18, 18) بالتشديد لاندغام المثل الواحد فى الاخر والامر
הָסֵב بمثل واحد وساكنين واذا اتّصل *d* بواو وحدها ليس
بعدها غيرها او بياء التأنيث ردّ المثل وبقى الساكنان
الليّنان הָסֵבּוּ הָסֵבִּי עיניך (Cant. 6, 5) والقياس اذا
اتّصل הסב وامثاله من اوامر ذوات المثلين بمفعول مضمر
ان يردّ المثل بالتشديد وتسقط الساكنان معا ويحرّك
فاء الفعل بالكسر ابدًا نحو הֲסִבֵּהוּ הֲסִבּוּהוּ השימהו
השימוהו والفاعل ايضا بمثل واحد وساكنين הנני מֵסֵב
(Jer. 21, 4) מֵחֵל להרע (ib. 25, 29) والجمع بردّ المثل
الساقط مندغما وإسقاط الساكنين معا وتحريك فاء الفعل
بالكسر ابدًا على القياس الصحيح מְסִבִּים מחולים وفى
هذه الافعال الثقيلة ما يتساوى *e* لفظه ايضا بلفظ الافعال

---

a) B مندغمة. *b*) A اتّصل. *c*) A مردود.
d) B اتّصلت. *e*) Mss. יתסאוי.

اللين כי ה׳ אלהינו הֲדִמָּנוּ (Jer. 8, 14) وإنْ تأمّلت هذه الافعال الموصلة الى تاء الفاعل وجدتها لا تصل اليها الّا بواو لينة وكذلك القياس اذا اردت ايصالها*a* الى النون والواو التين (sic!) هما علامة الفاعلِين تقول הֲסִבּוּנוּ הֲשִׁמּוּנוּ הֲדִקּוּנוּ הֲקִלּוּנוּ קִחִתּוּנוּ بمدّ الهاء من اجل الحاء وقد وصل فعل واحد الى تاء الفاعل بياء لينة على غير القياس וַהֲפִתִּיתָ בשפתיך (Pr.24,28) والمستقبل بمثل واحد وساكنين اعنى الساكن الذى بعد الزوايد وساكن المدّ الذى بعد فاء الفعل المحرّكة بالצֵרי יָסֵב יָקֵל את ידו (I Sam.6,5) אָחֵל תת פחדך (Deut. 2, 25) واُصلها יַסְבִּיב او יַסְבֵּב יקליל او יקלל אחליל او אחלל وقد يسقط ساكن المدّ الذى بعد فاء الفعل من יסוב واصحابه اذا لحقت بها واو العطف المفتوحة يقال וַיָּסֶב וַיָּסֶךְ בדלתים ים (Job 38, 8) וַיָּגֶל את האבן (Gen. 29, 10) محرّكة بالסגול ابدًا فإن اتّصل יָסֵב واصحابه بواو الجماعة وحدها او بالهاء التى يرى العبرانيون زيادتها على الافعال ردّ المثل الساقط مندغما*b* وبقى الساكنان كما كانا قبل الاتّصال יָסֵבּוּ וְנָסֵבָּה את ארון אלהינו (I Chr. 13, 3) וממקדשי תָּחֵלּוּ (Ez. 9, 6) واُصلها יסבִיבו ונסביבה תחלילו والقياس اذا اتّصل بهما ויסב ויגל واصحابها

---

a) A الفاعل. *b*) Mss. مندغمة.

باب

ووجدت الفعل الثقيل الذى على مثال הִפְעִיל من ذوات المثلين بمثل واحد يقوم مقام اثنين وبساكن مزيد بعد الهاء وتحريك فاء الفعل بالצֵרִי او بالפַּתַח قيل הֵסֵב اوהֵסַב הֵחֵל הַנֶּגֶף (Num. 17, 12) הֵקַל אַרְצָה זְבוּלֻן (Jes. 8,23) הֵמַר נַפְשִׁי *a* (Job 27, 2) הֵדַק לְעָפָר (II Reg. 23, 15) وأصلها הִסְבִּיב הֶחְלִיל הִקְלִיל הִמְרִיר· הִדְקִיק واذا اتّصلت بواو الجماعة ولم يكن بعدها حرف اخر او بهاء التأنيث ردّ المثل الساقط مندغما وتثبت الساكنان الساكن الذى بعد الهاء وساكن المدّ الذى بعد فاء الفعل قيل אַחֲרֵי הֵסַבּוּ אֹתוֹ (I Sam. 5, 9) וְאֶת נָוֵהוּ הֵשַׁמּוּ (Ps. 79, 7) הֵחֵלּוּ וְהַמַּשְׂאֵת הֵחֵלָּה (Jud. 20, 40) واما اذا اتّصلت بغيرهما فالمثل مردود بالتشديد والساكنان ساقطان بتحريك فاء الفعل بالكسر *b* ابدًا قيل הֲסִבֹּתָ אֶת לִבָּם (I Reg. 18, 37) הֲשִׁמּוֹתָ כָּל עֲדָתִי (Job 16, 4) וַהֲדִיקוֹת עַמִּים רַבִּים (Mic. 4, 13) וּמַדּוּעַ הֱקִלֹּתַנִי (II Sam. 19, 44) אַתָּה הַחִלּוֹתָ (Deut. 3, 24) הַחִתֹּתָ כְּיוֹם מִדְיָן (Jes. 9, 3) بمدّ الهاء من اجل الحاء وقد بيّنت ذلك فى كتاب حروف

---

a) Mss. רוּחִי· *b*) A בְּאַלְמַד·

(Ps. 48, 13) הרגעי וָדֹמִּי (Jer. 47, 6) צהלי וָרֹנִּי (Jes. 12,6)
קומי רֹנִּי בלילה (Lam. 2, 19) وربّما لم يبق واو المدّ مثل
רָנּוּ שמים (Jes. 44, 23) רָנּוּ ליעקב (Jer. 31, 7) רָנִּי ושמחי
בת ציון (Zech. 2, 14) واصلها גללו דממו סבבו רננו
דממי רנני فإنْ اتّصلت بمفعول مضمر رُدّت الى اصلها
ايضا الّا ان واو المدّ تسقط ويبقى ما قبلها مضموما بالשרק
مثل על ספר חֻקָּה (Jes. 30, 8) او بالקמץ مثل ה׳ חָנֵּנוּ
חָנּוּנוּ (Ps. 123, 3) חָנֻּנִי חָנֻּנִי אתם רעי (Job 19, 21)
אותם (Jud. 21, 22) סָלּוּהָ כמו ערמים (Jer. 50, 26)
ووجدت ايضا الواحد يقوم بمثل واحد פַּת اصله פתת
لانّه من פְּתוֹת אותה פִּתִּים (Lev. 2, 6) וּבְפִתּוֹתֵי לחם
(Ez.13,19) עַם اصله עמם لانّه من עַמְמֵי ארץ (Neh. 9,24)
לֵב اصله לבב لانّه من תעה לְבָבִי[a] (Jes. 21, 4) קֵן اصله
קנן لانّه من יְקַנֵּנוּ (Ps. 104, 17) תֹּף اصله תפף لانّه من
מְתוֹפְפוֹת (Nah. 2, 8) רַךְ اصله רכך لانّه من רֻכְּכָה
בשמן (Jes. 1, 6) وكثير مثل هذا فاذا جمعت او اتّصلت
رُدّت الى اصلها بالتشديد פַּת פִּתֵּי פִּתֵּךְ פִּתִּים עַם עַמִּי
עַמִּים לֵב לִבִּי وكذلك קֵן קִנִּי קִנִּים תֹּף תֻּפִּים רַךְ רַכָּה
רַכִּים

---

a) A וּלְבָבוֹ יבין (Jes. 6, 10).

الاصل علم انّها لينة العين وكذلك נָיָסֵב ויחם وامثالهما تشتبه بِיָקֻם וישב وامثالهما واذا رُدّ كلّ واحد من النوعين الى اصله علم ان ויסב ויחם وامثالهما ناقصة اللام وأنّ וישב ויקם وامثالهما ناقصة العين وعلم ايضا اذا رُدّ كلّ واحد من هذين النوعين الى اصله أنّ יָסוֹב נָיָסֵב وامثالهما اذا اتّصلت كانت مشدّدة وأنّ יָקוּם נָיָקָם وامثالهما اذا اتّصلت كانت مخفّفة وهكذا قياس كلّما ورد عليك من هذا الاشباه السالمة من אחהע״ר إنْ وجدته عند اتّصاله بالمضمرات مشدّدا علمت علما يقينا انّه من ذوات المثلين وان وجدته مخفّفا علمت علما يقينا انّه من اللينة العين فافهم ووجدت الامر بمثل واحد وواو المدّ גּוֹל אל ה׳ דרכך (Ps. 37, 5) اصله גְּלוֹל بلامين لانّه من וְגָלֲלוּ את האבן (Gen. 29, 3) דוֹם לה׳ (Ps. 37, 7) اصله דמום لانّه من דְּמָמָה (I Reg. 19, 12) סוֹב דמה לך דודי (Cant. 2, 17) اصله סבוב لانّه من וְסָבַב בית אל (I Sam. 7, 16) فاذا اتّصل *a* بواو الجماعة او بياء التأنيث رُدّ الى اصله بالتشديد وبقى واو المدّ مثل גֹּלּוּ אליהוים (ib. 14, 33) مشدّد لاندغام المثل الواحد فى الاخر דֹּמּוּ עד הגיענו אליכם (ib. 9) סֹבּוּ ציון והקיפוה

a) A واتّصلت.

הילך (Jud. 19, 21) וַיָּבָל לחמורים (II Reg. 4, 34) فإنْ انقطع الكلام ووقف به رجعت واو المدّ فاذا اتّصل יסוב وامثاله بواو الجماعة ولم يكن بعدها حرف اخر ردّ المثل الساقط مندغماa وبقى الساكنان الساكن الذى بعد الزوايد وواو المدّ كما كانت قبل اتّصاله قيل יָסֹבּוּ יָבֹזּוּ יָשֹׁמּוּ יָרֹנּוּ بتشديد الاواخر لاندغام عين الفعل فيها وأصلها יסבבו יבזזו ישממו ירננו واذا اتّصل بها واو וַיָּסָב واصحابه ردّ المثل ايضا مندغماa وردّت واو المدّ وبقى الساكن بعد الزوايد كما كان וַיָּסֹבּוּ וַיָּרֹנּוּ וַיָּסֹלּוּ فإنْ اتّصل יסוב ויסב واصحابه بالمفعول الضمير ردّ المثل الساقط ايضا مندغماa وسقط الساكنان وترك ما قبل واو المدّ مضموما إمّا بالשׁרק مثل יְסֻבֶּנּוּ יְסֻבּוּהוּ יְסֻבּוּהוּ ופרשיו לא יְדֻקֶּנּוּ (Jes. 28, 28) וַיְהֻמֵּם ה׳ (Jos. 10, 10) ויחנך (Num. 6, 25) וַיְחֻנֶּנּוּ ויאמר פדעהו (Job 33, 24) او بالקמץ مثل שארית עמי יְבָזּוּם (Zeph. 2, 9) וסלף בוגדים יְשָׁדֵּם (Pr. 11, 3) אלהים יְחָנֵּנוּ ויברכנו (Ps. 67, 2) وقد تشتبه יָסֹב יָחוּם وامثالهما יָקוּם וישוב وامثالهما ولكن اذا ردّ יסוב יחום وامثالهما الى الاصل علم انّها ناقصة اللام واذا ردّ יקום וישוב وامثالهما الى

---

a) B مندغمة.

ربّما استثقلوا تحريكهما فاسكنوا احدهما وادغموه فى الثانى وكذلك القياس فى קַלּוּ מִנְּשָׁרִים (Jer. 4, 13) וְחַדּוּ מִזְּאֵבֵי עֶרֶב (Hab. 1, 8) זַכּוּ נְזִירֶיהָ מִשֶּׁלֶג (Lam. 4, 7) רַבּוּ מִשַּׂעֲרוֹת רֹאשִׁי (Ps. 69, 5) اصلها קללו חדדו זככו רבבו لفتح اوايلها وكثير مثلها ووجدت المستقبل باسقاط المثل الواحد ويقوم الثانى *a* مقام اثنين وتحريك فاء الفعل بالضمّ وادخال ساكن لين بعد الزوايد عوضا لِمَا نقص من الكلمة وتكميلا لبنيتها كما فعل ذلك فى الافعال اللينة العين وبالافعال اللينة اللام ايضا عند سقوط اللام من الفعل على ما بيّنت فى كتاب حروف اللين قيل יָסוֹב אֹתוֹ סָבִיב (I Reg. 7, 23) فالساكن بعد الياء مزيد لما وصفت والسين فاء الفعل والواو للمدّ والباء مقام العين واللام لانّه استثقل اظهار المثلين فجعل الواحد مقام اثنين ومثله תָּבוֹז לָךְ (Deut. 20, 14) אַף יָחוֹם ויאמר האח (Jes. 44, 16) וְתָרֹן לְשׁוֹן אִלֵּם (35, 6) وكثير مثلها وأصلها יסבוב תבזוז יחמום תרנון وقد يسقط واو المدّ من יסוב وامثالها اذا لحقت بها واو العطف المفتوحة الدالّة على الفعل الماضى ويبقى ما قبلها مضموما دالّة على سقوطها וַנָּסָב את הר שעיר (Deut. 2, 1) וַיָּחָם בשר

a) A الاخر.

ومن שלל כי אתה שַׁלּוֹתָ גוים רבים (Hab. 2, 8) ومن המם וְהַמֹּתִי את כל העם (Ex. 23,27) ومن דלל דַּלּוֹתִי ולי יהושיע (Ps. 116, 6) כי דַלּוֹנוּ מאד (ib. 79, 8) ومثلها קַלּוֹתִי חַמּוֹתִי ولولا انها من ذوات المثلين لم تشدّد[a] وأصلها סבבתי בזזתי שללתי הממתי דללתי קללתי חממתי وقيل ايضا من סבב סַבּוּנִי כמים (Ps. 88, 18) ومن שדד זו שַׁדּוּנִי (ib. 17, 9) ومن חנן כי חַנַּנִי אלהים (Gen. 33, 11) بادغام المثل الواحد وفتح الأوّل وأصلها סבבוני שדדוני חננוני وكلّ فعل ماضى خفيف من סבב واصحابه اذا اتى بادغام[b] لا تكون فاء الفعل منه الّا פתוחה ابدًا فافهم وقد وجدت افعال[c] منها بمثل واحد يقوم مقام اثنين فاذا اتّصل ردّ الى اصله بادغام[b] المثل الواحد فى الاخر רַךְ לבבך (II Reg. 22, 19) اصله רכך لأنّه من רֻכְּכָה בשמן (Jes. 1, 6) فاذا اتّصل رجع الى اصله بالتشديد רַכּוּ דבריו משמן (Ps. 55, 22) مشدّدا[d] والحرف المشدّد[e] هو حرفان[f] وأصله רככו ومثله חַת מרודך (Jer. 50, 2) اصله חתת لأنّه من תראו חֲתַת (Job 6, 21) فاذا اتّصل بواو رجع الى اصله بالتشديد חַתּוּ ובושו (Jes. 37, 27) وأصله חתתו بتحريك المثلين الّا انّهم

---

a) A تكون مشدّدة. *b*) B بادغام. *c*) A فعل.
d) B مشدّدة. *e*) A المشدود. *f*) A חרפין.

قال يحيى بن داود *a* لقد تأمّلت *b* الافعال ذوات المثلين العبرانية فوجدت لها انحاء وخواصّ رأيت وضعها وتقييدها فى كتاب ثمّ جمعها وتاليف ما وجدت منها اوّلا فاوّلا تصرّيا *c* لانتفاع الناس بها والاخذ بمذاهب القدماء فيها فقد تجهل ويظنّ ان اصل الكلمة *d* منها لا اكثر من حرفين فتستعمل بغير وجوهها ويسلق بها غير سبيلها ❋

القول فى الافعال ذوات المثلين

قال يحيى الافعال ذوات المثلين مثل וְסָבַב בית אל (I Sam. 7, 16) וְשָׁלַל שללה (Ez. 29, 19) וּבָזַז בזה (ib.) וְהָמַם גלגל עגלתו (Jes. 28, 28) וְדָלְלוּ וחרבו (19, 6) وغيرها كثير وجدت جلّ تصريفها فى الفعل الثقيل والخفيف والانفعال وغير ذلك من اسبابها على غير الاصل פָּעַלְתִּי منها او פעלת او פעלנו بادغام المثل الواحد فى الاخر وتحريك فاء الفعل بالفتح ابدًا وايصال الفعل الى الضمير بواو لينة قيل من סבב סַבּוֹתִי ومن בזז בַּזּוֹתִי בזונו לנו (Deut. 3, 7)

a) A דאוד B. דויד. *b*) A תמתלת. *c*) A and B. *d*) B الكلامة.

כי רוח זנונים הִתְעָה (Hos.4,12) כי הִתְעֵיתֶם בנפשותיכם (Jer. 42, 20) וַיַּתְעֶה וַיֶּתַע מנשה את יהודה (II Chr. 33,9) اصله ויתעה ורסן מַתְעֶה (Jes. 30, 28) עמי מאשריך מַתְעִים (ib. 3, 12) ✵

تمّت المقالة الثالثة وتمّ بتمامها جميع الكتاب والحمد لله على عونه وتأييده [وبقى جزؤ ذوات المثلين ان شاء الله نبتدى باثباته]*a* ✵

---

a) B.

من الواو وهو ثقيل والقياس عليه תָּאָה תָּאִיתִי יתאה
תתאוה ولولا الالف لشدّد وقيل ان וְהִתְאַוִּיתֶם לָכֶם לגבול
קדמה (ib. 10) من هذا الاصل وذلك بعيد جدّا من اجل
الياء لانّى لم اجد והפעליתם فى شىء من المקרא وما
اظنّه الّا اصل اخر

תכה תִּכָּה תכיתי יתכה מתכה והם תֻּכּוּ לרגליך
(Deut. 33, 3) على مثال וְשֻׁפּוּ (Job 33, 21)

תלה וְתָלָה אותך על עץ (Gen. 40, 19) וְתָלִיתָ אותו
(Deut. 21, 22) תּוֹלֶה ארץ (Job 26, 7) כי קללת אלהים
תָּלוּי (Deut.21,23) תְּלוּיִם (*sic!*) לך (ib. 28,66) ועמי תְּלוּאִים
(Hos. 11, 7) والثقيل תִּלָּה תליתי יתלה שלטיהם תִּלּוּ על
חומותיך (Ez. 27, 11)

תנה תנה תניתי יתנה גם כי יִתְנוּ בגוים עתה אקבצם
(Hos. 8, 10) والثقيل תִּנָּה תניתי שם יְתַנּוּ צדקות ה׳
(Jud. 5, 11) לְתַנּוֹת לבת יפתח (ib. 11, 40) وثقيل اخر فى
معنى اخر התנה התניתי אפרים הִתְנוּ אהבים (Hos. 8, 9)

תעה תָּעָה לבבי (Jes.21,4) תָּעִיתִי כשה אובד (Ps.119,176)
ובשכר תָּעוּ (Jes. 28, 7) יתעה והנה תוֹעֶה בשדה
(Gen. 37, 15) ותלך וַתֵּתַע (21, 14) اصله ותתעה ולדבר
אל ה׳ תּוֹעָה (Jes. 32, 6) כְּתְעוֹת בני ישראל (Ez. 44, 15)
נתעה נתעיתי יתעה כְּהִתָּעוֹת שכור (Jes. 19, 14) والثقيل

וְשִׁקּוּי לעצמותיך (Pr. 3, 8) שמני וְשִׁקּוּיָי (Hos. 2, 7)
وقد ابدلت هذه الياء بواو[a] וְשִׁקֻּוַי בבכי מסכתי
(Ps. 102, 10) وتشديد هذه الواو لاندغام واو المدّ فيها
فافهم

שרה שָׂרָה שריתי אם לא שֵׁרִיתִךָ לטוב (Jer. 15, 11)
لولا الراء لشدّد فافهم שרה ישרה משרה

שׂרה ובאונו שָׂרָה את האלהים (Hos. 12, 4) כי שָׂרִיתָ
אם אלהים (Gen. 32, 29) למרבה הַמִּשְׂרָה (Jes. 9, 6)

ששה שִׁשָּׁה ששיתי וְשִׁשִּׁיתֶם את האיפה (Ez. 45, 13)
אששה מששה ששה ששו ששי יששה נששה מששה
وفي الاصل معنى اخر ושובבתיך וְשִׁשֵּׁאתִיךָ (ib. 39, 2)

שתה שתה אשתה ומים לא שָׁתִיתִי (Deut. 9, 9) אשר
יִשְׁתֶּה אדני בו (Gen. 44, 5) וַיֵּשְׁתְּ מן היין (ib. 9, 21) כל
יִשְׁתָּיוּן (Ps. 78, 44) على الكمال מִשְׁתֶּה ושמחה (Esth. 9, 17)
والانفعال נשתה אשתה וכל משקה אשר יִשָּׁתֶה (Lev. 11, 34)

תוה התוה וְהִתְוִיתָ תָּו (Ez. 9, 4) וקדוש ישראל הִתְווּ
(Ps. 78, 41) אתוה מתוה התוה התוי وثقيل اخر תִּוָּה
תויתי יתוה וַיְתָו על דלתות השער (I Sam. 21, 14) اصله
ויתוה واظنّ منه תְּתָאוּ לכם (Num. 34, 4) الّا الالف ابدلت

---

a) A اوا.

(Ex. 5, 9) والثالث[a] ולא תִשְׁעֶינָה עיני רואים (Jes. 32, 3)
يمكن ان يكون منه אל תִּשְׁתָּע כי אני אתך (sic!) (ib. 41, 10)
ويكون اصله תשתעה كما اعلمتك في תִּתְכַּבֵּם תִּתְגָּר
وامّا עיניו הָשַׁע (ib. 6, 10) فليس من هذا الاصل والرابع

שעה שעיתי שְׁעֵה מעליו ויחדל (Job 14, 6) שְׁעוּ מני
אמרר בבכי (Jes. 22, 4) فليس من هذا الاصل הָשַׁע
ממני ואבליגה (Ps. 39, 14) وليس من هذا الاصل ايضا
في شيء וְאֶשְׁעָה בחקיך תמיד (Ps. 119, 117) لانّه على
مثال וְאֶקְחָה פת לחם (Gen. 18, 5) נִסְעָה ונלכה (ib. 33, 12)
فاحسبه من לשע او من נשע وسقط الادغام من الشين
استخفافا كما سقط ذلك من אקחה ونסעה استخفافا

שפה שפיתי שופה וְשֻׁפּוּ עצמותיו (Job. 33, 21)
ويقرب منه וילך שֶׁפִי (Num. 23, 3)

שקה וְהִשְׁקָה את נחל השטים (Jo. 4, 18) וְהִשְׁקָה את
מי המרים (Num. 5, 27) וְהִשְׁקֵיתִי ארץ צפתך (Ez. 32, 6)
וגם הגמלים הִשְׁקָתָה (Gen. 24, 46) וַיַּשְׁקְ את צאן לבן
(ib. 29, 10) וְהַשְׁקוֹת בכלי זהב (Esth. 1, 7) הייתי מַשְׁקֶה
למלך (Neh. 1, 11) וכל מַשְׁקֶה אשר ישתה (Lev. 11, 34)
שקה שקיתי ישקה ומוח עצמותיו יְשֻׁקֶּה (Job 21, 24)

---

a) B والثالثة.

שנה שנה לא שָׁנִיתִי (Mal. 3, 6) יִשְׁנֶה a הכתם הטוב
(Lam. 4, 1) עם שׁוֹנִים אל תתערב (Pr. 24, 21) ודתיהם
שונות מכל עם (Esth. 3, 8), والثقيل וַיְשַׁנֶּהָ b את בגדי
כלאו (Jer. 52, 33) מְשַׁנֶּה פניו (Job 14, 20) ועוז פניו
יְשֻׁנֶּה (Ecc. 8, 1) וַיְשַׁנּוֹ את טעמו (I Sam. 21, 14) ومعنى
ثانى ולא שָׁנָה לו (II Sam. 20, 10) ולא אֶשְׁנֶה לו
(I Sam. 26, 8) אם תִּשְׁנוּ יד אשלח בכם (Neh. 13, 21)
ויאמר שְׁנוּ וַיִּשְׁנוּ (I Reg. 18, 34) וּמִשְׁנֶה כסף (Gen. 43, 15)
נשנה ישנה ועל הִשָּׁנוֹת החלום (ib. 41, 32)

שסה שסה הוא יִשְׁסֶה (Hos. 13, 15) שׁוֹסִים את הגרנות
(I Sam. 23, 1) זה חלק שׁוֹסֵינוּ (Jes. 17, 14) ועתודותיהם
שׁוֹסֵיתִי (sic!) (ib. 10, 13) ומשנאינו שָׁסוּ למו (Ps. 44, 11)
وأمّا שַׁסֻּהוּ כל עוברי דרך (ib. 89, 42) فما احسبه من
هذا الاصل ان لم يكون שְׁסוּהוּ بكسر الشين

שעה جمع هذا الاصل اربعة c معانى اوّلها ואל קין
ואל מנחתו לא שָׁעָה (Gen. 4, 5) וַיִּשַׁע ה' אל הבל
ואל מנחתו (ib. 4) والثانى יִשְׁעֶה האדם על עושהו
(Jes. 17, 7) ולא יִשְׁעֶה אל המזבחות (ib. 8) ולא שָׁעוּ
אל קדוש ישראל (ib. 31, 1) ואל יִשְׁעוּ בדברי שקר

נפשי כגמול (Ps. 131, 2) שִׁוִּיתִי ה׳ לנגדי תמיד (ib. 16, 8)
שִׁוִּיתִי עזר על גבור (ib. 89, 20) הוד והדר תְּשַׁוֶּה עליו
(ib. 21, 6) מְשַׁוֶּה רגלי (ib. 18, 34) والثالث ולא שָׁוָה
לִי (Job 33, 27) וכל זה איננו שׁוֶה לי (Esth. 5, 13)
ולמלך אין שֹׁוֶה להניחם (ib. 3, 8)

שחה שחה שחיתי ישחה כאשר יפרש הַשֹּׂחֶה לִשְׂחוֹת
(Jes. 25, 11) כי גאו המים מי שָׂחוּ (Ez. 47, 5) والثقيل
השחה אַשְׂחֶה בכל לילה מטתי (Ps. 6, 7)

שטה שטה שטיתי ואת כי שָׂטִית (Num. 5, 20) תִשְׂטֶה
אשתו (ib. 12) אל יֵשְׂטְ אל דרכיה לבך (Pr. 7, 25)
שְׂטֵה מעליו ועבר (ib. 4, 15)

שכה שכה שְׂכִיּוֹת החמדה (Jes. 2, 16) מַשְׂכִּיּוֹתָם
(Num. 33, 52) בְּמַשְׂכִּיּוֹת כסף (Pr. 25, 11)

שלה שלה· שליתי שָׁלוּ כל בוגדי בגד (Jer. 12, 1)
אויביה שָׁלוּ (Lam. 1, 4) יִשְׁלָיוּ אהלים (Job 12, 6) على
الاصل وقد استعمل بواو לא שָׁלַוְתִּי ולא שקטתי (ib. 3, 26)
שָׁלֵו הייתי (ib. 16, 12) וְשַׁלְוַת השקט (Ez. 16, 49)
יושבת וּשְׁלֵוָה (Zech. 7, 7) וְשַׁלְוֵי עולם (Ps. 73, 12)
ومعنى اخر فى الاصل השלה ישלה הלא אמרתי לא
תַשְׁלֶה אותי (II Reg. 4, 28) נשלה נשליתי בני עתה אל
תִּשָּׁלוּ (II Chr. 29, 11)

שׁוּבָה ה׳ את שְׁבִיתֵנוּ (Ps. 126, 4) כ׳ נִשְׁבָּה אחיו (Gen. 14, 14) נִשְׁבּוּ (I Sam. 30, 3)

שׁנה שנה ומה שָׁגִיתִי (Job 6, 24) באהבתה תִּשְׁגֶּה תמיד (Pr. 5, 19) ואם כל עדת ישראל יִשְׁגּוּ (Lev. 4, 13) מאיש שׁוֹגֶה ומפתי (Ez. 45, 20) לִשְׁגּוֹת מאמרי דעת (Pr. 19, 27) שְׁגִיאוֹת מי יבין (Ps. 19, 13) الثقيل השגה השגיתי מַשְׁגֶּה עור (Deut. 27, 18) מַשְׁגֶּה ישרים (Prov. 28, 10) ومعنى اخر שִׁגָּיוֹן לדוד (Ps. 7, 1) על שִׁגְיֹנוֹת (Hab. 3, 1)

שׁנה שנה שגיתי ואחריתך יִשְׂגֶּה מאד (Job 8, 7) יִשְׂגֶּה אחו בלי מים (Job 8, 11) والثقيل השגה ושלוי עולם הִשְׂגּוּ חיל (Ps. 73, 12) משגה وقد استعمل بألف מַשְׂגִּיא לגוים (Job 12, 23) הו אל שַׂגִּיא ולא נדע (Job 36, 26)

שׁוה في هذا الاصل ثلثة *a* معانى الاول פן תִּשְׁוֶה לו גם אתה (Pr. 26, 4) וכל חפציך לא יִשְׁווּ בה (ib. 3, 15) ואשת מדינים נִשְׁתָּוָה (ib. 27, 15) ويقرب منه כי אין הצר שֹׁוֶה בנזק המלך (Esth. 7, 4) والثقيل הלא אם שִׁוָּה פניה (Jes. 28, 25) الثانى אם לא שִׁוִּיתִי ודוממתי

---

a) B ثلث.

רָצוֹא ושׁוב (Ez. 1, 14) الألف لام الفعل كتبت موضع الهاء والواو مزيدة ותרץ עמו لو كان من רץ ירוץ او من וַיְרִיצֻהוּ מן הבור (Gen. 41, 14) כוש תָּרִיץ ידיו (Ps. 68, 32) لكان וַתָּרָץ بقמצות التاء والراء او וַתָּרֶץ بقמצות التاء وتحريك الراء بסגול فافهم

רשה כִּרְשְׁיוֹן כורש מלך פרס (Ezr. 3, 7)

שאה שאיתי עד אשר אם שָׁאוּ ערים מאין יושב (Jes. 6, 11) ישאה שואה תשאה וּשְׁאִיָּה יכת שער (Jes. 24, 12) والانفعال נשאה נשאתי ישאה והאדמה תִּשָּׁאֶה שממה (ib. 6, 11) ومن هذا المعنى והאיש מִשְׁתָּאֶה לה (Gen. 24, 21) ويمكن ان يكون من هذا الاصل وهذا المعنى בבוא כְּשׁוֹאָה פחדכם (Pr. 1, 27) להשביע שׁוֹאָה (Job 38, 27) وأمّا וּמְשׁוֹאָה (ib.) فيبعد عندى ان يكون منه ومعنى اخر כִּשְׁאוֹן מים כבירים יִשָּׁאוּן (Jes. 17, 12) שְׁאוֹן גליהם (ib. 65, 8) وأمّا תְּשֻׁאוֹת מלאה (ib. 22, 2) فليس من هذا الاصل

שבה אשר שָׁבָה ישמעאל (Jer. 41, 14) האשר שָׁבִיתָ (II Reg. 6, 22) וְשָׁבִיתָ שִׁבְיוֹ (Deut. 21, 10) וַיִּשְׁבְּ ממנו שֶׁבִי (Num. 21, 1) וּשְׁבֵה שֶׁבְיְךָ בן אבינעם (Jud. 5, 12) שׁוֹבִים לְשֹׁבֵיהֶם (Jes. 14, 2) כִּשְׁבֻיוֹת חרב (Gen. 31, 26) וְשָׁב שְׁבוּתָם (Zeph. 2, 7) וּשְׁבוּת שְׁבִיתַיִךְ (Ez. 16, 53)

נִרְפָּתָה (ib. 51, 9) ,الانفعال נרפה ירפה וַיֵּרָפוּ המים
(II Reg. 2, 22) وقد استعمل فى هذا المعنى بألف مثل
וַיְרַפְּאוּ את שבר בת עמי (Jer. 6, 14) רְפָאֵנִי ה׳ וְאֵרָפֵא
(ib. 17, 14) ולא יֵרָפְאוּ למלח נתנו (Ez. 47, 11) רְפָא
נא לָהּ (Num. 12, 13) وغيره كثير

רצה רצה רציתי ה׳ לא רָצָם (Hos. 8, 13) כי רָצוּ
עבדיך את אבניה (Ps. 102, 15) וְאֶרְצֶה בו ואכבדה
(Hag. 1, 8) רְצֵה ה׳ להצילני (Ps. 40, 14) יהי רְצוּי
אחיו (Deut. 33, 24) לִרְצוֹת עוד (Ps. 77, 8) רוֹצֶה ה׳
את יראיו *a* (ib. 147, 11) וְנִרְצָה לו לכפר עליו (Lev. 1, 4)
פיגול הוא לא יֵרָצֶה (ib. 19, 7) ومعنى اخر עד רָצְתָה
הארץ את שבתותיה (II Chr. 36, 21) והם יִרְצוּ את
עונם (Lev. 26, 43) אז תִּרְצֶה הארץ את שבתותיה
(ib. 34) וְתִרֶץ את שבתותיה (ib. 43) כי נִרְצָה עונה
(Jes. 40, 2) وفى هذا المعنى ثقيل הרצה הרציתי וְהִרְצָת
את שבתותיה (Lev. 26, 34) ,وكان الوجه فيه והרצתה
,وكذلك וְעָשָׂת את התבואה (ib. 25, 21) الوجه فيه ועשתה
ومعنى ثالث فى الاصل רָצָה רציתי אם ראית גנב
וַתִּרֶץ עמו (Ps. 50, 18) ناقص وأصله ותרצה והחיות

---

a) A.

כְּמַרְעִיתָם וישבעו (Hos. 13, 6) ومعنى ثانى רעה רעיתי
לְמֵרֵעֵהוּ אשר רֵעָה לו (Jud. 14, 20) רֵעֶה דוד
(II Sam. 16, 16) רַעְיָתִי יפתי (Cant. 2, 10) אשה רְעוּתָהּ
(Jes. 34, 16) אל תִּתְרַע את בעל אף (Pr. 22, 24) اصله
אל תתרעה مثل תִּתְכַּס תתכסה תִּתְגָּר תתגרה واما
איש רעים לְהִתְרוֹעֵעַ (ib. 18, 24) למה תָּרִיעִי רע
(Mic. 4, 9) فليس من هذا الاصل فافهم ومعنى ثالث
וּבְרַעְיוֹן לבו (Eccl. 2, 22) וּרְעוּת רוח *a* (Ecc. 1, 14)

רפה הנה נא רָפָה היום לצרוב (Jud. 19, 9) רפיתי
אז רָפְתָה רוחם (ib. 8, 3) וחשש לֶהבה יִרְפֶּה ציון
(Jes. 5, 24) אל יִרְפּוּ ידיך (Zeph. 3, 16) מֵרִפְיוֹן ידים (*sic*)
(Jer. 47, 3) ידים רָפוֹת (Job 4, 3) נִרְפִּים אתם נִרְפִּים
(Ex. 5, 17) ירפה والثقيل רִפָּה ומזיח אפיקים רִפָּה
(Job 12, 21) תְּרַפֶּינָה כנפיהן (Ez. 1, 24) כי על כן הוא
מְרַפֶּה (Jer. 38, 4) ومعنى اخر רָפָה רפיתי ירפה וַיִּרֶף
ממנו (Ex. 4, 26) وفيه ثقيل הרפה הרפיתי הַרְפֵּה
ממנו (Jud. 11, 37) הֶרֶף ממני ואשמידם (Deut. 9, 14)
הֶרֶף מאף ועזוב חמה (Ps. 37, 8) ومعنى ثالث וַיְרַפּוּ
את שבר בת עמי (Jer. 8, 11) רִפֵּאנוּ את בבל ולא

---

a) B.

(Deut. 29, 18) כוסי רְוָיָה (Ps. 23, 5) ותוציאני לָרְוָיָה
(ib. 66, 12)، والثقيل כי אם הִרְוָה את הארץ (Jes. 55, 10)
כ׳ הִרְוֵיתִי נפש עיפה (Jer. 31, 25) הִרְוַנִי לַעֲנָה (Lam. 3, 15)
ירוה וּמַרְוֶה גם הוא יורה (Pr. 11, 25)، وثقيل اخر רִוָּה
וְרִוֵּיתִי נפש הכהנים דשן (Jer. 31, 14) תלמיה רַוֵּה
(Ps. 65, 11)

רזה כי רזה את כל [אלהי] הארץ (Zeph. 2, 11) רזיתי
השמנה היא אם רָזָה (Num. 13, 20) ואיפת רָזוֹן
(Mic. 6, 10)، والانفعال נִרְזָה נרזיתי ארזה ומשמן בשרו
יֵרָזֶה (Jes. 17, 4)

רמה רָמָה בים (Ex. 15, 1) רמיתי ארמה רמה רומה
מקול פרש וְרוֹמֵה קשת (Jer. 4, 29) נושקי רוֹמֵי קשת
(Ps. 78, 9)، ومعنى ثانى כן איש רִמָּה את רעהו (Pr. 26, 19)
ולמה רִמִּיתָנִי (Gen. 29, 25) עבדי רִמָּנִי (II Sam. 19, 27)
המה רִמּוּנִי (Lam. 1, 19) מִרְמָה בלב חורשי רע
(Pr. 12, 20) תַּרְמִית [בְּ]תָרְמָה (Jud. 9, 31)

רנה רנה רניתי ארנה עליו תִּרְנֶה אשפה (Job 39, 23)

רעה וְרָעָה הכרמל (Jer. 50, 19) אני אֶרְעֶה צאני
(Ez. 34, 15) הצאן לא תִרְעוּ (ib. 3) רְעֵה את צאן
ההרגה (Zech. 11, 4) רוֹעֵה ישראל האזינה (Ps. 80, 2)
לִרְעוֹת בגנים (Cant. 6, 2) מִרְעֶה שמן (I Chr. 4, 40)

وثقيل اخر רִבָּה רביתי ארבה ירבה רַבֵּה צאנך וצאה (Jud. 9, 29) والمعنى الثانى אשר טפחתי וְרִבִּיתִי (Lam. 2, 22) רִבְתָה גוריה (Ez. 19, 2) תַּרְבּוּת אנשים חטאים (Num. 32, 14) والثالث רבה ולא רִבִּיתָ במחיריהם (Ps. 44, 13) וּבְמַרְבִּית לא תתן אכלך (Lev. 25, 37) נשך וְתַרְבִּית (ib. 36) والرابع רָבָה רביתי ויהי רוֹבֶה קשת (Gen. 21, 20) وامّا וימררהו וָרֹבּוּ (Gen. 49, 23) השמיעו אל בכל רַבִּים (Jer. 50, 29) יסבו עלי רַבָּיו (Job 16, 13) فليس من هذا الاصل كما ظنّ قوم

רדה רדה רדיתי רְדִיתֶם אותם (Ez. 34, 4) לא תִרְדֶּה בו (Lev. 25, 43) שלח אש בעצמותי וַיִּרְדֶּנָּה (Lam. 1, 13) וַיֵּרְדְּ מיעקב (Num. 24, 19) וְיֵרְדְּ מים עד ים (Ps. 72, 8) والثقيل הִרְדָּה הרדיתי ירדה ומלכים יַרְדְּ (Jes. 41, 2) اصله ירדה مثل יַשְׁקְ اصله ישקה وثقيل اخر רִדָּה רדיתי ירדה אז יְרַד שריד לאדירים עם ה' יְרַד לי בגבורים (Jud. 5, 13) اصله ירדה مثل יְצַו יצוה יְקַו יקוה תְּגַל תגלה ومعنى ثانى רָדָה הדבש (Jud. 14, 9) וַיִּרְדֵּהוּ אל כפיו (ib.)

רהה רהיתי ירהה אל תפחדו ואל תִּרְהוּ (Jes. 44, 8)

רוה רוה רויתי ירוה יִרְוְיֻן מדשן ביתיך (Ps. 36, 9) והיית כגן רָוֶה (Jes. 58, 11) ספות הָרָוָה את הצמאה

(Lev. 16, 2) כ׳ בענן אֵרָאֶה על הכפרת (Jud. 19, 30)

ולא יֵרָאֶה לך שאר (Ex. 13, 7) וגם איש אל יֵרָא

(Ex. 34, 3) اصله יראה والمنفعل נִרְאֶה بسגול والمنفعلة

נִרְאָה بקמץ גדול ناقصا وما لم يسمّ فاعله רְאָה

(Job 33, 21) ראיתי יראה מֵרְאֹה ושפו עצמותיו לא רֻאּוּ

لولا الالف لكان هذا التصريف مشدّدا فافهم

רבה جمع هذا الاصل اربعة من المعانى الأوّل רבה רביתי

(Ps. 16, 4) וחיית וְרָבִיתָ (Deut. 30, 16) יִרְבּוּ עצבותם

(Ex. 1, 20) כי יִרְבֶּה הדרך (Deut. 14, 24) וַיִּרֶב העם

פן תִּרְבֶּה עליך חית השדה (Deut. 7, 22) ובקרך וצאנך

יִרְבְּיוּן (Deut. 8, 13) פרה וּרְבֵה (Gen. 35, 11) לְמען

רְבות מופתי (Ex. 11, 9) وأمّا לָרוב על פני האדמה

(Gen. 6, 1) רַב לך (Deut. 3, 26) רַבּוּ משערות ראשי

(Ps. 69, 5) רֻבֵּי תורתי (Hos. 8, 12) רַבִּים אומרים

(Ps. 3, 3) فليس من هذا الاصل فافهم والثقيل הִרְבָּה

אשמה (II Chr. 33, 23) וְהִרְבֵּיתִי אותם (Ez. 37, 26) לא

יַרְבֶּה לו נשים (Deut. 17, 17) הַרְבָּה אַרְבֶּה (Gen. 3, 16)

וַיֶּרֶב בבת יהודה (Lam. 2, 5) מֵהַרְבַּת גואל הדם

(II Sam. 14, 11) הִרְבּוּ לפשוע (Jes. 9, 2) הִרְבִּיתָ הגוי

(Am. 4, 4) הֶרֶב כבסני מעוני (Ps. 51, 4) ناقص הוי

הַמַּרְבֶּה לא לו (Hab. 2, 6) לְהַרְבּות לו (Pr. 22, 16)

ראה ראה כי ראה ה׳ בעניו (Gen. 29, 32 רָאֹה רָאִיתִי
את עני עמי (Ex. 3, 7 ואם יִרְאֶה הכהן (Lev. 13, 31
אסורה נא וְאֶרְאֶה (Ex. 3, 3 וַתֵּרֶא האשה (Gen. 3, 6
וָאֵרֶא כעין חשמל (Ez. 1, 27 וַיַּרְא ה׳ כי סר לראות
(Ex. 3, 4 רוֹאֶה אנכי (Gen. 31, 5 אמרתי אין רוֹאֵנִי
(Jes. 47, 10 אתה אל רֳאִי (Gen. 16, 13 ويمكن ان
يكون רָאוֹת רבות ולא תשמר (Jes. 42, 20 مصدرا
ويمكن ان يكون من هذا المعنى לְרַאֲוָה בך (Ez. 28, 17
واعلم انهم قالوا וַיַּרְא ولم يقولوا וַתַּרְא ولا וָאַרְא وكان
الوجه فيه וַיֵּרֶא مثل וַתֵּרֶא וָאֵרֶא واظنّهم ذهبوا به
مذهب וַיִּשְׁבְּ ישמעאל (Jer. 41, 10 וַיֵּבְךְּ (Gen. 27, 38
الّا انهم اختاروا فى الياء الفتح لانه اخفّ الحركات
والثقيل אשר הֶרְאָה ה׳ (Num. 8, 4 הֶרְאִיתִיךָ בעיניך
(Deut. 34, 4 ונחת זרועו (Mic. 7, 15 אַרְאֶנּוּ נפלאות
יַרְאֶה (Jes. 30, 30 וַיַּרְא אותם את בן המלך (II Reg. 11,4
جاء على الوجه المعروف واصله ויראה فلمّا نقصت الهاء
بقيت الياء مفتوحة كما كانت وهو على زنة וַיַּשְׁקְ את בנ׳
ישראל (Ex. 32, 20 יַפְתְּ אלהים (Gen. 9, 27 וְהָרְאָה
את הכן (Lev. 13, 49 אשר אתה מָרְאֶה בהר (Ex. 25, 40
مفعول ولذلك حركت الميم بالقمץ والانفعال נִרְאָה
אלי (Gen. 48, 3 נראיתי לא נהייתה ולא נִרְאֲתָה

بعيد اذ لم يكن יִקָּרֵךְ بקמצות القاف وما اظنّه من
هذا الاصل بوجه واحسب شدّة القاف فى מִקְּרֶה לָיְלָה
(Deut. 23, 11) لانّ الميم مقام מן وقيل انه مثل מִקְּדָּשׁ
ה׳ כוננו ידיך (Ex. 15, 17) השבת מִטְּהָרוֹ (Ps. 89, 45)
المشدّد الاوّل وقد جرى تصريف هذا الاصل فى هذا
المعنى بألف وذهبوا فى استعماله مذهبها فقيل וְקָרָאָהוּ (sic)
אסון (Gen. 44, 29) כי יִקָּרֵא קן צפור (Deut. 22, 6)
שתים הנה קֹרְאֹתַיִךְ (Jes. 51, 19) מדוע קְרָאֻנִי אלה
(Jer. 13, 22) וַתִּקְרֶא אותם (ib. 32, 23) הנה הוא יוצא
לִקְרָאתֶךָ (Ex. 4, 14) اسكنت الالف فى לקראתיך
استخفافا واظنّ ותקרא אותם כי יקרא קן צפור من
الاصل الاوّل الّا ان الالف كتبت فى موضع الهاء على العادة
קָשָׁה קשה קשיתי לא יִקְשֶׁה בעיניך (Deut. 15, 18)
וַיִּקֶשׁ דבר איש יהודה (II Sam. 19, 14) اصله ויקשה
אדנים קָשֶׁה (Jes. 19, 4) אל קְשִׁי העם הזה (Deut. 9, 27)
والثقيل כ׳ הִקְשָׁה ה׳ אלהיך (ib. 2, 30) וַיֶּקֶשׁ את ערפו
(II Chr. 36, 13) ויהי בְהַקְשׁוֹתָהּ בלדתה (Gen. 35, 17)
וּמַקְשֶׁה לבו (Pr. 28, 14) وثقيل اخر קָשָׁה קשיתי אקשה
תקשה וַתְּקַשׁ בלדתה (Gen. 35, 16) اصله ותקשה [a]

---

a) B.

(Gen. 23, 18) ومعنى ثالث הקנה הקניתי הִקְנַנִי מנעורי
(Zech. 13, 5) يقال انه من וּמִקְנֶה רב היה לבני ראובן
(Num. 32, 1) ארץ מִקְנֶה היא (Gen. 32, 4)

קצה קָצֶה קָצִיתִי אקצה יקצה מְקַצֶּה רגלים (Pr. 26, 6)
לְקַצּוֹת בישראל (II Reg. 10, 32)

קרה קרה קריתי המה קֵרוּהוּ (Neh. 3, 3) אקרה הַמְקָרֶה
במים עליותיו (Ps. 104, 3) ימך הַמְּקָרֶה (Ecc. 10, 18)
וּלְקָרוֹת את הבתים (II Chr. 34, 11) ومعنى ثانى הקרה
הקריתי וְהִקְרִיתֶם לכם ערים (Num. 35, 11) وليس
ببعيد ان يكون من קִרְיַת מלך רב (Ps. 48, 3) קִרְיַת
חנה דוד (Jes. 29, 1) ومعنى ثالث קרה קריתי וְקָרָהוּ
אסון (Gen. 42, 38) אשר קָרְךָ (Deut. 25, 18) הַיִּקְרְךָ
דברי (Num. 11, 23) כְּמִקְרֵה הכסיל גם אני יִקְרֵנִי
(Ecc. 2, 15) וַיִּקֶר מִקְרֶהָ (Ruth 2, 3) اصله ויקרה את
כל הַקּוֹרוֹת (Gen. 42, 29) والثقيل כ׳ הִקְרָה ה׳ אלהיך
(Gen. 27, 20) אקרה מקרה הַקְרֵה נא לפני (ib. 24, 12)
ويمكن ان يكون וְהִקְרִיתֶם לכם ערים (Num. 35, 11)
من هذا والانفعال فى هذا المعنى נקרה נקריתי יקרה
אולי יִקָּרֶה (Num. 23, 3) ואנכי אִקָּרֶה כה (ib. 15)
וַיִּקָּר אלהים (ib. 4) اصله ויקרה ويقال ان יִקְּרְךָ עון
(I Sam. 28, 10) انفعال ولذلك اشتدّت القاف وذلك

קַוֵּה אל ה׳ חזק ויאמץ לבך וְקַוֵּה אל יהוה (Ps. 27, 14)
ومعنى ثاني [a] נִקְוָה יקוה וְנִקְווּ אליה כל הגוים
(Jer. 3, 17) יִקָּווּ המים (Gen. 1, 9) מִקְוֵה מים (Lev. 11, 36)
קלה קלה קליתי אשר קָלָם מלך בבל באש (Jer. 29, 22)
קָלוּי באש (Lev. 2, 14) ومعنى اخر הקלה הקליתי יקלה
מַקְלֶה אביו ואמו (Deut. 27, 16) والانفعال וְנִקְלָה כבוד
מואב (Jes. 16, 14) איש רש וְנִקְלֶה (I Sam. 18, 23) وأمّا
הֲקִילוֹתַנִי (II Sam. 19, 44) הן קַלֹּתִי (Job 40, 4) וַתֵּקַל
גבירתה (Gen. 16, 4) וָאֵקַל בעיניה (ib. 5) ובוזי יֵקָלּוּ
(I Sam. 2, 30) فليس من هذا الاصل فافهم وكذلك יִקַּלּוּ
רודפיהם (Jes. 30, 16) ليس من هذا الاصل ايضا فافهم
קנה קנה קָנִיתִי איש את ה׳ (Gen. 4, 1) זכר עדתך
קָנִיתָ קדם (Ps. 74, 2) ה׳ קָנָנִי (Pr. 8, 22) קוֹנֵה שמים
וארץ (Gen. 14, 19) הלא הוא אביך קָנֶךָ (Deut. 32, 6)
فى الوقف קָנֶךָ فى الوصل والاندراج [b] وكذلك הוא עָשְׂךָ
ויכוננך (ib.) ومعنى ثانى אשר קָנָה אברהם (Gen. 25, 10)
כי תִקְנֶה עבד עברי (Ex. 21, 2) וַיִּקֶן את חלקת השדה
(Gen. 33, 19) או קָנֹה מיד עמיתך (Lev. 25, 14) וכהן
כי יִקְנֶה נפש קִנְיַן כספו (ib. 22, 11) לאברהם לְמִקְנָה

---

a) A only. *b*) A والادراج.

צלה צלה צליתי אצלה יצלה צלי כי אם צְלִי אש (Ex. 12, 9) לִצְלוֹת לכהן (I Sam. 2, 15)

צעה צעה צעיתי יצעה אצעה צוֹעֶה ברוב כחו (Jes. 63, 1) מהר צוֹעֶה להפתח (Jes. 51, 14) ושלחתי לו צוֹעִים (Jer. 48, 12) وأمّا וְצֵעוּהוּ (ib.) فهو فعل ثقيل ولولا العين لكان مشدّدا يقال צֵעָה צֵעִיתִי יצעה מצעה

צפה צפה צפית יצפה עיניו בגוים תִּצְפֶּינָה (Ps. 66, 7) יִצֶף ה׳ ביני ובינך (Gen. 31, 49) اصله יצפה צוֹפֶה נתתיך (Ez. 3, 17) צוֹפָיו עורים כלם (Jes. 56, 10) والثقيل בְּצִפִּיָּתֵנוּ צִפִּינוּ (Lam. 4, 17) בקר אערך לך וַאֲצַפֶּה (Ps. 5, 4) צַפֵּה דרך (Nah. 2, 2) אל דרך עמדי וְצַפִּי (Jer. 48, 19) ومعنى اخر וְצִפָּה ראשיהם (Ex. 36, 38) וְצִפִּיתָ אותם (ib. 25, 13) וַיְצַף את הבית (II Chr. 3, 6) צִפּוּי למזבח (Num. 17, 4) מְצוּפֶּה על חרש (Pr. 26, 23)

קהה קהה קהיתי אקהה האוכל הבוסר תִּקְהֶינָה שניו (Jer. 31, 30) קֵהֶה קֵהוּ קוהה والثقيل אם קֵהָה הברזל (Ecc. 10, 10) קֵהִיתִי אקהה מקהה

קוה קוה קויתי אקוה וְקֹוֵי ה׳ (Ps. 37, 9) אשר לא יבושו קֹוָי (Jes. 49, 23) מִקְוֵה ישראל (Jer. 14, 8) والثقيل קַוֵּה קִוִּיתִי ה׳ (Ps. 40, 2) קִוְּתָה נפשי (Ps. 130, 5) וַיְקַו לעשות ענבים (Jes. 5, 2) יְקַו לאור ואין (Job 3, 9)

مقام الهاء الساقطة منه واصله להצבות وكذلك וְלַנְפִּיל (ib.) اصله להנפיל לַמְרוֹת עיני כבודו (Jes. 3, 8) اصله להמרות לַשְׁמִעַ בקול תודה (Ps. 26, 7) اصله להשמיע לַמְחוֹת מלכין (Pr. 31, 3) اصله להמחות وليس من هذا الاصل הַנִּצָּבָה לא יכלכל (Zach. 11, 16) كما ظنّ قوم فافهم ومعنى اخر וכל צֹבֶיהָ ומצודתה (Jes. 29, 7) احسب اصله צובאיה ومذهبه مذهب חוטְאים לה׳ (I Sam. 14, 33) קוראים אל ה׳ (Ps. 99, 6) فى الوجه الواحد الذى ذكرت فيهما الّا ان חוטאים קוראים كتبا على الاصل وكتب هذا على اللفظ

צדה ואשר לא צָדָה (Ex. 21, 13) צדיתי צוֹדֶה את נפשי (Sam. 24, 12) עליו בִּצְדִיָּה (Num. 35, 20) ومعنى اخر צָדוּ צעדינו (Lam. 4, 18) واحسب נִצְדּוּ עריהם (Zeph. 3, 6) من هذا الاصل وهذا المعنى وهو انفعال يقال נִצְדָּה נצדיתי נִצְדּוּ עריהם (Zeph. l. c.) יָצֻדֶה אצדה

צוה ואותי צִוָּה ה׳ (Deut. 4, 14) וְצִוִּיתִי את ברכתי (Lev. 25, 21) אני צִוִּיתִי למקדשי (Jes. 13, 3) וַיְצַו את אשר על ביתו (Gen. 44, 1) צַו את בני ישראל (Lev. 24, 2) יְצַו ה׳ אתך (Deut. 28, 8) כי כן צֻוֵּיתִי (Lev. 8, 35) את אשר יְצֻוֶּה (Ex. 34, 34) ביום צַוֹּתוֹ (Lev. 7, 38) שומר מִצְוָה (Ecc. 8, 5) כי צַו לָצָו (Jes. 28, 10)

والثقيل הִפְרָה כי הִפְרַנִי אלהים (Gen. 41, 52) וְהִפְרֵתִי
אותך (ib. 17, 6) יַפְרֶה וַיֶּפֶר את עמו מאד (Ps. 105, 24)
מַפְרֶה הַפְרֵה

פשה כי פָשָׂה הנגע (Lev. 13, 51) לא פָשְׂתָה בעור
(ib. 28) פָּשִׂיתִי ואם פָּשֹׂה יִפְשֶׂה (ib. 35)

פתה פָּתִיתִי פן יִפְתֶּה (Deut. 11, 16) וַיִּפְתְּ בסתר לבי
(Job 31, 27) ופותֶה תמית קנאה (ib. 5, 2) כיונה פותָה
אין לב (Hos. 7, 11) פֶּתִי יאמין לכל דבר (Pr. 14, 15)
פְּתַיּוּת ובל ידעה מה (ib. 9, 13) والثقيل المعدى פִּתָּה
פִּתִּיתַנִי ה' וָאֶפָּת (Jer. 20, 7) אני ה' פִּתֵּיתִי (Ez. 14, 9)
מי יְפַתֶּה את אחאב (I Reg. 22, 20) פַּתִּי אותו (Jud. 16, 5)
הנה אנכי מְפַתֶּיהָ (Hos. 2, 16) وليس من هذا الاصل
וַהֲפִתִּיתָ בשפתיך (Pr. 24, 28) والانفعال אם נִפְתָּה לבי
על אשה (Job 31, 9) יְפֻתֶּה אֶפָּתֶה פתיתני ה' וָאֶפָּת
(Jer. 20, 7) اصله וָאֶפָּתֶה مثل אִכַּף לאלהי מרום (Mic. 6, 6)
اصله אֶכָּפֶה תִּגָּל ערותך (Jes. 47, 3) اصله תִּגָּלֶה كما
اعلمتك فافهم وفي الاصل معنى ثانى הפתה הפתיתי יפתה
יַפְתְּ אלהים ליפת (Gen. 9, 27) اصله יַפְתֶּה

צבה צָבָה צביתי וְצָבְתָה בטנה (Num. 5, 27) ואת בטנך
צָבָה (ib. 21) والثقيل הִצְבָּה הצביתי יַצְבֶּה לַצְבּוֹת בטן
(ib. 22) فتح اللام يدلّ على انّه ثقيل فقد يقوم فتحها

יִפְנֶה ירשיע (I Sam. 14, 47) פְּנֵה אלי וחנני (Ps. 25, 16)

וַיִּפֶן וירד משה (Deut. 29, 17) אשר לבבו פֹנֶה היום

(Ex. 32, 15) اصله וַיִּפְנֶה, الثقيل הִפְנָה ערף מואב

(Jer. 48, 39) יַפְנֶה וַיֶּפֶן זנב אל זנב (Jud. 15, 4) اصله

וַיִּפְנֶה עמדו ואן מַפְנֶה (Nah. 2, 9) והיה כְּהַפְנוֹתוֹ שכמו

(I Sam. 10, 9) والمفعول אשר מָפְנֶה צפונה (Ez. 9, 2)

وفي الاصل معنى اخر וּפִנָּה דרך (Mal. 3, 1) ואנכי פִּנִּיתִי

הבית (Gen. 24, 31) פַּנּוּ דרך (Jes. 40, 3) יְפַנֶּה מְפַנֶּה

פעה פָּעָה פעיתי יִפְעֶה כיולדה אֶפְעֶה (Jes. 42, 14)

פצה פָּצָה פציתי ואנכי פָּצִיתִי פי אל ה׳ (Jud. 11, 35)

אשר פָּצוּ שפתי (Ps. 66, 14) הבל יִפְצֶה פיהו (Job 35, 16)

פְּצֵה פיך (Ez. 2, 8) ופוֹצֶה פה ומצפצף (Jes. 10, 14)

ومعنى اخر הַפֹּצֶה את דוד עבדו (Ps. 144, 10) פְּצֵנִי

והצילני (ib. 11)

פרה פָּרָה פריתי כי תרבו וּפְרִיתֶם בארץ (Jer. 3, 16)

וּפָרִינוּ בארץ (Gen. 26, 22) וּפָרוּ ורבו (ib. 8, 17) פְּרוּ

ורבו (ib. 1, 22) פּוֹרֶה ראש (Deut. 29, 17) בן פּוֹרָת יוסף

(Gen. 49, 22) פֹּארֹתָיו *a* (Ez. 31, 5) אשתך כגפן פֹּרִיָּה

(Ps. 128, 3) כי עץ נשא פִרְיוֹ (Joel 2, 22) עץ פְּרִי (Gen. 1, 11)

---

a) Mss. פורותיו.

לֹא יֵעָשֶׂה כֵן (Gen. 29,26) עַד חֲצִי הַמַּלְכוּת וְתֵעָשׂ (Esth. 5,6)
اصله וְתֵעָשֶׂה ومعنى اخر עָשָׂה עָשִׂיתִי הִנְנִי עוֹשֶׂה אֶת
כָּל מְעַנַּיִךְ (Zeph. 3,19) בַּעְשׂוֹת מִמִּצְרַיִם דַּדַּיִךְ (Ez. 23,21)
وفى هذا ثقيل עִשָּׂה עִשִּׂית שָׁם עִשּׂוּ דַּדֵּי בְּתוּלֵיהֶן (ib. 3)
אֲשֶׁר עֻשֵּׂיתִי בַסֵּתֶר (Ps. 139, 15) وليس من هذا الاصل
וְעַסּוֹתֶם רְשָׁעִים (Mal. 3,21) كما ظنّ بعض الناس

פאה הִפְאָה הִפְאֵיתִי יַפְאֶה מַפְאֶה אָמַרְתִּי אַפְאֵיהֶם
(Deut. 32, 26)

פדה פָּדָה בְשָׁלוֹם נַפְשִׁי (Ps. 55, 19) פָּדִיתָה אוֹתִי ה׳
(ib. 31, 6) פִּדְיוֹן פְּדָיִם פְּדוּיִים וְהוּא יִפְדֶּה אֶת יִשְׂרָאֵל
(ib. 130, 8) פֹּדֶה ה׳ נֶפֶשׁ עֲבָדָיו (ib. 34, 23) וְהַפֹּדְךָ
מִבֵּית עֲבָדִים (Deut. 13, 6) ناقص ولو وقف لقال פּוֹדְךָ
والثقيل הִפְדָּה הִפְדֵּיתִי יַפְדֶּה מַפְדֶּה אֲשֶׁר לֹא יְעָדָהּ
וְהֶפְדָּהּ (Ex. 21, 8) וְהָפְדֵּה לֹא נִפְדָּתָה (Lev. 19, 20)

פכה פִּכָּה פִּכּוֹ וְהִנֵּה מַיִם מְפַכִּים (Ez. 47, 2)

פלה וְהִפְלָה (*sic!*) ה׳ אֶת מַכּוֹתְךָ (Deut. 28, 59) וְהִפְלֵיתִי
בַיּוֹם הַהוּא (Ex. 8,18) אֲשֶׁר יַפְלֶה ה׳ (ib. 11, 7) הַפְלֵה
חֲסָדֶיךָ (Ps. 17, 7) وقد جرى تصريفهم فى هذا الاصل ايضا
على مذهب الالف

פנה כִּי פָנָה אֶל אֱלֹהִים אֲחֵרִים (Deut. 31, 18) וּפָנִיתָ
בַבֹּקֶר (ib. 16,7) וּפָנִיתִי אֲלֵיכֶם (Lev. 26, 9) וּבְכָל אֲשֶׁר

עקה ועשית מַעֲקֶה לגגך (Deut. 22, 8)

ערה جمع هذا الاصل اربع معانى (sic!) الاول[a] הֶעֱרָה למות נפשו (Jes. 53, 12) הֶעֱרֵיתִי אַעֲרֶה وفيه ثقيل اخر עֵרָה עֵרִיתִי אל תְּעַר נפשי (Ps. 141, 8) וַתְּעַר כדה (Gen. 24, 20) والمعنى الثانى את מקורה הֶעֱרָה (Lev. 20, 18) ערום וְעֶרְיָה (Ez. 16, 7) وفيه ثقيل اخر עֵרָה ויהוה פתהן יְעָרֶה (Jes. 3, 17) עָרוֹת יסוד עד צואר (Hab. 3, 13) والامر עָרוּ עָרוּ עד היסוד בה (Ps. 137, 7) ولولا مكان الراء لكان مشدّدا مثل יְצַוֶּה צַוּוֹת יְצַוּוּ والثالث וקיר עֵרָה מגן (Jes. 22, 6) والانفعال נֶעֱרָה נעריתי אֵעָרֶה אערה עד יֵעָרֶה עלינו רוח ממרום (Jes. 32, 15) والرابع עָרוֹת על יאור (Jes. 19, 7) مصدر من فعل ثقيل ويمكن ان يكون جمع ناقص اللام واحده עָרָה مثل כָּלָה כָּלוֹת والافتعال וּמִתְעָרֶה כאזרח רענן (Ps. 37, 35)

עשה עָשָׂה ה׳ אשר זמם (Lam. 2, 17) עָשִׂיתִי ארץ (Jes. 45, 12) הוא עָשְׂךָ ויכוננך (Deut. 32, 6) הָעֲשׂוּיָה בהר סיני (Num. 28, 6) כי עָשֹׂה יַעֲשֶׂה לו כנפים (Pr. 23, 5) מַעֲשֶׂה עֲשֵׂה לך (Gen. 6, 14) נַעֲשֶׂה וַיַּעַשׂ بالفتح من طريق العين اين נַעֲשָׂה פתגם (Ecc. 8, 11)

---

a) A الاولى.

ענה עָנִיתִי מאד (Ps. 116,10) וְעָנִיתָ ואמרתָ (Deut. 26, 5)
וַיַּעַן כל העם (I Reg. 18, 24) וַיַּעֲנוּ כָל־הָעָם (Ex. 19, 8)
ويقرب من هذا المعنى שקר עָנָה באחיו (Deut. 19, 18)
לא תַעֲנֶה ברעך (Ex. 20,16) וְעָנְתָה בי צדקתי (Gen. 30, 33)
וכפים מעץ יַעֲנֶנָּה (Hab. 2, 11) עֲנֵנִי ה׳ (I Reg. 18, 37)
עֲנֵה בי (Mic. 6, 3) וה׳ עָנָה בי (Ruth 1, 21) וְעָנָה גאון
ישראל בפניו (Hos. 5, 5) والثقيل הֶעָנֶה העניתי אֲעַנֶּה
אף אני חלקי (Job 32,17) כי אין מַעֲנֵה אלהים (Mic. 3, 7)
ومعنى آخر עֱנוּ לה׳ בתודה (Ps. 147, 7) עלי באר עֱנוּ
לה (Num. 21, 17) וַתַּעַן להם (Ex. 15, 21) وقريب منه
וְעָנָה איים באלמנותיו (Jes. 13, 22) וְעָנְתָה שמה כימי
נעוריה (Hos. 2, 17) والثقيل למנצח על מחלת לְעַנּוֹת
(Ps. 88, 1) קול עַנּוֹת אנכי שומע (Ex. 32, 18) כרם
חמר עַנּוּ לה (Jes. 27, 2) ومعنى ثالث עִנָּה בדרך כחי
(Ps. 102, 24) עִנֵּיתִי בצום נפשי (ib. 35, 13) וַיְעַנְּךָ וירעיבך
(Deut. 8, 3) אם עַנֵּה תְעַנֶּה (Ex. 22, 22) ונפש נַעֲנָה
(Jes. 58, 10) נגש והוא נַעֲנֶה (ib. 53, 7) الهاء في نفس
נענה هاء التأنيث واللام ساقطة לְעָנוֹת מפני (Ex. 10, 3)
עֱנוּת עָנִי (Ps. 22, 25) הָעֲנִיִּים והאביונים (Jes. 41, 17)
עצה עָצָה עציתי אֶעֱצָה עוֹצֶה עיניו מראות ברע (*sic!*)
(Pr. 16, 30)

מַעֲטֵה תהלה (Jes. 61, 3) וְעוֹטְךָ עָטֹה (ib. 22, 17) ومعنى اخر שלמה אהיה כְּעֹטְיָה (Cant. 1, 7) على الاصل

עלה ומשה עָלָה אל האלהים (Ex. 19, 3) עָלִיתָ למרום (Ps. 68, 19) עָלֹה נַעֲלֶה (Num. 13, 30) ממדבר עֹלֶה (Hos. 13, 15) עולים אל האלהים (I Sam. 10, 3) מי זאת עוֹלָה (Cant. 3, 6) וַיַּעַל אלהים מעל אברהם (Gen. 17, 22) וַיַּעַל משה (Ex. 19, 20) بالفتح من طريق العين وكان الوجه فيه וַיַּעֶל للفرق بينه وبين וַיַּעַל עולות ושלמים (I Chr. 21, 26) الثقيل المعدى وكذلك المستقبل كلّه من هذا الخفيف كان الوجه فيه بكسر الياء لولا العين ومن هذا المعنى עֲלִיָּה עֶלְיוֹן עֲלִיּוֹת שש מַעֲלוֹת לכסא (I Reg. 10, 19) والثقيل הֶעֱלָה דוד (II Sam. 2, 3) אשר הֶעֱלָנוּ מארץ מצרים (Ex. 32, 1) הֶעֱלִיתָ מן שאול נפשי (Ps. 30, 4) סלה בחכה הֶעֱלָה (Hab. 1, 15) מַעֲלִים את ארון ה׳ (II Sam. 6, 15) אלף עולות יַעֲלֶה שלמה (I Reg. 3, 4) וַיַּעַל עֹלֹת (Gen. 8, 20) למה זה הֶעֱלִיתָנוּ ממצרים (Ex. 17, 3) אל תַּעֲלֵנִי בחצי ימי (Ps. 102, 25) בְּהַעֲלוֹת ה׳ את אליהו (II Reg. 2,1) הוא הַמַּעֲלֶה אותנו (Jos. 24, 17) וְהַעַל את הצפרדעים (Ex. 8, 1) הַעַל את העם הזה (ib. 33, 12) ناقص والاصل הַעֲלֵה واحسب בְּהַעֲלוֹתְךָ את הנרות (Num. 8, 2) הֶעֱלָה את נרותיה (ib. 3) معنى اخر

(I Sam. 26, 10) ومعنى اخر סְפוֹת הרוה את הצמאה
(Deut. 29, 18) סְפוֹת חטאת על חטאת (Jes. 30, 1) לִסְפּוֹת
עוד על חרון אף ה׳ (Num. 32, 14)

עבה קטני עָבָה (I Reg. 12, 10) שמנת עָבִיתָ כשית
(Deut. 32, 15) אעבה בְּמַעֲבֵי האדמה (I Reg. 7, 46) בְּעֳבִי
גבי מגניו (Job 15, 26) וְעָבְיוֹ טפח (I Reg. 7, 26)

עגה נֶעֱגָה נעגיתי יֵעָגֶה הלהן תֵּעָגֵנָה (Ruth 1, 13)

עדה עָדָה עדיתי וְעָדִית עֶדִי (Ez. 23, 40) וָאֶעְדֵּךְ עֶדִי
(ib. 16, 11) וַתַּעַד נזמה (Hos. 2,15) بالفتح من طريق العين
וַתַּעְדִּי זהב וכסף (Ez. 16, 13) וצבי עֶדְיוֹ (ib. 7, 20)
ותבאי בַּעֲדִי עֲדָיִים (ib. 16, 7) ومعنى ثانى לא עָדָה עליו
שחל (Job 28, 8) ويمكن من هذا מַעֲדֶה בגד ביום קרה
(Pr. 25, 20)

עוה עָוָה עָוִיתִי עוינו עָוְתָה ושתי המלכה (Esth. 1, 16)
وليس يبعد ان يكون منه עָוֹן والثقيل הֶעֱוָה את אשר
הֶעֱוָה עבדך (II Sam. 19, 20) הֶעֱוִינוּ הרשענו (Ps. 106, 6)
נַעֲוֵה מעוה ومعنى اخر וְעִוָּה פניה (Jes. 24, 1) אֲעַוֶּה
מעוה עַוָּה עַוָּה עַוָּה אשימנה (Ez. 21, 32)

עטה וְעָטָה את ארץ מצרים כאשר יַעְטֶה הרועה
את בגדו (Jer. 43, 12) עוֹטֶה אור כשלמה (Ps. 104, 2)
כבגד יַעְטֶה (ib. 109, 19) ועל שפם יַעְטֶה (Lev. 13, 45)

(ib. 11, 6) وأحسب ان כי נַשַּׁנִי אלהים את כל עמלי
(Gen. 41, 51) بالفتح ليس من هذا الاصل لما قيل
נַשַּׁנִי بالفتح ولم يُقَل נִשַּׁנִי بالكسر وفى الاصل معنى اخر
לא נָשִׁתִי ולא נָשׁוּ בי (Jer. 15, 10) וְנָשָׁא בו אלה
(I Reg. 8, 13) ושלמי את נִשְׁיֵךְ (II Reg. 4, 7) וְהַנּוֹשֶׁה בא
לקחת (ib. 1) כַּנּוֹשֶׁה כאשר נוֹשֶׁא בו (Jes. 24, 2) والثقيل
הִשָּׁה הִשִּׁיתִי כי תַשֶּׁה ברעך מַשַּׁאת מאומה (Deut. 24, 10)
الاصل فيهما תִּנְשֶׁה מַנְשֵׁאת ولذلك كتب משאת بألف
على الاصل فافهم

סוה ויתן על פניו מַסְוֶה (Ex. 34, 33)

סחה סָחָה סחיתי וְסִחֵיתִי עפרה (Ez. 26, 4) لولا مكان
الحاء لكان مشدّدا مثل קִוִּיתִי צִוִּיתִי אֲסַחֶה מְסַחֶה

סלה סָלִיתִי אֶסְלֶה סוֹלֶה סָלִיתָ כל שוגים מחקיך
(Ps. 119, 118) والثقيل סִלָּה כל אבירי ה׳ (Lam. 1, 15)
אֲסַלֶּה מְסַלֶּה ومعنى اخر فى الاصل לא תְסֻלֶּה בכתם
אופר (Job 28, 16) הַמְסֻלָּהִים (*sic!*) כפז (Lam. 4, 2) كامل
على الاصل

סעה סָעִיתִי אֶסְעֶה מרוח סוֹעָה מסער (Ps. 55, 9)

ספה סָפָה סָפִיתִי האף תִּסְפֶּה (Gen. 18, 23) סָפְתָה
בהמות ועוף (Jer. 12, 4) מבקשי נפשי לִסְפּוֹתָהּ (Ps. 40, 15)
ויש נִסְפֶּה בלא משפט (Pr. 13, 23) ירד וְנִסְפֶּה

נקה וְנִקֵּיתִי דמם לא נִקֵּיתִי (Joel 4, 21) כי לא יְנַקֶּה ה׳ (Ex. 20, 7) וְנַקֵּה לא אֲנַקֶּךָּ (Jer. 30, 11) מנסתרות נַקֵּנִי (Ps. 19, 13) לא יוכלון נִקָּיוֹן (Hos. 8, 5) נִקְיוֹן שנים (Am. 4, 6) דם נָקִי (Deut. 19, 10) נְקִי כפים ובר לבב (Ps. 24, 4) إن شئت قل ان هذه الياء هى لام الفعل وياء المدّ ساقطة لأنّه على زنة פעול وإن شئت قل ان الساكنَيْن اللينين اذا التقيا هما فى اللفظ واحد فكتب بساكن واحد على ما فى اللفظ وأمّا נָקִיא (Joel 4, 19) المكتوب بألف فهو على اصله الياء للمدّ والالف لام الفعل وهى الهاء التى فى נקה والانفعال וְנִקָּה האיש מעון (Num. 5, 31) וְנִקִּיתָ משבועתי זאת (Gen. 24, 8) וְנִקְּתָה ונזרעה זרע (Num. 5, 28) וְנִקָּתָה לארץ תשב (Jes. 3, 26) النون مندغمة לא יִנָּקֶה כל הנוגע בה (Pr. 6, 29) אז תִּנָּקֶה מאלתי (Gen. 24, 41) הִנָּקֵה תִּנָּקוּ (Jer. 25, 29)

נשה נְשִׁיתִי טובה (Lam. 3, 17) לא תִנָּשֵׁנִי (Jes. 44, 21) צור ילדך תֶּשִׁי (Deut. 32, 18) ذهبت النون وصار موضعها ساكن لين وهو على مثال תֶּמֶחִי (Jer. 18, 23) وقد يقال أنّه من اصل اخر وهو ناقص والاصل فيه תִּשְׁיֶה مثل תְּהִי תִּהְיֶה תחי תחיה والثقيل הִשָּׁה השיתי כי הִשָּׁה אלה חכמה (Job 39, 17) כי יַשֶּׁה לך אלוה מעוניך

אנשים עברים נִצִּים (Ex. 2, 13) כי ינָּצוּ אנשים (Deut. 25, 11)
וַיִּנָּצוּ שניהם בשדה (II Sam. 14, 6)

נשה جرى تصريف هذا الاصل ايضا على ضربين بهاء
وبألف فتصريف الهاء וְנָשׂוּ את כלמתם (Ez. 39, 26)
נָשׂוּא לשוא עריך (Ps. 139, 20) נָשׂוּא יִנָּשׂוּ אשרי נשׂוּי
פשע (Ps. 32, 1) כי נִשָּׂא ממלכתו (II Sam. 5, 12) اصله
ננשא الالف كتبت موضع الهاء ولو انه من ذوات الالف
لَقال נשאת فافهم ,وتصريف الالف נָשָׂא נשאתי אֶשָּׂא
וישא אל נְשָׂא ידך (Ps. 10, 12) נְשׂוּא עון (Jes. 33, 24)
וְתִנַּשֵּׂא מלכותו (Num. 24, 7) וכארי יִתְנַשָּׂא (Num. 23, 24)
נְשִׂיאִים (Gen. 17, 20) וכי נִשֵּׂאת למעלה מלכותו (I Chr. 14, 2)
ويمكن ان يكون נְסָה עלינו אור פניך ה׳ (Ps. 4, 7) من
هذا ,وكتب بسين على اللفظ وبهاء على عادتهم أن
يكتبوا هاء موضع الف لأنّه قيل נְסָה עלינו אור פניך
ה׳ (ib.) ولم يُقَل נְשָׂה على الوجه المعروف في أوامر
الافعال ذوات الهاء ويكون معناه مثل معنى יִשָּׂא ה׳ פניו
אליך (Num. 6, 26) والثقيل נִשֵּׂא ינשא מְנַשֵּׂא וכי נִשֵּׂא
ממלכתו (II Sam. 5, 12)

נסה נִסָּה את אברהם (Gen. 22, 1) כי לא נִסִּיתִי
(I Sam. 17, 39) אשר נִסּוּנִי אבותיכם (Ps. 95, 9) לא תְנַסּוּ
(Deut. 6, 16) מַסָּה ומריבה (Ex. 17, 7)

الاصل معنى اخر נוֹטֶה שמים כיריעה (Ps. 104, 2) וַיֵּט
אהלה (Gen. 35, 21) נוֹטֶה צפון על תהו (Job 26, 7) כנחלים
נִטָּיוּ (Num. 24, 6)

נכה   הִכָּה הכיתי וְהִכִּיתָ את כל זכורה (Deut. 20, 13)
וַיַּךְ הברד בכל ארץ מצרים (Ex. 9, 25) ואת כל עשב
השדה הִכָּה הברד (ib.) הַכֵּה תַכֶּה (Deut. 13, 16) יַךְ ויחבשנו
(Hos. 6, 1) נָאַךְ אותך ואת עמך (Ex. 9, 15) וְהַךְ
את עפר הארץ (ib. 8, 12) מוּכֵּי חרב (Jer. 18, 21) ושם
איש ישראל הַמֻּכֶּה אשר הֻכָּה את המדינית (Num. 25, 14)
ושם האשה הַמֻּכָּה (ib. 15) מַכַּת חרב (Esth. 9, 5) על מה
תֻכּוּ (Jes. 1, 5) והפשתה והשערה נֻכָּתָה (Ex. 9, 31)
והחטה והכסמת לא נֻכּוּ (ib. 32) على رنة وَشֻפּוּ עצמותיו
לא רֻאוּ (Job 33, 21) وفى الاصل معنى اخر او قريب من
الاول נְכֵה רגלים (II Sam. 4, 4) אַךְ נְכָאִים (Jes. 16, 7)
נִכְאוּ מן הארץ (Job 30, 8) النون فى נכאו للانفعال
والنون الاخرى مندغمة فى الكاف الشديدة

נצה   נָצָה נציתי כי נָצוּ גם נעו (Lam. 4, 15) והסיר את
מראתו בְּנֹצָתָהּ (Lev. 1, 16) כִּי נָצָה (sic!) תֵּצֵא (Jer. 48, 9)
ومعنى اخر اشر הצו על משה ועל אהרן (Num. 26, 9)
בְּהַצּוֹתָם על ה' (ib.) בְּהַצּוֹתוֹ את ארם נהרים (Ps. 60, 2)
אנשי מְצוּתֶיךָ (Jes. 41, 12) אוהב מַצָּה (Pr. 17, 19) שני

רבים (Jes. 52, 15) יַזֶּה שבע פעמים (Lev. 16, 14) הַזֵּה
עליהם מי חטאת (Num. 8, 7) וַיַּז ממנו (Lev. 8, 11)
וּמַזֵּה מי הנדה (Num. 19, 21)

נחה נָחָה נָחִיתָ כצאן עמך (Ps. 77, 21) מי נָחַנִי עד
אדום (ib. 60, 11) לך נְחֵה את העם (Ex. 32, 34) וּנְחֵנִי
בדרך עולם (Ps. 139, 24) הַנְחָה תַּנְחֶה אותך (Pr. 6, 22)
יַנְחֵנִי במעגלי צדק (Ps. 23, 3) לְהַנְחוֹתָם בהדרך
(Neh. 9, 19)

נטה כי יואב נָטָה אחרי אדניה ואחרי אבשלום
לא נָטָה (I Reg. 2, 28) נְטֵה לך על ימינך (II Sam. 2, 21)
נָטָיוּ רגלי (Ps. 73, 2) אם תִּטֶּה אשורי (Job 31, 7) לא
נִטֶּה ימין ושמאל (Num. 20, 17) אל תֵּט ימין ושמאל
(Pr. 4, 27) וַיִּטּוּ אחרי הבצע (I Sam. 8, 3) وفى المعنى فعل
خفيف مُعَدًّا נְטֵה את־מַטְּךָ (Ex. 8, 12) הנני נוטֶה אליה
כנהר שלום (Jes. 66, 12) נָטִיתִי לבי לעשות חקיך
(Ps. 119, 112) וַיֵּט משה את ידו (Ex. 10, 22) כִּנְטוֹת ידו
(Jos. 8, 19) وفى المعنى ثقيل ועלי הִטָּה חסד (Ezr. 7, 28)
וַיַּטּוּ משפט (I Sam. 8, 3) לא תַטֶּה משפט (Ex. 23, 6)
לְהַטּוֹת משפט גבר (Lam. 3, 35) וַיַּט עלינו חסד (Ezr. 9, 9)
אל תַּט לבי לדבר רע (Ps. 141, 4) דרכו שמרתי ולא
אָט (Job 23, 11) הַט אזנך לי (Ps. 17, 6) اصله הַטֵּה وفى

(Deut. 9, 7) לַמְרוֹת עֵינֵי כְבוֹדוֹ (Jes. 3, 8) فتح اللام في למרות يدلّ عليه أنّه فعل ثقيل وأصله לְהַמְרוֹת فجاز إسقاط الهاء وأُلقِيَ حركتُها على اللام للدلالة على الاصل ومثله לַשְׁמִיעַ (Ps. 26, 7) וְלַשְׁבִּית (Am. 8, 4) לַנְחוֹתָם הדרך (Ex. 13, 21) לַצְבּוֹת (Num. 5, 22) לַנְפִּיל (ib.) اصلها לְהַשְׁמִיעַ לְהַשְׁבִּית להנחות להצבות להנפיל وأمّا אל תַּמֵּר בו (Ex. 23, 21) فأصل اخر فافهم .

משה כי מן המים מְשִׁיתִהוּ (Ex. 2, 10) אַמְשֶׁה הַמֹּשֶׁה המשיתי יַמְשֵׁנִי ממים רבים (Ps. 18, 17)

נדה נִדָּה נדיתי אֲנַדֶּה הַמְנַדִּים ליום רע (Am. 6, 3) אמרו אחיכם שנאיכם מְנַדֵּיכֶם (Jes. 66, 5)

נהה נָהִיתִי נְהִי נִהְיָה (Mic. 2, 4) נהייתי אנהה נְהֵה על המון מצרים (Ez. 32, 18) אל יודעי נֶהִי (Am. 5, 16) ويقرب من هذا المعنى וַיִּנָּהוּ כל בית ישראל (I Sam. 7, 2) وليس من هذا الاصل ונשאו עליך בְּנִיהֶם (Ez. 27, 32) קינה ולא נֹהַּ בהם (ib. 7, 11)

נוה נָוָה נויתי גבר יהיר ולא יִנְוֶה (Hab. 2, 5)

נזה נָזָה נזיתי ואשר יִזֶּה מדמה על הבגד אשר יִזֶּה עליה (Lev. 6, 20) וַיִּז מדמה (II Reg. 9, 33) والثقيل הִזָּה بإدغام النون וְהִזָּה מן השמן (Lev. 14, 16) כן יַזֶּה גוים

כעש חמודו (sic!) הֶמְסִיו את לב העם הזה (ib. 39, 12

كان الوجه فيه הֶמְסוּ باسقاط الياء والاصل (Jos. 14, 8

فيه הֶמְסִיו فخالف الوجه والاصل ولذلك قال قوم ان هذه

الكلمة خرجت على مخرج اللفظ السريانيّ مثل אִשְׁתְּיו

חמרא (Dan. 5, 4 وكذلك قال ايضا فى תַּגְמוּלוֹהִי

(Ps. 116, 12 على أنّها على اللفظ السريانيّ مثل עֲלוֹהִי

יְדוֹהִי وأمّا הֵמֵּם יִמַּס (II Sam. 17, 10 ולא יִמַּס את לבב

אחיו (Deut. 20, 8 فأصلٍ اخر وكذلك הֵמַסּוּ את לבבנו

(ib. 1, 28 اصل اخر فافهم

מצה מָצָה מציתי ושתית אותה וּמָצִית (Ez. 23, 34

אך שמריה יִמְצוּ ישתו (Ps. 75, 9 וַיִּמֶץ טל (Jud. 6, 38

וְנִמְצָה דמו (Lev. 1, 15 יִמָּצֵה אל יסוד המזבח (ib. 5, 9

ويمكن ان يكون من هذا الاصل فى معنى اخر ولا

הִמְצֵיתִיךָ (II Sam. 3, 8 فافهم

מרה אשר מָרָה את פי ה׳ (I Reg. 13, 26 כי מָרֹה

מָרִיתִי (Lam. 1, 20 כי אנכי ידעתי את מֶרְיְךָ (Deut. 31, 27

גם היום מְרִי שיחי (Job 23, 2 כי בית מְרִי המה (Ez. 2, 5

סורר ומוֹרֶה (Deut. 21, 18 שמעו נא הַמֹּרִים (Num. 20, 10

מוֹרֶה מאד (II Reg. 14, 26 הִמְרָה המריתי כי הִמְרוּ

את רוחו (Ps. 106, 33 אשר יַמְרֶה את פיך (Jos. 1, 18

וַתֶּמֶר את משפטי לרשעה (Ez. 5, 6 מַמְרִים הייתם

واوا فى اللفظ على عادتهم فى حروف اللين ان يُنطَق
ببعضها فى موضع بعض والتاء بعدها لاحقة كما تلحق
بسائر المصادر من غير هذه الافعال وبهذا الوجه يكون
ובמלאת חטאתו קראת לנו שנאת רע من ذوات الالف
إلّا أنّهم ربّما رأوا اسقاط الالف من اللفظ استخفافا
وإثباتها فى الخطّ للدلالة على انّها من الاصل كما
فعلوا فى חטאים ליי קראים אל ה׳ وأمّا مَن قال ان
الواو فى עשות ראות בנות لام الفعل والتاء لاحقة فإنّه
يجعل ובמלאת הימים ביום חטאתו לבלתי קראת לנו
שנאת רע من ذوات الهاء ويقول ان الالف كتبت موضع
الواو فى עשות ראות בנות على عادتهم أن يكتبوا بعض
حروف فى موضع بعض

מנה מָנִיתִי וּמָנִיתִי אתכם לחרב (Jes. 65, 12) ואתה
תִמְנֶה לך חיל (I Reg. 20, 25) מונֶה מספר לככבים
(Ps. 147, 4) גם זרעך יִמָּנֶה (Gen. 13, 16) לא יספרו ולא
יִמָּנוּ (II Chr. 5, 6) הַמָּנֶה יהיה לכם (Ez. 45, 12) לַמְנִי
ממסך (Jes. 65, 11) ومعنى اخر אשר מִנָּה את מאכלכם
(Dan. 1, 10) ולילות עמל מִנּוּ לי (Job 7, 3) וַיְמַן
להם המלך (Dan. 1, 5) וַיְמַן ה׳ דג גדול (Jon. 2, 1)
מְמֻנִּים

מסה הִמְסָה המסיתי ערשי אַמְסֶה (Ps. 6, 7) וַתִּמֶּם

استخفافا واعلم ان וּבִמְלוֹאת הַיָּמִים הָאֵלֶּה (Esth. 1, 5) يُكتَب بألف ويقرأ بواو فيمكن لذلك ان يكون المكتوب من ذوات الالف والمقروء من ذوات الهاء لأنّا وجدناهم استعملوا اللغتَيْن جميعا فى هذا الاصل كمَن قال منهم מָלֵא מלאתי מלאו قال ובמלואת הימים האלה بتحريك الالف إمّا ان يكون וּבִמְלֹאת وإمّا וּבִמְלְאַת ومَن قال מָלָה מליתי מָלוּ תוכך (Ez. 28, 16) قال וּבִמְלוֹת فجعل الاوايل احدى اللغتين مكتوبة والاخرى مقروءة ليلّا يسقط شىء من الاستعمال القديم وهكذا يمكن ان يكون ביום חֲטאתו (Ez. 33, 12) לבלתי קְראת לנו (Jud. 8, 1) יראת ה׳ שְׂנאת רע (Pr. 8, 13) لأنّ هذه التاء لم تأت على هذا المثل الّا فى الافعال ذوات الهاء مثل עשות ראות בנות فالمكتوب فى ביום חֲטאתו ביום חֲטְאָתו والمكتوب فى לבלתי קְראת לנו לבלתי קְרַאת לנו والمكتوب فى שְׂנאת רע שְׂנְאַת רע وكذلك يمكن ان يكون ايضا חוטאים לה׳ (I Sam. 14, 33) קוראים אל ה׳ (Ps. 99, 6) المكتوب חֹטְאִים بتحريك الالف من חָטָא חטאתי קֹרְאִים بتحريك الالف من קָרָא קראתי والمقروء من اللغة الاخرى ويمكن ان يكون فى ובמלאת הימים ביום חטאתו לבלתי קראת לנו שנאת רע وجه اخر على أنّا نجعل فيها استعمالَيْن بأن نقول ان الالف هى لام الفعل قلبت

יִמְחֲאוּ כָף (Jes. 55, 12) ومعنى ثالث מחה מחיתי ימחה
מְמֻחֶה שמנים מְמֻחָיִם (ib. 25, 6) على الاصل والكمال
מִלָּה قد علمت انّهم يبدلوا (sic!) الالف من الهاء فى هذه
الافعال ثمّ يكثر استعمالهم بها حتى تصير كأصل موْصل
غير مبدل وهذا الاصل قليلا (sic!) ما جاء تصريفه على مذهب
ذوات الهاء مثل מָלוּ תוֹכְךָ (Ez. 28, 16) وأمّا تصريفه على
مذهب ذوات الالف فكثير مثل וּמְלֵא ברכת ה׳ (Deut. 33, 23)
מָלְאוּ מתני (Jes. 21, 3) وفيه فعل ثقيل מִלֵּא ציון משפט
(ib. 33, 5) עד יְמַלֵּא שחוק פיך (Job 8, 21) واعلم ان מִלְאוּ
ארבעה כדים (I Reg. 18, 34) امر من מלא ברכת ה׳
מלאו מתני وأن קראו מַלְאוּ (Jer. 4, 5) امر من מִלֵּא
מִלֵּאתִי יְמַלֵּא وكان اصله קראו מַלְאוּ بالتشديد
فأسقطوه استخفافا כי מִלְאוּ אחרי ה׳ (Num. 32, 12)
فعل ماضى من מִלֵּא מלאתי יְמַלֵּא وأصله التشدّد
فأسقطوه ايضا استخفافا كما اسقطوا ذلك من הרחב
פיך וַאֲמַלְאֵהוּ (Ps. 81, 11) الذى هو من מִלֵּא מלאתי
יְמַלֵּא وكما اسقطوا من בַקְשׁוּ (sic!) (Jer. 5, 1) الذى هو
من בִּקֵּשׁ יְבַקֵּשׁ ومن שִׁלְחוּ באש מקדשך (Ps. 74, 7)
الذى هو من שִׁלַּח ישלח ومن וַיְהַלְלוּ את ה׳ (Neh. 5, 13)
الذى هو من הִלֵּל יְהַלֵּל ويمكن ان يكون מִלְאוּ ידכם
היום לה׳ (Ex. 32, 29) ماضى واسقط التشديد منه

לַהה לָהִיתִי יִלְהֶה וַתֵּלַהּ ארץ מצרים (Gen. 47, 13) ناقص واصله ותלהה

לוה לָוִיתִי לָוִינוּ כסף (Neh. 5, 4) ואתה לא תִלְוֶה (Deut. 28, 12) לֹוֶה רשע ולא ישלם (Ps. 37, 21) הִלְוָה הלויתי וְהִלְוִיתָ גוים רבים (Deut. 28, 12) אם כסף תַּלְוֶה את עמי (Ex. 22, 24) הוא יַלְוְךָ ואתה לא תַלְוֶנּוּ (Deut. 28, 44) מַלְוֵה ה׳ חונן דל (Pr. 19, 17) כַּמַּלְוֶה כלוה (Jes. 24, 2) ومعنى ثانى וְנִלְוָה הגר עליהם (Jes. 14, 1) הַנִּלְוִים על ה׳ (Jes. 56, 6) והוא יִלְוֶנּוּ בעמלו (Ecc. 8, 15) יִלָּוֶה אישי אלי (Gen. 29, 34) לִוְיַת חן (Pr. 1, 9) وقيل ان לֹיוֹת (I Reg. 7, 36) من هذا الاصل وهذا المعنى

מחה וּמָחָה אל מי המרים (Num. 5, 23) מָחִיתִי כעב פשעיך (Jes. 44, 22) כי מָחֹה אֶמְחֶה (Ex 17, 14) וַיִּמַח את כל היקום (Gen. 7, 23) ואל תֶּמַח חסדי (Neh. 13, 14) וחטאתם מלפניך אל תֶּמְחִי (Jer. 18, 23) جعلوا لام الفعل فيه ياء لينة مكسورة ما قبلها على خلاف الوجه וַיִּמָּחוּ מן הארץ (Gen. 7, 23) יִמָּחוּ מספר החיים (Ps. 69, 29) ולא דבר ה׳ לִמְחוֹת (II Reg. 14, 27) ومن هذا المعنى אכלה וּמָחֲתָה פיה (Pr. 30, 20) כאשר יִמְחֶה את הצלחת מָחָה (II Reg. 21, 13) ومعنى ثانى וּמָחָה על כתף ים כנרת (Num. 34, 11) וּמְחִי קבלו (Ez. 26, 9) وقد قيل بألف

مــثــل יְכַסְיֻמוּ (Ps. 140, 10) שִׁיתֵמוֹ נְדִיבֵמוֹ (ib. 83, 12)
والفعل الذى لم يسمّ فاعله כֻּסּוּ הרים צִלָּהּ (ib. 80, 11)
ובחשך שמו יְכֻסֶּה (Ecc. 6, 4)

כפה כָּפָה כפיתי אֶכְפֶּה מתן בסתר יִכְפֶּה אַף (Pr. 21,14)
والانفعال נִכְפָּה נכפיתי יִכָּפֶה אכפה אִכַּף לאלהי מרום
(Mic. 6, 6) نـاقـص وأصلـه אֶכָּפֶה مـثـل תִּגַּל (Jes. 47, 3)
الذى اصله תִּגָּלֶה فافهم

כרה בור כָּרָה ויחפרהו (Ps. 7, 16) אזנים כָּרִיתָ לי
(ib. 40, 7) אשר כָּרִיתִי לי (Gen. 50, 5) כי יִכְרֶה איש בור
(Ex. 21, 33) כֹּרֶה שחת (Pr. 26, 27) וּמִכְרֵה מלח (Zeph. 2, 9)
ومـعـنـى ثـانـى כָּרָה כריתי יִכְרֶה לָהֶם כֵּרָה גדולה
(II Reg. 6, 23) יִכְרוּ עליו חברים (Job 40, 30) לְהַבְרוֹת
את דוד (II Sam. 3, 35) يكتب לְהַכְרוֹת את דוד فالمكتوب
مـن هـذا المعنى والقياس عليه הִכְרָה הכריתי מַכְרֶה
לְהַכְרוֹת

כשה כָּשָׂה כשיתי אֶכְשֶׂה עבית כָּשִׂיתָ (Deut. 32, 15)

לאה לָאִיתִי הנסה דבר אליך תִּלְאֶה (Job 4, 2) וַיִּלְאוּ
למצא הפתח (Gen. 19, 11) תבא אליך וַתֵּלֶא (Job 4, 5)
اصله וַתִּלְאֶה וְנִלְאוּ מצרים (Ex. 7, 18) את כל הַתְּלָאָה
(ib. 18, 8) הֶלְאָה ומה הֶלְאֵתִיךָ (Mic. 6, 3) אך עתה
הֶלְאָנִי (Job 16, 7) מַלְאָה

ذوات الهاء ومنهم مَن قال על כן עליכם כָּלְאוּ שמים
מטל והארץ כָּלְאָה יבולה (Hag. 1, 10) אדני משה כְּלָאֵם
(Num. 11, 28) גזר מִמִּכְלָה צאן (Hab. 3, 17) מִמִּכְלְאוֹת
צאן (Ps. 78, 70) לא תִכְלָא רחמיך ממני (ib. 40, 12)
وهذا مذهب ذوات الالف الهاء التى فى ממכלה ليست
للتأنيث بل هى لام الفعل كتبت فى موضع الالف والجمع
ממכלאות צאן ومن هذا כָּלוּ (sic!) ולא אצא (Ps. 88, 9)
الواو كتبت موضع الالف التى هى لام الفعل فافهم

כנה כִּנָּה כניתי כי לא ידעתי אֲכַנֶּה (Job 32, 22) אֲכַנְּךָ
ולא ידעתני (Jes. 45, 4)

כסה כסיתי אכסה אדם ערום כּוֹסֶה דעת
(Pr. 12, 23) וְכוֹסֶה קלון ערום (ib. 16) כְּסוּי עור תחש
(Num. 4, 6) ועשית מִכְסֶה (Ex. 26, 14) ותקח הצעיף
וַתִּתְכָּס (Gen. 24, 65) וְכִסָּה ענן הקטרת (Lev. 16, 13)
אל תְּכַס על עונם (Neh. 3, 37) וַיְכַס הענן (Ex. 24, 15)
וְכִסָּהוּ בעפר (Lev. 17, 13) ואמרו להרים כַּסּוּנוּ (Hos. 10, 8)
תהומות יְכַסְיֻמוּ (Ex. 15, 5) جاء على الاصل بالياء التى
هى لام الفعل والاصل فى السين التشديد فأُسقط
استخفافا وأظنّهم كرهوا الخروج فى هذه الكلمة من
الشرق الى الحلم فقالوا יְכַסְיֻמוּ وليس يقولوا (sic!) יְכַסְיוּמוּ
على العادة فى الواو التى ربّما أتت بعد ميم الجمع

ויחדו כלם יִכְלָיוּן (Jes. 31, 3) יִכֶל בשרו מראי (Job 33, 21)
כִּלָיוֹן חרוץ (Jes. 10, 22) כָּלָה אתה עושה (Ez. 11, 13)
כָּלְתָה לתשועתך נפשי (Ps. 119, 81) נכספה וגם כָּלְתָה
נפשי (Ps. 84, 3) ومن هذا المعنى וַתְּכַל דוד המלך
(II Sam. 13, 39) لكنّه على بنية الثقيل ולא כִלִּיתִי את
בני ישראל (Num. 25, 11) וָאֲכַל אותם באפי (Ez. 43, 8)
ויחר אפי בהם וַאֲכַלֵּם (Ex. 32, 10) מְכַלּוֹת עינים
(Lev. 26, 16) לְכַלּוֹת את עיניך (I Sam. 2, 33) والثانى
כָּלָה כליתי וַתֵּכֶל כל עבדת (Ex. 39, 32) اصله וַתִּכְלֶה
וַיְכַל אלהים ביום השבת (Gen. 2, 2) וַתְּכַל להשקותו
(ib. 24, 19) ויבן שלמה את הבית וַיְכַלֵּהוּ (I Reg. 6, 14)
ביום כַּלּוֹת משה (Num. 7, 1) כי תְכַלֶּה לעשר (Deut. 26, 12)
والذى لم يسمّ فاعله כֻּלָּה כליתי יְכֻלֶּה כָּלוּ תפלות דוד
בן ישי (Ps. 72, 20) والمعنى الثالث[a] استعمل فيه هذا
الاصل على لغتين بهاء وبالف لابتدال احداهما من
الاخرى على ما اعلمتك فمنهم مَن قال כָּלִיתִי *(sic!)* רגלי
(Ps. 119, 101) אשר כְּלִתִנִי היום הזה (I Sam. 25, 33)
לא יִכְלֶה ממך (Gen. 23, 6) ويمكن ان يكون من هذا
ואת בניהם כָּלוּ בבית (I Sam. 6, 10) فهذا مذهب

---

a) A الثالثة.

צִיּים (Ez. 13, 22) וְנִכְאֵה לבב למותת (Ps. 109, 16) כתים וְנִכְאָה (Dan. 11,30) واعلم ان חֵלְכָּאִים (Ps. 10,10) كلمتان *a* فى المكتوب فيمكن لذلك ان يكون من هذا الاصل على زنة בָּלִים דלים דוים רוים יפים واحدها כָּאֶה مثل בָּלֶה דוה רוה יפה

כבה כָּבִיתִי כפשתה כָּבוּ (Jes. 43,17) לא תִכְבֶּה (Lev. 6, 5) والثقيل כִּבָּה ולא תְכַבֶּה את נר ישראל (II Sam. 21, 17) וְכִבּוּ את גחלתי (II Sam. 14, 7) לְכַבּוֹת את האהבה (Cant. 8, 7)

כהה כָּהָה כהיתי כָּהה תִכְהֶה (Zech. 11, 17) לא כָהֲתָה עינו (Deut. 34, 7) וַתִּכְהֶיןָ עיניו (Gen. 27, 1) וַתֵּכַה מכעס עיני (sic!) (Job 17, 7) اصله וַתִּכְהֶה כֵּהֶה הנגע (Lev. 13,6) כֵּהוֹת לבנות (ib. 39) ومعنى اخر ולא כִהָה בם (I Sam. 3, 13) סֵהֵיתִי אכהה מְכַהֶה

כוה כי תלך במו אש לא תִכָּוֶה (Jes. 43, 2) ורגליו לא תִכָּוֶינָה (Pr. 6, 28) מִכְוַת אש (Lev. 13, 24) כְּוִיָּה תחת כְּוִיָּה (Ex. 21, 25)

כלה فى هذا الاصل ثلث معانى الاوّل כָּלָה ואתם בני יעקב לא כְלִיתֶם (Mal. 3, 6) כי לא כָלוּ רחמיו (Lam. 3, 22)

---

a) C كلمتين.

الياء الاولى فاء الفعل والفاء بعدها a عينه والياء بعدها لامه والفاء الثانية عينه ايضا مكرّرة والياء بعدها لامه مكرّرة فافهم والثقيل יִפָּה יפיתי נִפָּה אֲנַפֶּה ייפה תיפה בכסף ובזהב יְיַפֵּהוּ (Jer. 10, 4)

ירה יָרָה בים (Ex. 15, 4) אשר יָרִיתִי (Gen. 31, 51) אִירֶה יִירֶה אוֹ־יָרֹה יִיָּרֶה (Ex. 19, 13) לִירוֹת במו אופל (Ps. 11, 2) הַיּוֹרִים (II Chr. 35, 23) ויאמר אלישע יְרֵה וַיּוֹר (II Reg. 13, 17) والثقيل הוֹרַנִי לחומר (Job 30, 19) ואני שלשת החצים צדה אוֹרֶה (I Sam. 20, 20) ויאמר אלישע יְרֵה וַיּוֹר (II Reg. 13, 17) וַיֹּרֵם אלהים חץ (Ps. 64, 8) וַיֹּרוּ הַיּוֹרִים (II Chr. 35, 23) וימצאוהו הַמּוֹרִים (I Sam. 31, 3) ومعنى اخر אשר הוֹרֻהוּ יהוידע הכהן (II Reg. 12, 3) וַיֹּרֵנִי ויאמר לי (Pr. 4, 4) הוֹרוּנִי ואני אחריש (Job 6, 24) ולא שמעתי לקול מוֹרָי (Pr. 5, 13) לְהוֹרוֹת ביום הטמא (Lev. 14, 57) وليس يبعد من هذا المعنى הורו והגו מלב דברי שקר (Jes. 59, 13) ومعنى ثالث יוֹרֶה ומלקוש (Deut. 11, 14) ومن معناه את הַמּוֹרֶה לצדקה (Joel. 2, 23)

כאה הִכְאָה הכאיתי יַכְאֶה יען הַכְאוֹת לב צדיק

---

a) B الثانية.

ינה استعماله *a* بالفعل الثقيل הוֹנָה הונתי ואיש לא יוֹנֶה (Ez. 18,7) ולא תונו איש את עמיתו (Lev. 25,17) הונו בך (Ez. 22,7) לְהוֹנוֹתָם (ib. 46,18) وقيل ان יהיה מָנוֹן (Pr. 29,21) من هذا الاصل وهذا المعنى على ان يكون الساكن اللين الذى بين الميم والنون فاء الفعل والنون الاخيرة لاحقة وقيل ايضا ان העיר הַיּוֹנָה (Zeph. 3,1) חרב הַיּוֹנָה (Jer. 46,16) من هذا المعنى

יעה · יָעָה יעיתי וְיָעָה ברד (Jes. 28,17) ייעה ويقال ان הַיָּעִים (Ex. 38,3) منه

יפה יָפָה יפיתי מה יָפִית ומה נעמת (Cant. 7,7) מה יָפוּ פעמיך (ib. 2) אִיפֶה יִיפֶה וַיִּיף בגדלו (Ez. 31,7) ناقص على مذهب וַיִּשְׁבְּ ממנו שבי (Num. 21,1) וַיִּפְתְּ בסתר לבי (Job 31,27) وأصله וַיִּיפֶה الساكن الذى بين الياء والفاء هو فاء الفعل وهو فى موضع الشين فى וַיִּשְׁבְּ ממנו (Num. 21,1) ناقص مثل וַתִּבְנִי וַתִּיפִי במאד מאד (Ez. 16,13) وأصله ותיפיי (ib. 24) מציון מכלל יוֹפִי (Ps. 50,2) יָפֶה עשיתיו (Ez. 31,9) יָפָה את רעיתי (Cant. 6,4) לשוא תִּתְיַפִּי (Jer. 4,30) ومن هذا יָפְיָפִיתָ מבני אדם (Ps. 45,3) ولكنّه مكرّر على مذهب تكرير אדמדם סחרחר הפכפך

---

a) A and B استعمله.

(Zeph. 3, 18) ومن هذا المعنى נוּגֵי מִמּוֹעֵד (II Sam. 20, 13) נִפְעַלִי وقيل ان הֹגָה בְּרוּחוֹ הַקָּשָׁה (Jes. 27, 8) فعل خفيف من هذا المعنى ابدلت فيه الهاء الاولى من الياء

יָדָה יָדָה ידיתי יִידֶה יְדוּ אֵלֶיהָ (Jer. 50, 14) ويمكن ان يكون גְּמוּל יָדוֹ הָדָה (Jes. 11, 8) من هذا المعنى بهاء مبدلة من الياء وفى هذا المعنى فعل ثقيل יִדָּה ידיתי אֲיַדֶּה לְיַדּוֹת אֶת קַרְנוֹת הַגּוֹיִם (Zech. 2, 4) واعلم ان יַדּוּ גוֹרָל (Joel 4, 3) ليس من هذا الاصل اذ لم يقل יִדּוּ بكسر الياء على الوجه الصحيح المعروف وفى الاصل فعل اخر ثقيل فى معنى اخر قلبت فيه الياء واوا ساكنة הוֹדָה הודיתי וְגַם אֲנִי אוֹדֶךָּ (Job 40, 14) וּמוֹדֶה וְעֹזֵב יְרֻחָם (Pr. 28, 13) זְבַח לֵאלֹהִים תּוֹדָה (Ps. 50, 14) والافتعال بواو محركة וְהִתְוַדָּה אֲשֶׁר חָטָא עָלֶיהָ (Lev. 5, 5) וְהִתְוַדּוּ אֶת חַטָּאתָם (Num. 5, 7) ومعنى ثالث הוֹדָה הוֹדִינוּ לְךָ אֱלֹהִים (Ps. 75, 2) אוֹדְךָ בִכְלִי נֶבֶל (ib. 71, 22) יוֹדוּ שִׁמְךָ גָּדוֹל (ib. 99, 3) וּמִשִּׁירִי אֲהוֹדֶנּוּ (ib. 28, 7) עַל כֵּן עַמִּים יְהוֹדֻךָ (ib. 45, 18) יְהוֹדֶה לַתְּפִלָּה (Neh. 11, 17) הוֹדוּ לַה׳ כִּי טוֹב (I Chr. 16, 34) ومعنى رابع וָאַעֲמִידָה שְׁתֵּי תוֹדוֹת גְּדוֹלֹת (Neh. 12, 31) וְהַתּוֹדָה הַשֵּׁנִית (ib. 38)

[טרה טְרִיָּה (Jes. 1, 6)] [a]

יגה استعمل هذا الاصل ثقيلا بواو مبدلة من الياء على
ما اعلمتك آنفا הוּגָה הוגיתי אשר הוֹגָה ה׳ (Lam. 1, 12)
כי ה׳ הוֹגָהּ על רוב פשעיה (ib. 1, 5) ناقص واصله
הוגיה אוֹגֶה תוגה עד אנה תּוֹגְיוּן נפשי (Job 19, 2)
كامل הוֹגָה امر הוגו הוגי הוגינה מוֹגֶה מוגים מוֹגָה
מוגות יָגוֹן ואנחה (Jes. 35, 10) תּוּגַת אמו (Pr. 10, 1)
والمنفعل נוֹגֶה נוגים ناقص נוּגָה נוגים ناقصان
בתולותיה נוּגוֹת (Lam. 1, 4) واصله נוגיות والذى معناه
انفعال [b] נוֹגָה ماضيا كاملا נוגיתי נוגיו او נוגו على
النقصان الجارى נוֹגַת נוֹגְתָה والانفعال المستقبل אֶוָּגֶה
יוגה יוגו תוגינה הִוָּגֶה امر ومصدر הוגו הוגי הוגינה
ويمكن ان يكون וַיַּגֶּה בני איש (Lam. 3, 33) من هذا
الاصل وهذا المعنى الّا انّه نوع اخر من الفعل الثقيل
والقياس عليه יִגָּה יגיתי איגה יְיַגֶּה וַיַּגֶּה בני איש ياء
الاستقبال الساكنة مندغمة فى الياء التى هى فاء الفعل
كما اعلمتك هناك فى וַיַּבְּשֵׁהוּ (Nah. 1, 4) וַיָּחֶל עוד
(Gen. 8, 10) ومعنى اخر فى هذا الاصل הוֹגָה הוגיתי والفعل
الذى لم يسمّ فاعله مثله سوا כאשר הוֹגָה מן המסלה

---

a) B only. *b*) A and B انفعل.

חָרָה (Job 30, 30) فليس من هذا الاصل اعنى חרה فاعلمه

חשה חָשָׁה חשיתי אֶחֱשֶׁה פן תֶּחֱשֶׁה ממני (Ps. 28, 1) עת לַחֲשׁוֹת ועת לדבר (Ecc. 3, 7) والثقيل הֶחֱשֵׁיתִי מעולם (Jes. 42, 14) אַחֲשֶׁה הלא אני מַחְשֶׁה (Jes. 57, 11) ואתם מַחְשִׁים (Jud. 18, 9) גם אני ידעתי הֶחֱשׁוּ (II Reg. 2, 3)

חתה חָתָה חתיתי הֲיַחְתֶּה איש אש בחיקו (Pr. 6, 27) כי גחלים אתה חוֹתֶה על ראשו (Pr. 25, 22) לַחְתּוֹת אש מיקוד (Jes. 30, 14) לקח מלא הַמַּחְתָּה (Lev. 16, 12) ومعنى ثانى فى الاصل הֶחֱתָה החתיתי יַחְתְּךָ ויסחך מאהל (Ps. 52, 7) على مثل יַפְרְךָ אַשְׁקְךָ ومنه תֵּחַת גערה במבין (Pr. 17, 10) اصله תחתה خفيف وليس هاتان كلمتان من חָתַת וּמְחִתָּה كما ظنّ قوم

טוה טָוָה טויתי אֶטְוֶה יטוה טוֶֹה טוָֹה טְוֹת טָווּה טְווּ טוי טְוִיָּה טָווּ את העזים (Ex. 35, 26) ויביאו מַטְוֶה (ib. 25)

טחה הרחק כִּמְטַחֲוֵי קשת (Gen. 21, 16) يمكن ان تكون هذه الواو مبدلة من الهاء على سائر عادتهم فى حروف اللين وهو ثقيل والقياس عليه טִחָה טחיתי אטחה מטחי מטחוים כִּמְטַחֲוֵי קשת (Gen. 21, 16)

טעה הִטְעָה הטעיתי מַטְעֶה הִטְעוּ את עמי (Ez. 13, 10)

والانفعال נֶחְצָה נחציתי יֵחָצֶה וְתֵחָץ לארבע רוחות
השמים (Dan. 11, 4) اصله וְתֵחָצֶה فافهم

חקה חָקָה חקיתי מְחֻקֶּה חֻקָּה ماضى חֻקֵּיתִי יְחֻקֶּה
מְחֻקֶּה בית ישראל a מְחֻקֶּה על הקיר (Ez. 8, 10) על
שרשי רגלי תִּתְחַקֶּה (Job 13, 27) فليس من هذا الاصل
וְחַקּוֹתָ עליה (Ez. 4, 1) ועל ספר חֻקָּהּ (Jes. 30, 8) חֻקַּת
התורה (Num. 19, 2) فاعلمه

חרה וְחָרָה אפי (Deut. 31, 17) פן יֶחֱרֶה אף ה' אלהיך
(ib. 6, 15) וַיִּחַר אף ה' (Ex. 4, 14) והעצמות יֵחָרוּ
(Ez. 24, 10) انفعال واحسب וַיִּחַר עלי אפו (Job 19, 11)
لمخالفته וַיִּחַר אף ה' (Ex. 4, 14) וְיִחַר אפי בהם (ib. 32, 10)
وغيرهما b فعلا ثقيلا فى هذا المعنى من הֶחֱרָה החריתי
واصله וַיְּחָרֶה وكان الوجه فيه וַיֶּחֶר مثل וַיֶּפֶר את עמו
מאד (Ps. 105, 24) واصحابه ويمكن ان يكون אל תִּתְחַר
במרעים (Ps. 37,1) من هذا المعنى ويكون اصله תִּתְחָרֶה مثل
תִּתְגָּרֶה (II Reg. 14, 10) ويمكن ان يكون من ואיך תְּתַחֲרֶה
את הסוסים (Jer. 12, 5) כי אתה מְתַחֲרֶה בארז (Jer. 22, 15)
وهذا الاصل من اربعة c احرف תחרה فإن كان منه فهو
ناقص الحرف الرابع وامّا וְחָרָה נחשתה (Ez. 24, 11) ועצמו

---

a) A, B and C אנשי. *b*) C وغيرها. *c*) B اربع.

חסה וְחָסָה בו (Ps. 64, 11) אֶחֱסֶה בסתר כנפיך סלה (ib. 61, 5) בצל כנפך יֶחֱסָיוּן (ib. 36, 8) צור חָסָיוּ בו (Deut. 32, 37) כי בך חָסָיָה נפשי (Ps. 57, 2) באו חֲסוּ בצלי (Jud. 9, 15) מַחְסֶה מזרם (Jes. 25, 4) לַחֲסוֹת תחת כנפיו (Ruth 2, 12) וישמחו כל חוֹסֵי בך (Ps. 5, 12) מושיע חוֹסִים (ib. 17, 7)

חפה חָפָה חפיתי אֶחֱפֶּה וְחָפוּ ראשם (Jer. 14, 3) וראש לו חָפוּי (II Sam. 15, 30) אבל וַחֲפוּי ראש (Esth. 6, 12) والثقيل חִפָּה עצי ברושים (II Chr. 3, 5) וַיְחַפֵּהוּ זהב טוב (ib. 5) וַיְחַף את הבית (ib. 7) والانفعال נֶחְפָּה נחפיתי נֶחְפּוּ יחפה כנפי יונה נֶחְפָּה בכסף (Ps. 68, 14) مثل المذكّر سوا الّا ان الهاء فى المذكّر لام الفعل وفى المؤنّث هاء التأنيث واصل נֶחְפָּה בכסף נֶחְפְּיָה وإن اردت المنفعل قلت נֶחְפֶּה بסגול נֶחְפִּים

חצה אשר חָצָה משה (Num. 31, 42) וְחָצִיתָ את מלקוח (ib. 27) עד צואר יֶחֱצֶה (Jes. 30, 28) לא יֶחֱצוּ ימיהם (Ps. 55, 24) יֶחֱצוּהוּ בין כנענים (Job 40, 30) וְחָצוּ את כספו (Ex. 21, 35) וַיַּחַץ את הילדים (Gen. 33, 1) اصله וַיֶּחֱצֶה وكان الوجه וַיֶּחֱץ لولا الحاء ותהי הַמֶּחֱצָה (Num. 31, 36) מַחֲצִיתָהּ בבקר וּמַחֲצִיתָהּ בערב (Lev. 6, 13) חֲצִי היריעה העודפת (Ex. 26, 12) חֲצוֹת לילה (Ps. 119, 62)

(II Chr. 21, 15) ואת תַּחֲלֻאֶיהָ (Deut. 29, 21) ואני
בַּחֲלוֹתָם לבושי שק (Ps. 35, 13) ויצר לאמנון לְהִתְחַלּוֹת
(II Sam. 13, 2) שכב על משכבך וְהִתְחָל (ib. 5) וַיִּתְחָל (ib. 6)
والثقيل הֶחֱלָה הֶחֱלֵיתִי הכותך (Mic. 6, 13) יַחֲלֶה מחלה
הַחֲלֵה החלי הַחֲלוֹת כי הָחֳלֵיתִי[a] (II Chr. 35, 23) فعل
لم يسمّ فاعله ولولا مكان الحاء لكانت ضمّتها في الهاء
على الوجه المعروف יָחֳלֶה מחלה החלו הָחֳלְתָה وثقيل
اخر חִלָּה אשר חִלָּה ה׳ בה (Deut. 29, 21) גם אתה חֻלֵּיתָ
כמנו (Jes. 14, 10) יְחַלֶּה מחלה وفي الاصل معنى اخر חַל־נא את
פני ה׳ (I Reg. 13, 6) ופני ה׳ לא חִלֵּיתִי (I Sam. 13, 12)
חַלּוּ־נא פני אל (Mal. 1, 9) רבים יְחַלּוּ פני נדיב (Pr. 19, 6)
וַיְחַל משה (Ex. 32, 11) وأصله וַיְחַלֶּה وكذلك חַל־נא
את פני ה׳ (I Reg. 13, 6) اصله חַלֵּה

חנה קרית חָנָה דוד (Jes. 29, 1) וְחָנִיתִי כדור עליך
(ib. 3) אם תַּחֲנֶה עלי מַחֲנֶה (Ps. 27, 3) וַיִּחַן שם ישראל
(Ex. 19, 2) וְחָנָה על העיר (II Sam. 12, 28) חֹנֶה מלאך
ה׳ (Ps. 34, 8) פזר עצמות חֹנָךְ (ib. 53, 6) وأمّا מה־נֶּחַנְתְּ
(Jer. 22, 23) فبعيد من هذا الاصل فاعلمه اذ لم يقل
מה נחנת مثل נִלְאֵת נִבְנֵת

---

a) C החליתי.

חָיוֹת הנה (Ex. 1, 19) مخفّفا ناقصا واحدها חָיָה خفيفا
ناقصا والثقيل הנה הֶחֱיָה ה' אותי (Jos. 14, 10) ואותה
הֶחֱיֵיתִי (Num. 22, 33) הַחֲיִיתֶם אותם (Jud. 8, 19) וְהַחֲיֵה
אותם (Jos. 9, 20) אֲחַיֶּה מְחַיֶּה לְהַחֲיוֹת רוח שפלים
(Jes. 57, 15) וּלְהַחֲיוֹת לב נדכאים (ib.) وثقيل اخر
ונפשו לא חִיָּה (Ps. 22,30) הַחִיִּיתֶם כל נקבה (Num. 31, 15)
אשר חִיּוּ מנשי יבש גלעד (Jud. 21, 14) מכשפה לא
תְחַיֶּה (Ex. 22, 17) ממית וּמְחַיֶּה (I Sam. 2, 6) לְחַיּוֹת
זרע (Gen. 7, 3) וּלְחַיּוֹתָם ברעב (Ps. 33, 19)

חכה חָכָה חִכִּיתִי אֲחַכֶּה אשרי כל חוֹכֵי לו (Jes. 30, 18)
والثقيل חִכָּה את איוב (Job 32, 4) וְחִכִּיתִי לה' (Jes. 8, 17)
ולכן יְחַכֶּה ה' לחננכם (ib. 30, 18) אשרי הַמְחַכֶּה ויגיע
(Dan. 12, 12) הַמְחַכִּים למות ואיננו (Job 3, 21)

חלה כי חָלָה ויחזק (Jes. 39, 1) כי חָלִיתִי היום שלשה
(I Sam. 30, 13) וְחָלִיתִי והייתי כאחד האדם (Jud. 16, 7)
יֶחֱלֶה · וַיֶּחֱלֶה אסא (II Chr. 16, 12) הנה אביך חוֹלֶה
(Gen. 48, 1) ואין חוֹלֶה מכם עלי (I Sam. 22, 8) כי חוֹלַת
אהבה אני (Cant. 2, 5) גם כל חֳלִי (Deut. 28, 61) אכן
חֳלָיֵנוּ הוא נשא (Jes. 53, 4) וירא אפרים את חָלְיוֹ
(Hos. 5, 13) נהייתי וְנֶחֱלֵיתִי (Dan. 8, 27) ולא נֶחְלוּ על
שבר יוסף (Am. 6, 6) ואתה בָּחֳלָיִים רבים בְּמַחֲלֵה מעיך

כחמה (Cant. 6, 10) من هذا الضرب لانّه من בָּרוּר
מללו (Job 33, 3) יִתְבָּרְרוּ (Dan. 12, 10) وكذلك הַר הָרִים
لانّه من הַרְרֵי עַד (Hab. 3, 6) ومنه מַר מָרִים لانّه من
מְרוֹרִים (Num. 9, 11) וַיְמָרְרוּ (Ex. 1, 14) الّا ان الراء لا
تشدّد ويمكن ان يكون ايضا من هذا الضرب שַׂר שָׂרִים
من כי תִשְׂתָּרֵר עלינו גם הִשְׂתָּרֵר (Num. 16, 13) وشبيه
بهذا דּוֹם לה׳ (Ps. 37, 7) يظهر انّه من דְּמָמָה فى דּוֹמּוּ
עד הגיענו (I Sam. 14, 9) لتشديد الميم סוב דמה לך
דודי (Cant. 2, 17) يظهر انّه من וְסָבַב בית אל (I Sam. 7, 16)
[فى סֹבּוּ ציון (Ps. 48, 13) יָסוֹב אותו (I Reg. 7, 23) يظهر
انّه من וְסָבַב בית אל (I Sam. 7, 16)][a] فى יָסֹבּוּ עלי רביו
(Job 16, 13) וְתָרֹן לשון אלם (Jes. 35, 6) يظهر انّه من רַנֵּן
יְרַנֵּנוּ (Ps. 132, 16) فى יָרֹנּוּ ישבי סלע (Jes. 42, 11) יָלֹק בלשונו
(Jud. 7,5) يظهر انّه من הַמְלַקְקִים (Jud. 7, 6) فى יָלֹקּוּ הכלבים
(I Reg. 21, 19) المشدّد ومثل هذا كثير فى العبرانىّ مَن
بَحَثَ ذوات المثلين بَحْثًا مُسْتَقْصًا وَجَدَها صحيحة على
ما ذكرتُ فلهذا قلت חַי ناقص חַיִּים كامل وامّا جمع אדם
אשר חַי (Gen. 5, 5) וְהַחַי יִתֵּן אל לבו (Ecc. 7,2) فتخفيف ناقص
على الوجه المعروف فى النوع اللين اللام تقول חַיִּים כי

---

a) B only.

يظهر حكم اصلها فى جمعها او اذا اتّصلت بحرف وذلك
يكون اذا اجتمع فيه مثلان فيسقط احدهما ويقوم الواحد
مقام اثنين فإذا جمع او وصل بحرف ردّ الى اصله بإدغام
المثل الواحد فى الثانى المشدّد مثل חַי וְחַיִּים الذى فى
اصله حرفان من حروف اللين ومثل רַךְ רַכִּים רַכָּה الذى
هو من ולא רֻכְּכָה בשמן (Jes. 1, 6) פַּת פִּתִּים פִּתֵּי من
פָּתוֹת אתה (Lev. 2, 6) וּבְפִתוֹתֵי לחם (Ez. 13, 19) קֵן
קִנִּים קִנֵּי من קִנְּנָה קִפּוֹז (Jes. 34, 15) עַם עַמִּים עַמֵּי
من בַּעֲמָמֶיךָ (Jud. 5, 14) עַמְמֵי הארץ (Neh. 9, 24) סַף
סִפִּים סִפֵּי من הִסְתּוֹפֵף בבית אלהי (Ps. 84, 11) דַּל
דַּלִּים من דָּלְלוּ וחרבו (Jes. 19, 6) חַג חַגִּים من המון חוֹגֵג
(Ps. 42, 5) וְחוֹגְגִים (I Sam. 30, 16) חָם הצטידנו אותו (Jos. 9, 12)
אשר בגדיך חַמִּים (Job 37, 17) من יִתְחַמָּם (Job 31, 20)
חוֹק חֻקִּים من הַחוֹקְקִים חִקְקֵי און (Jes. 10, 1) חַת
מרדך (Jer. 50, 2) המה חַתִּים (Jer. 46, 5) من תראו חֲתַת
(Job 6, 21) לֵב לִבִּי من לֵבָב צֵל צִלָּם من ונסו הַצְּלָלִים
(Cant. 4, 6) תֵּל עולם (Deut. 13, 17) על תִּלָּם (Jos. 11, 13)
من הר גבה וְתָלוּל (Ez. 17, 22) תָּם ורשע (Job 9, 22)
יונתי תַמָּתִי (Cant. 5, 2) יהיו תַמִּים (Ex. 26, 24) من
תְּמִימָה وأمّا תָּמִים المخفّف فهو פָּעִיל من תְּמִימָה
وكذلك וּבַר לבב (Ps. 24, 4) לְבָרֵי לבב (Ps. 73, 1) בָּרָה

נראה אלי (Dan. 8, 1 ובַחֲזוּת יעדו הַחוֹזֶה (II Chr. 9, 29 חָזוּת קשה (Jes. 21, 2 ومعنى اخر בית אבנים יֶחֱזֶה (Job 8, 17 ועם שאל עשינו חוֹזֶה (Jes. 28, 15 وأمّا מְחוֹז חפצם (Ps. 107, 30 فليس من هذا الاصل كما ظنّ قوم חיה וְחָיָה בהם (Neh. 9, 29 וְחָיִיתָ ורבית (Deut. 30, 16 וְחָיִתָה אתה וביתך (Jer. 38, 17 וְחָיְתָה נפשי בגללך (Gen. 12, 13 חָיוּ מן האנשים (Num. 14, 38 לא אמות כי אֶחְיֶה (Ps. 118, 17 אלמנות חַיּוּת (II Sam. 20, 3 وقد جرى قولهم فى هذا الاصل بإسقاط الهاء مع كثرة الاستعمال فقالوا כל ימי אדם אשר חַי (Gen. 5, 5 וָחַי בהם (Lev. 18, 5 وأصلهما אשר חָיָה וְחָיָה בהם وقالوا ואם בת היא וָחָיָה (Ex. 1, 16 والاصل וְחָיְתָה لكن لما قالوا فى ماضى المذكّر بإسقاط لام الفعل قالوا فى ماضى المؤنّث ايضا بإسقاطها والمذهب فى וַתְּחִי וַיְחִי كالمذهب الذى اعلمتك فى וַתְּהִי וַיְהִי فاعلمه والنعت ناقص כי אין נבות חַי (I Reg. 21, 15 وقد جاء الاسم ايضا ناقصا חֵי פרעה (Gen. 42, 15. 16 واعلم ان واحد העודים חַיִּים (Ex. 4, 18 כי אין נבות חַי وواحد מות וְחַיִּים (Pr. 18, 21 חֵי פרעה ويجب ان تعلم ايضا ان חַיִּים كامل لتشديد الياء [وان לנפש חַיָּה (Gen. 2, 7 كامل لتشديد الياء[a] وفى العبرانى احاد من الافعال ناقصة

a) B only.

הִיא מָעֻזְּכֶם (Neh. 8, 10) من هذا الاصل ابدلت الواو من
الهاء

חוה חָוָה חָוִיתִי יְחַוֶּה דעת (Ps. 19, 3) אֲחַוֶּה דעי אף
אני (Job 32, 10) כתר לי זעיר ואֲחַוֶּךָּ (Job 36, 2) אֲחַוְךָ
שמע לי (ib. 15, 17) מְחַוּוֹת דעי אתכם (ib. 32, 6) واعلم
ان וְאַחֲוָתִי באזניכם (ib. 13, 17) مثل וְהַחֲוָתִי באזניכם
الالف نطق بها في موضع الهاء كما اعلمتك في اوّل الكتاب
وهو ثقيل مثل הַרְבָּה אַרְבֶּה מֵהַרְבַּת (II Sam. 14, 11)
والقياس عليه הֶחֱוָה הֶחֱוֵיתִי יַחֲוֶה מַחֲוֶה ولام الفعل
ساقطة من אַחֲוָתִי وقد يقال انّه ليس من هذا الاصل
وتجعل الالف فيها اصلا

חזה כי חָזָה נקם (Ps. 58, 11) וזה חָזִיתִי ואספרה
(Job 15, 17) הן אתם כלכם חֲזִיתֶם (ib.27, 12) אשר אני
אֶחֱזֶה לי (ib. 19, 27) רמה ידך בל יֶחֱזָיוּן (Jes. 26, 11)
וְתַחַז בציון עינינו (Mic.4,11) بالפתח لمكان الحاء فكثير[a] ما
يخالف بها الوجه المعروف وكذلك שמאל בעשותו
ולא אָחַז (Job 23, 9) لولا ما هو אתנה لكانت الالف
פתוחה وهما ناقصان وأصلهما וְתֶחֱזֶה בציון ולא אֶחֱזֶה
חֶזְיוֹן לילה (Gen. 15, 1) בְּמַחֲזֶה לאמר (ib. 33, 15) חָזוֹן

---

a) Mss. فكثيرا.

ויمكن ان يكون من هذا المعنى וּמְזֹרִים (Jer. 31, 9)
קרה (Job 37, 9) ومعنى اخر فى الاصل זָרָה ארחי ורבעי
זֵרִיתָ (Ps. 139, 3) وثقيل اخر فى هذا المعنى הִזְרָה הִזְרֵיתִי
תזורה וַתְּזְרֵנִי חיל למלחמה (II Sam. 22, 40)

חבה חֲבִי כמעט רגע (Jes. 26, 20) مثل דְּמִי שְׁבִי ושם
חֶבְיוֹן עזו (Hab. 3, 4) اسم *a* وقيل ان בצל ידו הֶחְבִּיאָנִי
(Jes.49,2) וַיִּתְחַבֵּא האדם (I Sam. 10, 22) הנה הוא נֶחְבָּא
(Gen. 3, 8) מכל הַמַּחֲבוֹאִים (I Sam. 23, 23) من هذا
الاصل ولكن الالف ابدلت من الهاء[b] وجرى الاستعمال بها
واعلم ان כי הֶחְבְּאַתָה (Jos. 6, 17) خارج عن القياس
وكان الوجه فيه والقياس כי הֶחֱבִיאָה ان كان من ذوات
الالف او כי הֶחְבְּתָה ان كان من ذوات الهاء التاء مبدلة
من لام الفعل وأمّا הֶחְבְּאַתָה فلام الفعل بعينها مثبتة
فيه ملفوظ بها فما أدرى للتاء معنى فلذلك قلتُ انّه
شاذّ خارج عن القياس والله اعلم

חדה חָדָה חָדִיתִי וַיִּחַדְּ יתרו (Ex. 18, 9) اصله וַיֶּחֱדֶה
والثقيل חַדֵּה חִדֵּיתִי תְּחַדֵּהוּ בשמחה את פניך (Ps.21,7)
ويقال ان עוז וְחֶדְוָה במקומו (I Chr. 16, 27) כי חֶדְוַת ה׳

---

a) In Mss. before مثل of preceding line an error on the part of Ḥ. to which Ḡikatilia (p. 76, ed. Nutt) in his translation calls attention. *b*) A الياء.

(Ps. 119, 9) وأمّا זַךְ לִקְחִי (Job 11, 4) לֹא זַכּוּ בְעֵינָיו (Job 25, 5) וַהֲזִכּוֹתִי בְּבֹר כַּפָּי (Job 9, 30) فليس من هذا الاصل

זנה וְזָנָה אחרי אלהי נכר הארץ (Deut. 31, 16) כי זָנְתָה אמם (Hos. 2, 7) זָנְתָה תמר כלתך (Gen. 38, 24) עתה יִזְנוּ תַזְנוּתֶיהָ (Ez.23,43) ותלך וַתִּזֶן גם היא (Jer.3,8) מרוב זְנוּנֵי זוֹנָה (Nah. 3, 4) يقال ان النون الثانية فى זְנוּנֵי عين الفعل مكرّرة على ما ذكرت فى הֲגִיגִי (Ps. 5, 2) وفى בְּנְיָן ومִנְיָן وקִנְיָן وעִנְיָן זְנוּת יין ותירוש (Hos. 4, 11) ואחריך לא זוּנָּה (Ez.16,34) יִזְנֶה والثقيل הִזְנָה הִזְנוּ ולא יפרצו (Hos.4,10) וַיֶּזֶן את ישבי ירושלים[a] (II Chr.21,11)

זרה זָרָה זֵרִיתִי תִּזְרֶה לרוח (Ez.5,2) אשר זֹרֶה ברחת ובמִזְרֶה (Jes. 30, 24) וָאֶזְרֵם בְּמִזְרֶה (Jer. 15, 7) וַיִּזֶר על פני המים (Ex.32,20) לא לִזְרוֹת ולא להבר (Jer. 4, 11) والثقيل זֵרָה וְזֵרִיתִי את כל שאריתיך (Ez.5,10) וְזֵרִיתִים לכל רוח (Jer. 49, 32) אשר זֵרוּ את יהודה (Zech. 2, 2) וְזֵרָם מעבר לנהר (I Reg. 14, 15) ואתכם אֱזָרֶה בגוים (Lev.26,33) מְזוֹרָה הרשת (Pr. 1, 17) יְזָרוּ דעת (Pr. 15, 7) וּלְזָרוֹתָם בארצות (Ps. 106, 27) ولولا الراء لكان مشدّدا ואתכם אֱזָרֶה בגוים (Lev.26,33) מְזָרֵה ישראל יקבצנו

---

a) Mss. יהודה.

هذا الاصل اعنى הָיָה وهو انفعال נִהְיָה ואני דניאל נִהְיֵיתִי ונחליתי (Dan. 8, 27).

המה הָמִיתִי כַּהֲמוֹת ימים יֶהֱמָיוּן (Jes. 17, 12) אזכרה אלהים וְאֶהֱמָיָה (Ps. 77, 4) יֶהֱמוּ יחמרו מימיו (ib. 46, 4) מדוע קול הקריה הוֹמָה (I Reg. 1, 41) הֶמְיַת נבליך (Jes. 14, 11) עיר הוֹמִיָּה (ib. 22, 2) مثل כּוֹכִיָּה احسب הוֹמִיָּה نسبة الى הוֹמָה وكذلك כּוֹכִיָּה الى כּוֹכָה אב הֲמוֹן גוים (Gen. 17, 5) וַהֲמוֹן לאמים (Ps. 65, 8)

הרה הָרָה עמל וילד און (sic!) (Ps. 7, 15) האנכי הָרִיתִי (Num. 11, 12) וְהָרִית וילדת בן (Jud. 13, 3) ותרא כי הָרָתָה (Gen. 16, 4) הָרִינוּ חלנו (Jes. 26, 18) וַתַּהֲרֶיןָ שתי בנות לוט (Gen. 19, 36) תַּהֲרוּ חשש (Jes 33, 11) اصله תַּהֲרִיוּ וַתַּהַר ותלד בן (Gen. 30, 23) واصله וַתַּהֲרֶה הנך הָרָה (ib. 16, 11) וְהָרוֹתֵיהֶם תבקע (II Reg. 8, 12) את כל הֶהָרוֹתֶיהָ בקע (ib. 15, 16) והלילה אמר הֹרָה גבר (Job 3, 3) فعل لم يسمّ فاعله مثل הוֹרֵג שׁוֹרֵךְ ولولا الراء لكان مشدّدا ويمكن ان يكون صفة مثل הובישה הוֹרָתָם (Hos. 2, 7) واللام ساقطة עצבונך וְהֵרֹנֵךְ (Gen. 3, 16) اسم ناقص הֵרָיוֹן (Ruth 4, 13) كامل

זכה זָכָה זָכִיתִי מה יִזְכֶּה ילוד אשה (Job 25, 4) والثقيل זִכָּה מי יאמר זִכִּיתִי לבי (Pr. 20, 9) במה יְזַכֶּה נער

הוה הָוָה הָוִיתִי הוזים שוכבים (Jes. 56, 10)

היה הָיָה הָיִיתִי אֶהְיֶה לו לאב (II Sam. 7, 14) הוֹיָה

הנה יד ה׳ הוֹיָה (Ex. 9, 3) הֱיֵה הֱיוּ הֱיִי والاصل הִיְיוּ הִיְיִי

وقد قالوا נֶאֱהִי וְנִהִי וְתִהִי والوجه فيها נֶאֱהִי נֶהִי וְתֶהִי

بסגול وربّما جاء بعضها فى الوقف والفصل على هذا

الوجه מי זה אמר וַתֶּהִי (Lam.3,37) وقالوا וַיְהִי بتخفيف

الياء استثقالا لشدّتها مع كثرة الاستعمال وكان الوجه

فيها التشديد مثل וַנְהִי וַתְּהִי وربّما رُدّ الى الوجه المعروف

فى الوقف والفصل כי הוא אמר וַיֶּהִי (Ps. 33, 9) לו יֶהִי

(Ez. 16, 15) والاصل فيها على الكمال والسلامة من الاعتلال

וָאֶהְיֶה וַנִּהְיֶה וַתִּהְיֶה וַיִּהְיֶה وقد استعمل هذا الاصل بواو فى

هذا المعنى הָוָה הָוִיתִי ואתה הֹוֶה להם למלך (Neh.6,6)

הֱוֵה גביר לאחיך (Gen. 27, 29) כי לשלג יאמר הֱוֵא

ארץ (Job 37, 6) ويمكن ان يكون من هذا المعنى הֹוָה

על הוָה (Ez. 7, 26) واعلم ان مَن قال הָיָה הָיִיתִי قال منه

תְּהִי יְהִי لانّه من ذوات الياء ومنهم مَن قال הָוָה הָוִיתִי

قال תְּהוּ יְהוּ מקום שיפול העץ שם יְהוּא (Ecc. 11, 3)

لانّه من ذوات الواو ومنهم مَن كان يقول שם יְהוּא على

الاصل والكمال ولذلك كتب بالف والالف هى الهاء ألا ترى

كيف كتب הֱוֵא ארץ (Job 37, 6) بالف وأنت لا تشكّ انّه

مثل הֱוֵה גביר (Gen. 27, 29) المكتوب بهاء ومعنى اخر فى

اصله كدميوتינו على مذهب עַבְדוּת. מַרְדוּת נִדְמֶה שֹׁמְרוֹן מַלְכָּהּ כְּקֶצֶף (Hos. 10, 7) والثقيل מָה אֲעִידֵךְ מָה אֲדַמֶּה לָּךְ (Lam.2,13) وביד הַנְּבִיאִים אֲדַמֶּה (Hos.12,11) ومعنى اخر في الاصل וְדָמִיתִי אִמֶּךָ (ib. 4, 5) والاسم בִּדְמִי יָמַי אֵלֵכָה (Jes.38,10) כִּי נִדְמָה כָּל עַם כְּנַעַן (Zeph.1,11) אֵיךְ נִדְמְתָה אַשְׁקְלוֹן (Jer. 47, 5) וָאֹמַר אוֹי לִי כִּי נִדְמֵיתִי (Jes. 6, 5) אֶדְמֶה יְדַמֶּה وثقيل في هذا المعنى הָאִישׁ אֲשֶׁר כִּלָּנוּ וַאֲשֶׁר דִּמָּה לָנוּ (II Sam. 21, 5) واما וְנִדְּמָה שָּׁם כִּי ה׳ אֱלֹהֵינוּ הֲדִמָּנוּ (Jer. 8, 14) فليس من هذا الاصل ومعنى ثالث في هذا الاصل וְהָיָה כַּאֲשֶׁר דִּמִּיתִי לַעֲשׂוֹת לָהֶם (Num.33,56) וְהוּא לֹא כֵן יְדַמֶּה (Jes. 10,7) אַל תְּדַמִּי בְנַפְשֵׁךְ (Esth. 4, 13) דִּמִּינוּ אֱלֹהִים חַסְדֶּךָ (Ps. 48, 10)

הגה הָגָה בְּרוּחוֹ הַקָּשָׁה (Jes.27,8) וְהָגִיתִי בְכָל פָּעֳלֶךָ (Ps. 77, 13) כַּאֲשֶׁר יֶהְגֶּה הָאַרְיֵה (Jes. 31, 4) יֶהְגּוּ רִיק (Ps. 2, 1) הֶגֶה הֶגִי הֶגוּ כִּלִּינוּ שָׁנֵינוּ כְמוֹ הֶגֶה (Ps. 90, 9) וְהֶגֶה מִפִּיו יֵצֵא (Job 37, 2) הִגָּיוֹן مثل עִצָּבוֹן שִׁבָּרוֹן שִׁגָּעוֹן ويقال ان הֲגִיגִי (Ps. 5, 2) من هذا الاصل الجيم الثانية عين الفعل مكررة على مذهب קִנֵּן וּבִנְיָן וּמִנְיָן וְעִנְיָן

הדה הָדָה הָדִיתִי גָּמוּל יָדוֹ הָדָה (Jes. 11, 8)

מְדֻכָּה وأمّا מְדֻכָּא a מעונותינו (Jes. 53,5) וה׳ חפץ דַּכְּאוֹ
החלי (ib. 10) לֹא דֻכְּאוּ (Jer. 44, 10) ואת דַּכְּאֵי רוח
יושיע (Ps.34,19) תשב אנוש עד דַּכָּא b (ib. 90, 3) فأصل
اخر من ذوات الالف الّا ان قيل ان الالف فيه مبدلة من
الهاء واستعمل كثيرا معها حتى صار اصلا من ذوات الالف c
وانّما قلت ان מְדֻכָּא מעונותינו (Jes. 53, 5) من ذوات
الالف لانّه لو كان من ذوات الهاء لقيل מְדֻכֶּא بالסגול
على الوجه المعروف ولو كتب بألف وكذلك ايضا אַל ישׁוֹב
דַּךְ נכלם עני (Ps. 74, 21) או דָכוּ בַּמְּדוֹכָה (Num. 11, 8)
اصل اخر .

דלה וגם דָּלֹה דָלָה לנו (Ex. 2, 19) דָּלִּיתִי דָלוּ او דַּלְיוּ
שוקים (Pr.26,7) ואיש תבונה יִדְלֶנָּה (ib. 20, 5) ותבאנה
וַתִּדְלֶנָה (Ex. 2, 16) הן גוים כמר מִדְּלִי (Jes. 40, 15)
والثقيل דִּלָּה ארוממך ה׳ כי דִלִּיתָנִי (Ps. 30, 2) יְדַלֶּה

דמה לא דָמָה אליו ביפיו (Ez. 31, 8) דָּמִיתִי לקאת
מדבר (Ps. 102, 7) אל מי דָמִיתָ ככה (Ez. 31, 18) זאת
קומתך דָּמְתָה לתמר (Cant. 7, 8) יִדְמֶה לה׳ (Ps. 89, 7)
סב דְּמֵה לך דודי (Cant. 2,17) דְּמוּ דְּמִי דְּמֵינָה וּדְמוּת
החיות (Ez.1,13) נעשה אדם בצלמנו כִּדְמוּתֵנוּ (Gen.1,26)

---

a) Cf. Ġanâḥ, Opuscules, &c., p. 298. *b*) B דכה.
c) B الهاء.

דוה דָּוָה דָּוִיתִי דָּוְתָה אֶדְוֶה דְּוֵה דְּוִי والمصدر כימי נדת
דְּוֹתָהּ (Lev. 12, 2) والنعت על זה היה דָוֶה לבנו (Lam.5,17)
وللمؤنّث תזרם כמו דָוָה (Jes. 30, 22) وجمع דָּוֶה דָּוִים
ناقصا وإضافة דְּוֵים המה כִּדְוֵי לחמי (Job 6, 7) ويمكن
أن يكون כדוי לחמי اسما وأمّا עלי לבי דַוָּי (Jer. 8, 18)
فهو نعت على زنة גַּנָּב וְסַלָּח וְקַשָּׁת ولذلك كان شديد
الواو وقد قيل في الاسم ה׳ יסעדנו על ערש דְּוָי (Ps. 41, 4)
مثل סְבָךְ والاسم ايضا והשיב בך את כל מַדְוֵה מצרים
(Deut. 28, 60) וכל מַדְוֵי מצרים הרעים (ib. 7,15) ناقص
وأصله מַדְוְיֵי .

דחה דָּחָה דְּחֵה דְּחִיתַנִי לנפל (Ps. 118, 13) אֶדְחֶה
ומלאך ה׳ דּוֹחֶה (Ps. 35, 5) לִדְחוֹת פעמי (ib. 140, 5) גדר
הַדְּחוּיָה (ib. 62, 4) יעשה מִדְחֶה (Pr. 26, 28) הלא רגלי
מִדֶּחִי (Ps. 56, 14) وأمّا דחו ולא יכלו קום (ib. 36, 13)
יָדִיחוּ את העולה (Ez. 40, 38) יָדִיחַ מקרבה (Jes. 4, 4)
فأصل اخر وكذلك ايضا משאות שוא וּמַדּוּחִים (Lam. 2, 14)
اصل اخر من נָדַח יִדַּח נִדְחֵי ישראל יכנס (Ps. 147, 2)

דכה דָּכָה דָּכִיתִי יִדְכֶּה ישוח (Ps. 10, 10) לב נשבר
וְנִדְכֶּה (ib. 51, 19) ישאו נהרות דָּכְיָם (ib. 93, 3) وفي هذا
الاصل فعل ثقيل דִּכָּא לארץ (ib.143,3) כי דִכִּיתָנוּ במקום
תנים (ib. 44,20) עצמות דִּכִּיתָ (ib. 51, 10) יְדֻכֶּה מְדוּכָּה

مصدرا وانّما قلت يمكن بلا قطع لانّ اللحن فى اللام لا *a* فى التاء وإذا لم يكن فى التاء فهو فى اكثر الاحوال يدلّ على الفعل الماضى فإن كان גְּלוֹתִי ماضيا فليس من هذا الاصل فافهم

גמה מְגַמַּת פניהם קדימה (Hab. 1, 9) لعلّ יְגַמֶּא ארץ (Job 39, 24) منه بوجه من الوجه وان كان بالف

געה גָּעָה. גָּעִיתִי אם יִגְעֶה שור על בלילו (Job 6, 5) הלכו הלוך וְגָעוֹ (I Sam. 6, 12)

גרה גָּרָה גָּרִיתִי גָּרִתָה איש חמה יְגָרֶה מדון (Pr.15,18) هذا فعل ثقيل ولولا مكان الراء لكان مشدّدا مثل גִּלִּיתִי גִּלָּה גִּלְּתָה יְגַלֶּה والامر גָּרֵה גָּרוּ גָּרִי مثل גַּלֵּה גַּלּוּ גַּלִּי والمصدر גָּרֹה مثل קַוֹּה קויתי ה' (Ps. 40, 2) او גָּרֵה مثل אם עַנֵּה תענה (Ex. 22, 22) او גָּרוֹת مثل יום עַנּוֹת אדם נפשו (Jes. 58, 5) والافتعال כי בה' הִתְגָּרִית (Jer. 50, 24) למה תִתְגָּרֶה ברעה (II Chr. 25, 19) אל תִּתְגָּרוּ בם (Deut.2,5) اصله תִּתְגָּרְיוּ ואל תִּתְגָּר בם מלחמה (ib. 9) ناقص ايضا وأصله תִּתְגָּרֶה كما اعلمتك فى וַיִּתְנַגֵּל וַיִּתְחַל וַתִּתְכַּם وأمّا יָגוּרוּ מלחמות (Ps. 140, 3) فأصل اخر

דאה דָּאָה דָּאִיתִי כאשר יִדְאֶה הנשר (Deut. 28, 49) וַיֵּדֶא על כנפי רוח (Ps. 18, 11) اصله וַיִּדְאֶה

a) A ليس.

הִגְלָה אַגְלֶה וַיֶּגֶל את ישראל אשורה (II Reg. 17, 6 [a
הַמֻּגְלִים בבלה (Jer.40,1 הָגְלוּת وفى الاصل معنى اخر גָּלָה
את אזן שמואל (I Sam. 9, 15 וְגָלִיתִי את אזנך (ib. 20, 12
גּוֹלֶה סוד (Pr.20,19 גָּלוּי לכל העמים (Esth.3,14 والانفعال
וְנִגְלָה יסודו (Ez. 13, 14 וְנִגְלִינוּ אליהם (I Sam. 14, 8
תִּגָּלֶה רעתו בקהל (Pr. 26, 26 תִּגָּל ערותך (Jes. 47, 3
וַיִּגָּל כמים משפט (Am. 5, 24 والافتعال כי אם בְּהִתְגַּלּוֹת
לבו (Pr. 18, 2 וישת מן יין וישכר וַיִּתְגַּל (Gen. 9, 21
ناقص واصله וַיִּתְגַּלֶּה , كذلك וַתִּתְכָּס (ib. 24, 65 اصله
וַתִּתְכַּסֶּה וַיִּתְחָל اصله וַיִּתְחַלֶּה (II Sam. 13, 6 وفى هذا
المعنى فعل ثقيل גִּלֵּיתִי את מסתריו (Jer. 49, 10 גִּלִּית
ותעלי (Jes. 57, 8 גִּלְּתָה את מקור דמיה (Lev. 20, 18
לא תְגַלֵּה את ערותה (ib. 18, 7 נודד אל תְּגַלִּי (Jes. 16, 3
וַיְגַל ה׳ את עיני בלעם (Num. 22, 31 וסוד אחר אל
תְּגָל (Pr. 25, 9 גַּלֶּה גַּלִּי צמתך (Jes. 47, 2 גַּל עיני
ואביטה (Ps. 119, 18 גַּל מעלי חרפה ובוז (ib. 22 اصلهما
גַּלֵּה كما اعلمتك מְגַלֶּה עמוקות (Job 12,22 טובה תוכחת
מְגוּלָּה (Pr. 27, 5 ويمكن ان يكون גַּלּוֹתִי את חרפת
מצרים (Jos. 5, 9 من هذا الاصل وهذا المعنى ويكون

---

a) Belongs properly after הגליתי מירושלים.

(Ez.47,5) הֲיִגְאֶה גמא (Job 8,11) ראה כל גֵּאֶה והשפילהו
(ib. 40, 12) وقد قيل النعت ايضا بإسقاط لام الفعل
استثقالا لها مع الالف שמענו גאון מואב גֵּא מאד (Jes.16,6)
وأصله גֵּאֶה والجمع على لفظه בית גֵּאִים (Pr. 15, 25)
والاصل גאיים דברו בְגֵאוּת (Ps.17,10) على مذهب בָּכוֹת
בָּרוֹת والاسم ايضا גַּאֲוָה او גֵּאָה ناقصا مثل גֵּאָה וְגָאוֹן
(Pr. 8, 13) وגָאוֹן ايضا ناقص على مذهب שִׁבָּרוֹן ועִוָּרוֹן
ועִצָּבוֹן وقد يقال ان هذه الالف التي هي عين الفعل ابدل
منها واوا في גֵּוָה اعني במסתרים תבכה נפשי מפני
גֵוָה (Jer. 13, 17) כי השפילו ותאמר גֵּוָה (Job 22, 29)
واتى ايضا مع الابدال ناقصا وأصله גְּוִיָּה

גלה גָּלָה כבוד מישראל (I Sam. 4, 21) על כבודו כי
גָלָה ממנו (Hos. 10, 5) גָּלְתָה יהודה מעוני (Lam. 1, 3)
[כי הגלגל גָּלֹה יִגְלֶה (Am. 5,5) עתה יִגְלוּ בראש גוֹלִים
(ib.6,7) וַיִּגֶל יהודה (II Reg.25,21) a] יִגֶל יבול ביתו (Job20,28)
וגם גוֹלֶה אתה למקומך (II Sam. 15, 19) כלי גוֹלָה
עשי לך (Jer. 46, 19) נסע וְנִגְלָה (Jes. 38, 12) לְגָלוּתֵנוּ
(Ez. 40, 1) والثقيل אשר הִגְלֵיתִי מירושלים (Jer. 29, 4)
אשר הָגְלָה מירושלים (Esth. 2, 6) אשר הָגְלְתָה [אשר

---

a) B only.

اعلمتك وقد اتى الاسم على مثال פעלע בִּנְיָן ومثله מִנְיָן
من מָנָה וקִנְיָן من קָנָה וענְיָן من עָנָה לַעֲנוֹת בּוֹ
(Ecc.3,10) הוּא עִנְיַן רָע נָתַן אֱלֹהִים לִבְנֵי הָאָדָם לַעֲנוֹת בּוֹ
(ib. 1, 13)

בעה בָּעָה בָּעִיתִי אֶבְעֶה תִּבְעוּ وقد اتى كاملا على الاصل
אִם תִּבְעָיוּן בְּעָיוּ (Jes. 21, 12) والامر على الوجه المعروف
בְּעֵה בְּעוּ او בעיו على الاصل ولكنّه قد جاء على غير
الوجه المعروف אִם תִּבְעָיוּן בְּעָיוּ (ib.) والانفعال אֵיךְ נֶחְפְּשׂוּ
עֵשָׂו נִבְעוּ מַצְפֻּנָיו (Ob. v. 6) اصله נִבְעֲיוּ وفى هذا
الاصل معنى اخر מַיִם תִּבְעֶה אֵשׁ (Jes. 64, 1) נִבְעֶה בְּחוֹמָה
נִשְׂגָּבָה (ib. 30, 13)

ברה וְלֹא בָרָה אִתָּם לָחֶם (II Sam. 12, 17) בָּרִיתִי
וְאֶבְרֶה מִיָּדָהּ (ib. 13, 6) וַיִּתְּנוּ בְּבָרוּתִי רֹאשׁ (Ps. 69, 22)
مثل בְּכוּת הָבִיאִי הַבִּרְיָה (II Sam.13,10) وأمّا שֶׂה בְּרִיָּה
(Ez. 34, 20) فمعنى اخر وفى الاصل ثقيل הִבְרָה הִבְרֵיתִי יַבְרֶה
מַבְרֶה הַבְרֵה הַבְרִי הַבְרוֹת לְהַבְרוֹת אֶת דָּוִד (II Sam.3,35)
وأظنّ בְּרוּ לָכֶם אִישׁ (I Sam.17,8) من اصل اخر اعنى ויד
בָּרֵא (Ez.21,24) וּבֵרֵאתָ לְךָ (Jos.17,15) وان كان בְּרוּ خفيفا
وهذان ثقيلان الاصل فيه בִּרְאוּ فأسقطت الالف استخفافا
فكتب على اللفظ

גאה כִּי גָאֹה גָּאָה (Ex.15,1) · גָּאִיתִי כִּי גָאוּ הַמַּיִם

القياس דָוִים רָוִים والمؤنث כָּלָה مثل דָּוָה רָוָה ואמר לַכָּלָה נאופים (Ez. 23, 43) واعلم ان כָּלִים וְדָוִים וְרָוִים وما اشبهها قد تساوت فى اللفظ لنقصانها مع שָׁבִים וְקָמִים וּבָאִים וְרָמִים وما اشبهها *a* ولكن اذا رُدّت الى اصلهما علم ان כָּלִים דָּוִים וְרָוִים من النوع اللين اللام وانّها نواقص اللامات وكان اصلها כָּלְיִים דָוְיִים רָוְיִים وعلم ان שָׁבִים וּבָאִים וְקָמִים וְרָמִים من النوع اللين العين وانّها ليست نواقص لكنّها لينة العين وكان اصلها שׁוֹיְבִים קוֹיְמִים בוֹיאִים רוֹימִים אחרי בְלוֹתִי (Gen.18,12) בְּלוֹיֵי סחבות (Jer. 38, 11) בְּלוֹאֵי (ib. 12) وربّما قلبت الياء الفا ويمكن ان يكون من هذا الاصل وهذا المعنى ואפי על תַּבְלִיתָם (Jes. 10, 25) مثل תַּכְלִית من כָּלָה כָּלִיתִי וְתַבְנִית من בָּנָה בָּנִיתִי وفى المعنى فعل ثقيل בִּלָּה בשרי ועורי (Lam. 3,4) בִּלִּיתִי ומעשה ידיהם יְבַלּוּ בחירי (Jes. 65, 22) מְבַלֶּה מְבַלִּים מְבַלָּה מְבַלּוֹת מְבוּלֶּה מְבוּלִּים מְבוּלָּה מְבוּלּוֹת مثل מְגוּלֶּה בַּלֵּה בַּלּוּ בַּלִּי בַּלֶּינָה וצורם לְבַלּוֹת שאול (Ps. 49, 15)

בנה כי בָנָה ה׳ ציון (Ps. 102, 17) בָּנֹה בָנִיתִי (I Reg.8,13) אֶבְנֶה וַיִּבֶן מזבח (Ex.24,4) اصله וַיִּבְנֶה كما

---

a) B only.

בָּאָה ولو كان من هذا الاصل لقيل *a* בָּזְתָה לך فاعلة
בכה אם לא בָכִיתִי (Job 30, 25) וּבָכְתָה את אביה ואת
אמה (Deut. 21, 13) בכה (*sic!*) תִּבְכֶּה (Lam. 1, 2) בְּכֶה
בְּכִי والاسم הרבה בֶּכֶה (Ezr. 10, 1) والاسم ايضا בְּכִי
متّصلا בֶּכִי منفصلا وأمّا אלון בָּכוּת (Gen. 35, 8) فاسم
ناقص اللام لانّ الواو والتاء فيه مثلها *b* في עַבְדוּת ומַרְדוּת
وفي المعنى ثقيل בִּכָּה בִּכִּיתִי אבכה רחל מְבַכָּה על
בניה (Jer. 31, 14) מְבַכּוֹת את התמוז (Ez. 8, 14) בַּכֵּה
בַּכּוּ בַּכִּי בַּכֶּינָה وفي الاصل معنى اخر מִבְּכִי נהרות
חבש (Job 28, 11) עברי בעמק הַבָּכָא (Ps. 84, 7) والمنفعل
הבאת עד נִבְכֵי ים (Job 38, 16) لام الفاعل ناقص من
נִבְכֵי ים كما نقصت من נִרְאִים נִרְפִּים وأمّا נָבֹכוּ עדרי
בקר (Joel 1,18) נְבוּכִים הם בארץ (Ex.14,3) והעיר שושן
נָבוֹכָה (Esth. 3,15) עתה תהיה מְבוּכָתָם (Mic. 7,4) فأصل
اخر في معنى اخر

בלה בָּלָה בָּלִיתִי לא בָלְתָה מעליך (Deut.8,4) לא בָלוּ
שלמותיכם (ib.29,4) והארץ כבגד תִּבְלֶה (Jes.51,6) בּוֹלֶה
בּוֹלִים والنعت ايضا בָּלֶה مثل דָּוֶה רָוֶה والجمع בָּלִים
ויקחו שקים בָּלִים (Jos. 9, 4) وكذلك جمع דָּוֶה רָוֶה على

---

a) A لقال.   *b*) B كالواو والتاء; so also Ibn Ezra.

القياس אֶתֶה אֵתוּ אֶתֵי ولكنّه قد جاء على غير القياس والوجه المعروف אֵתָיוּ אקחה יין (Jes. 56, 12) שׁובו אֵתָיוּ (ib. 21, 12) كما جاء אֵפוּ (Ex. 16, 23) على غير القياس والوجه المعروف وكذلك اقول ان الاصل فى אֵפוּ אֵפָיוּ قياسا على אֵתָיוּ غير انّه ناقص وאֵתָיוּ كامل وقد ابدلت هذه الالف من الهاء فقيل הֵתָיוּ לאכלה (Jer. 12, 9)

בדה אשר בָּדָה (sic!) מלבו (I Reg. 12,33) בָּדִיתִי יבדה בְּדֵה בדו בדי בדינה בּוֹדֶה בּוֹדִים وقد كتب الساكن الذى هو لام الفعل فى כי מלבך אתה בּוֹדָאם (Neh. 6, 8) على الاصل لانّهم ربّما كتبوا الاشياء على اصلها او ان (sic!) منهم مَن كان يقول אתה בּוֹדָאם ومنهم مَن كان يقول אתה בּוֹדָם فجعل احد القولين مكتوبا والاخر مقروءا لئلّا يسقط شى مما كانوا يستعملون בָּדָה בֶּדוּת او בְּדוּת

בזה כי דבר ה׳ בָּזָה (Num.15,31) מדוע בָּזִיתָ (II Sam.12,9) עקב כי בְזִיתָנִי (ib.10) בזתה אבזה וַיִּבֶז עשו את הבכורה (Gen.25,34) اصله וַיִּבְזֶה בְּזֵה בְּזוּ בְּזִי בְּזֶינָה בּוֹזֶה דרכיו ימות (Pr. 19, 16) וּבֹזַי יקלו (I Sam. 2, 30) وامّا בּוּז יָבוּזוּ לו (Cant.8,7) בָּז לדבר יחבל לו (Pr.13,13) וּבוּז משפחות יחתני (Job 31, 34) בָּזָה לך לעגה לך (Jes. 37, 22) فليس من هذا الاصل والهاء فى בָּזָה לך للتأنيث كالهاء فى

אפה ומצות אָפָה (Gen 19,3) אָפִיתִי על גחליו (Jes.44,19)
אֹפְתָה יֹאפֶה תֹאפֶה אוֹפֶה וַתֹּפֵהוּ מצות (I Sam.28,24)
וַיֹּאפוּ את הבצק (Ex. 12, 39) بلين الالف وقلبها واوا فى
اللفظ وأمّا فى الخطّ فتكتب واوا مرّة وألفا مرة والامر على
القياس אֱפֵה אֱפוּ אֱפִי אֱפֶינָה ولكنّه جاء على غير القياس
את אשר תאפו אֵפוּ (Ex. 16, 23) واحسب ذلك لعلّة
الالف فربّما خولف بها القياس الصحيح מַאֲפֵה תנור
(Lev. 2, 4) אֹפֶה אֲפוֹת

ארה אָרָה אָרִיתִי מורי (Cant.5,1) וְאָרוּהָ כל עוברי
דרך (Ps.80,13) אָרְתָה נארה אָרֹה אָרוֹ مصدر امر אֱרוּ
אֱרִי والاصل אֲרָיו אַרְיִי אוֹרֶה אוֹרִים אֹרָה אוֹרוֹת

אתה וְאָתָה מרבבות קדש (Deut. 33, 2) אָתָה בקר
(Jes.21,12) אֲתִיתִי אָתְתָה وان استثقل قيل אָתְיָה على الاصل
مثل חָסָיָה נפשי (Ps. 57, 2) יֹאתֶה وقد استعمل الاستقبال
بلين الالف استخفافا فقيل עדיך תֵאתֶה (Mic. 4, 8) וַיֵּתֵא
ראשי עם (Deut.33,21) الساكن بين الياء والتاء فى וַיֵּתֵא
هو فاء الفعل والالف لام الفعل مبدلة فى الخطّ من الهاء
وقد جاء יִפְעֲלֻנִי יִפְעֲלוּ من هذا الاصل كاملا بتحريك
لام الفعل على خلاف الوجه الجارى فى פחד פחדתי
וַיֶּאֱתָיֵנִי (Job 3,25) יֶאֱתָיוּ חשמנים (Ps. 68, 32) כפרץ רחב
יֶאֱתָיוּ (Job 30, 14) קרבו וַיֶּאֱתָיוּן (Jes. 41, 5) والامر على

אנה אָנָה אָנִיתִי וְאָנוּ הדיגים (Jes.19,8) וְאָנוּ ואבלו פתחיה (Jes.3,26) اصله אָנְיוּ אֱנֵה אֱנוּ אֱנִי אֱנֶינָה وقيل فى الاسم منه תַּאֲנִיָּה וַאֲנִיָּה ومعنى ثانى فى هذا الاصل והאלהים אִנָּה לידו (Ex. 21, 13) אניתו אאנה מאנה מאנים אַנֵּה אַנּוּ אַנִּי אַנֶּינָה כי מִתְאַנֶּה הוא לי (II Reg.5,7) ومن هذا المعنى כי תֹאֲנָה הוא מבקש (Jud.14,4) واصله תַּאֲנִיָּה

אלה אָלָה אָלִיתִי ואת אָלִית (Jud.17,2) אאלה יאלה אלה אלו אֱלִי او אֱלִי بالסגול אֱלֶינָה אוֹלֶה אולים אוֹלָה אולות والاسم קול אָלָה (Lev. 5, 1) وأصله אָלְיָה والمصدر אָלֹה וכחש (Hos. 4, 2) او אֲלוֹת والثقيل הֶאֱלָה הֶאֱלִיתִי אאלה יאלה מאלה מאלים הַאֲלֵה הַאֲלוּ הַאֲלִי والمصدر הַאֲלוֹת ונשא בו אלה לְהַאֲלֹתוֹ (I Reg. 8, 31) ومعنى اخر فى الاصل على الإمكان لا على القطع والحتم אֱלִי כבתולה חגורת שק (Joel 1,8) اصله אֱלְיִי وانّما قلت على الإمكان لأنّى لم اجد فى هذا المعنى غير אֱלִי כבתולה الذى هو امر وقد كنت اعلمتك ان الاوامر يتساوى لفظها[a] فى النوعين اعنى النوع اللين الفاء والنوع اللين اللام فقد يمكن ان يكون אֱלִי כבתולה ناقص الفاء والله اعلم

---

a) A لفاظها.

צְאוּ وفى انقطاعه לְכוּ שֻׁבוּ צְאוּ بالצרי אוֹבֶה כי אינם אוֹבִים (Ez. 3, 7) ناقص والفاعلة ايضا بنقصان אוֹבָה אוֹבוֹת والاصل אוֹבְיָה אוֹבִיוֹת والمصدر بردّ اللام واوا فى اللفظ هاء فى الخطّ ان شئت او واوا كما فى اللفظ تقول אֲבֹה וַאֲבוֹ[a] او بردّ اللام تاء אֲבוֹת وفى هذا الاصل معنى ثانى לְמִי אוֹי לְמִי אֲבוֹי (Pr. 23, 29) ويقال ان אֶבְיוֹן منه وأمّا النون فلاحقة كلحاقها بזֵרְעוֹנִים וְהַיִּדְּעֹנִים יִדּוֹן וְאֶבְיוֹן على زنة واحدة لان الساكن اللين الذى بين الزاى والدال فى יִדּוֹן هو فى موضع البيت الساكنة فى אֶבְיוֹן .

אוה الثقيل هو الذى معنا من هذا الاصل אִוָּה אִוִּיתִי נַפְשִׁי אִוִּיתִיךָ (Jes. 26, 9) וְנַפְשׁוֹ אִוְּתָה וַיַּעַשׂ (Job 23, 13) אֲאַוֶּה יְאַוֶּה אַוֵּה אַוִּי للمؤنّث والاصل אַוִּיִי אַוּוּ والاصل אַוְּיוּ والمصدر אַוֵּה مثل الامر او אַוּוֹת والاسم תַּאֲוָה الهاء للتأنيث واللام ساقطة وأصله תאויה وقيل מַאֲוַיִּים مثل מַמְתַּקִּים מַרְבַדִּים אַל תִּתֵּן ה׳ מַאֲוַיֵּי רָשָׁע (Ps. 140, 9) وقد ينطق נַאֲוָה קֹדֶשׁ (Ps.93,5) ويصرح بانّه من هذا الاصل فى معنى اخر والنون نون الانفعال ونقيس عليه הַנָּוָה וְהַמְּעֻנָּגָה (Jer.6,2) לֹא נָאוָה לְנָבָל שְׂפַת יֶתֶר (Pr. 17, 7) נָאווּ לְחָיַיִךְ (Cant. 1, 10) على ان تكون نواقص اللام

---

a) Cf. Ganâḥ, Opuscules, &c., p. 307.

على هذا اللفظ نفسه בָּאוּ קָמוּ סָרוּ נָמוּ ولكن اذا رُدّ
كلّ واحد من النوعين الى اصله وموضع اشتقاقه عُلم ان
אָבוּ בָּנוּ עָשׂוּ وأصحابها نواقص وأصلها אָבְיוּ עָשְׂיוּ בָּנְיוּ
בָּכְיוּ وأن בָּאוּ קָמוּ סָרוּ נָמוּ وأصحابها ليست نواقص
لكنّها لينة العين وأن اصلها בָּיְאוּ קָיְמוּ סָיְרוּ נָיְמוּ وربّما
جعلوا مصلحو الالحان وقف الماخوذة من النوع اللين
اللام فى عيناتها ووقف الماخوذة من النوع اللين العين
فى فاءاتها ويكون ذلك بالفرق بينهما אָבְתָה فى الاتّصال
אָבָתָה فى الانفصال אוֹבֶה נוֹבֶה תּוֹבֶה بلين الالف على
ما اوضحت هنّاك فى الافعال التى فاؤها الف תאבו יאבו
بنقصان اللام תאבֶינָה والامر אֱבֵה אֱבוּ واصله אביוּ
وللمؤنّث אֱבִי واصله אביי אֱבֶינָה لجمع المؤنّث وربّما
تساوت اوامر الجمع المذكر والواحدة من النوع اللين
اللام مع اوامر الجمع المذكّر والواحدة من النوع اللين
الفاء فى اللفظ قيل من هذا النوع רְאוּ עֲשׂוּ בְּנוּ רְאִי
עֲשִׂי בְּנִי ومن ذلك النوع צְאוּ דְעוּ רְדוּ צְאִי דְעִי רְדִי واذا
رُدّت الى الاصل عُلم ان هذه ناقصة اللام وتلك ناقصة
الفاء وهذه فى انقطاع الكلام لا تتغيّر عمّا كانت عليه فى
اتّصاله اعنى انه يقال בְּנוּ רְאוּ עֲשׂוּ فى انقطاع الكلام
واتّصاله وتلك قد تتغيّر وتزول فى انقطاع الكلام عمّا كانت
عليه فى اتّصاله اعنى انّه يقال فى اتّصال الكلام לְכוּ שְׁבוּ

فعل ثقيل ماخوذ من הִזָּה لكنّه فعل خفيف ماخوذ من
נָזָה وكسر الياء يدلّ عليها فاندغمت النون فى الزاى
الشديدة وربّما اسقطوها مع الهاء استخفافا فقالوا וַיִּז
מדמה אל הקיר (II Reg. 9, 33) بكسر الياء الدالّ على
انّه فعل خفيف كما كان ذلك قبل الاسقاط وأصله וַיִּנְזֶה
بلا ادغام او וַיִּזֶּה بإدغام وقد ارى فصل الكلام ههنا
وقطعه والاقبال على انجاز ما وعدت به من تأليف هذه
الافعال وتنظيمها أوّلًا فأوّلًا وذكر ما وجدت لبعضها دون
بعض من مذاهب وخواصّ اذ فى ما اتيت به لها وقدّمته
بين يديها من الشرح والبيان ما ارجو فيه الكفاية فى
فهم انحائها وتصاريفها ان شاء الله ❋

كلّيّة الافعال اللينة اللام الموجودة فى המקרא

אבה ולא אָבָה ה׳ אלהיך (Deut. 23, 6) ולא אָבִיתִי
לשמוע לבלעם (Jos. 24, 10) אָבִינוּ وفعل الجمع الماضى
بنقصان اللام على الوجه المعروف אָבוּ واصله אבִיוּ واعلم
ان افعال الجمع الماضية الماخوذة من هذا النوع اعنى
الافعال اللينة اللام قد تساوت فى اللفظ مع افعال الجمع
الماضية الماخوذة من نوع اخر اعنى الافعال اللينة
العين لاستعمالهم لها بالنقصان قيل من الافعال اللينة
اللام אָבוּ בָּנוּ עָשׂוּ בָּכוּ وقيل من الافعال اللينة العين

(Ex. 17, 7) فى السين الشديدة نون مندغمة لانّه من
נִסָּה את אברהם (Gen.22,1) אשר נִסּוּנִי אבותיכם (Ps.95,9)
לא תְנַסּוּ (Deut. 6, 16) والهاء للتأنيث واللام ساقطة قال
واضع الكتاب وكذلك וְהִזָּה מן השמן באצבעו (Lev. 4, 6)
יַזֶּה שבע פעמים (ib.16,14) וּמַזֵּה מי הנדה (Num. 19,21)
فعل ثقيل وفى الزاى الشديدة حرف مندغم هو فاء الفعل
والاقرب ان يكون نونا قياسا على هذه الافعال التى شرحت
والهاء لام الفعل وانّما قلت والاقرب ان يكون ذلك الحرف
نونا من غير قطع ولا حتم لانّه يتّفق ان ياتى فى ما بين
ايدينا من اوصاف المקרא كلمة واحدة تدلّ على اوّل
اصله ان كان نونا او غيرها من الحروف اذ لم يكن
الغرض فى حكايات المקרא تثقيف اللغة وتحديدها
واقرب القياسات فيها ان يكون اصلها הִנְזָה יַנְזֶה מַנְזֶה
وقد يسقطون الحرف المندغمة ايضا الذى هو فاء الفعل
استخفافا كما اسقطوا الهاء التى هى لام الفعل فقالوا וַיַּז
ממנו (Lev. 8, 11) بفتح الياء الدالّ على انّه فعل ثقيل
كما كان قبلُ الاسقاط واصله וַיַּנְזֶה بلا ادغام او וַיַּזֶּה
بإدغام وامّا יִזֶּה ואשר יִזֶּה מדמה על הבגד אשר יִזֶּה
עליו (Lev. 6, 20) فإنّه وان كان من هذا *a* الاصل فليس هو

---

a) A هذه.

الاعتلال فأصله יַנְכֶּה او יַכֶּה بالادغام وكذلك וַיַּךְ הַבָּרָד (Ex. 9, 25) وكذلك נַתַּךְ הַשֶּׁמֶשׁ (Jon. 4, 8) وكذلك מַכֶּה מַכָּה מַכּוֹת הַכּוֹת النون التى هى فاء الفعل مندغمة فى الكاف الشديدة וְנִכָּה וָמֵת (II Sam. 11, 15) النون نون الانفعال والنون التى هى فاء الفعل مندغمة فى الكاف الشديدة واصله נִנְכָּה مثل נִבְנָה נִגְלָה ومثل هذا الافعال الثقيلة ايضا הִצָּה הִצֵּיתִי אֲשֶׁר הִצּוּ עַל מֹשֶׁה וְעַל אַהֲרֹן (Num. 26, 9) בְּהַצֹּתוֹ אֶת אֲרַם (ib.) בְּהַצֹּתָם עַל ה׳ נַהֲרַיִם (Ps. 60, 2) אֹהֵב פֶּשַׁע אֹהֵב מַצָּה (Pr. 17, 19) النون مندغمة فى الصاد الشديدة وهى فاء الفعل والبرهان عليها כִּי יִנָּצוּ אֲנָשִׁים וְנָגְפוּ (Ex. 21, 22) וַיִּנָּצוּ שְׁנֵיהֶם בַּשָּׂדֶה (II Sam. 14, 6) والاصل فيها אֲשֶׁר הִנְצוּ בְּהַנְצוֹתָם בְּהַנְצוֹתוֹ מַנְצָה مثل הִרְאוּ בְּהַרְאוֹתָם בְּהַרְאוֹתוֹ מַרְאָה ولام الفاعل ساقطة من הִצּוּ מַצָּה واصلهما הנציו מנציה שְׁנֵי אֲנָשִׁים עִבְרִים נִצִּים (Ex.2,13) هذه *a* النون المكتوبة هى نون الانفعال وأمّا النون التى هى فاء الفعل فهى مندغمة فى الصاد الشديدة والاصل נִנְצִים مثل נִרְפִּים נִרְאִים ولام الفعل ساقطة والاصل على الكمال والسلامة من الاعتلال ננציים مثل נִמְצָאִים נִשְׁמָרִים فافهم מַסָּה וּמְרִיבָה

---

a) B هذا

וַיִּנְטוּ مثل וַיִּרְבּוּ واللام ساقطة وقد ذهبت النون ايضا مع كثرة الاستعمال كما ذهبت الهاء فقيل אַל תַּט לִבִּי (Ps.141,4) التاء مفتوحة كما كانت قبل الاسقاط واصله תַּנְטֶה او תַּטֶּה بإدغام ومثله וַיֵּט עָלֵינוּ חֶסֶד (Ezr. 9, 9) الاصل וַיַּנְטֶה او וַיַּטֶּה فافهم والفاعل من هذا الفعل الثقيل מַטֶּה ארור מַטֶּה משפט גר ויתום (Deut.27,19) الطاء شديدة لاندغام النون فيها واصله מַנְטֶה مثل מַרְבֶּה والجمع מַטִּים וְהַמַּטִּים עקלקלותם (Ps. 125,5) אלמנה ויתום וּמַטֵּי גר (Mal. 3, 5) الطاء شديدة لانّ اصله וְהַמַּנְטִים עקלקלותם וּמַנְטֵי גר وأمّا וּמָטִים להרג (Pr. 24, 11) فليس من هذا الاصل وإنّما هو من מָט יָמוּט الميم فاء الفعل ولذلك كانت الطاء خفيفة وقد مضى ذكره فى الافعال اللينة العين ومثل هذه الافعال הִכָּה הִכִּיתָ יַכֶּה תַּכֶּה הַאַכֶּה אַכֶּה (II Reg.6,21) هذه ايضا افعال ثقيلة وفى الكاف الشديدة نون مندغمة والدليل عليها והפשתה והשעורה נֻכָּתָה (Ex. 9, 31) והחטה והכסמת לא נֻכּוּ (Ex. 9, 32) والاصل הִנְכָּה הִנְכִּיתָ הַאַנְכֶּה אַנְכֶּה النون فاء الفعل والهاء لامه وكذلك הִכּוּ וַיַּכּוּ النون مندغمة ولام الفعل ساقطة وقد ذهب ايضا كثرة الاستعمال بالنون الساكنة وحدث موضعها ساكن لين فقيل יַךְ ויחבשנו (Hos. 6, 1) والاصل יַנְךְ على مذهب יַשְׁקְ יַפְתְּ الناقصين وإمّا على مذهب الكمال والسلامة من

נֹטֶה אֵלֶיהָ (Jes. 66, 12) النون فاء الفعل والهاء لامه وقد استعملوه ايضا بنقصان الهاء على عادتهم فى سائر الافعال ذوات الهاء فإنّهم اذا ارادوا تصريف נָטָה مع الزوائد ادغموا النون فى الطاء فاشتدّت a) فقالوا יִטֶּה תִּטֶּה אֶטֶּה נִטֶּה النون مندغمة فى الطاء ولذلك اشتدّت والاصل יִנְטֶה תִּנְטֶה אֶנְטֶה נִנְטֶה مثل יִרְאֶה תִּרְאֶה נִרְאֶה وكذلك וַיִּטּוּ אחרי הבצע (I Sam. 8, 3) واصله וַיִּנְטוּ وأما اللام فساقطة على ما اعلمتك والكامل וַיִּנְטְיוּ ثم كثر استعمالهم لهذا الفعل حتى ذهبت النون كما ذهبت الهاء وحدث مكانها ساكن لين فقيل אל תֵּט ימין ושמאל (Pr. 4, 27) واصله תִּנְטֶה بلا ادغام او תִּטֶּה بالإدغام ومثله וַיֵּט משה (Ex. 9,23) واصله וַיִּנְטֶה بلا ادغام او וַיִּטֶּה بالإدغام כנחלים נִטָּיוּ (Num. 24, 6) נִפְעֲלוּ من נָטָה الطاء شديدة لاندغام فاء الفعل فيها وهى النون والاصل נִנְטְיוּ مثل נִשְׁמְרוּ والياء لام الفعل والفعل الثقيل فى هذا الاصل הִטָּה ועלי הִטָּה חסד (Ezr. 7,28) הִטִּיתִי النون مندغمة فى الطاء الشديدة والاصل הִנְטָה والمستقبل יַטֶּה תַּטֶּה بفتح الزوائد الدالّ على الفعل الثقيل والنون مندغمة والاصل יַנְטֶה תַּנְטֶה مثل יַרְבֶּה תַּרְבֶּה وكذلك וַיַּטּוּ משפט (I Sam. 8, 3) الاصل

---

a) A فاشتدّ.

עוֹשִׂים والفاعل الماخوذ من הוֹרָה מוֹרֶה مثل הִרְבָּה מַרְבֶּה لانّ كلّ فاعل ينبنى من فعل ثقيل لا يقال الّا بميم والجمع מוֹרִים مثل מַרְבִּים والواو فى מוֹרִים فاء الفعل وأمّا اللام فساقطة فقد بان مما وصفت واوضحت ان הַיּוֹרִים (II Chr. 35, 23) من יָרָה כְּמוֹ وان וַיִּמְצָאֻהוּ הַמּוֹרִים (I Sam. 31, 3) من הֹרָנִי לַחֹמֶר (Job 30, 19) וַיֹּרֵם אֱלֹהִים חֵץ (Ps. 64, 8) وان الواو فى הַיּוֹרִים ليس اصلا والواو فى הַמּוֹרִים هى فاء الفعل وقد حرّكوا الواو التى فى הוֹרָה יוֹרֶה اذا ارادوا الافتعال فقالوا וְהִתְוַדָּה אֲשֶׁר חָטָא עָלֶיהָ (Lev. 5, 5) والواو فاء الفعل والهاء الاخيرة لامه والاسم הוֹדָה יוֹדֶה תּוֹדָה وكذلك الاسم من הוֹרָה اعنى אֲשֶׁר הוֹרָהוּ יְהוֹיָדָע הַכֹּהֵן (II Reg. 12, 3) תּוֹרָה وأمّا الاسم من אֲשֶׁר הוֹגָה ה׳ (Lam. 1, 12) תּוּגָה بالشرك الواوات فى هذه الاسماء فاءات الافعال والهاءات للتأنيث واللامات ساقطة وقد جاء الاسم ايضا من הוֹגָה יי (Lam. 1, 12) יָגוֹן الياء فاء الفعل والجيم عينه واللام ساقطة والواو والنون لاحقتان على عادتهم ان يلحقوا واوا ونونا بالاسماء مثل גָּאוֹן וְשָׁאוֹן וְעִוָּרוֹן וְשִׁבָּרוֹן ❋

باب فى ما فاؤه نون ولامه حرف لين

כִּי יוֹאָב נָטָה אַחֲרֵי אֲדֹנִיָּה וְאַחֲרֵי אַבְשָׁלוֹם לֹא נָטָה (I Reg. 2, 28) נְטֵה יָדְךָ עַל אֶרֶץ מִצְרַיִם (Ex. 10, 12) הִנְנִי

اعنى اللينة اللام فقالوا יוֹרוּ יוֹדוּ יוֹנוּ باسقاط لام الفعل كما
قالوا יִרְבּוּ יִרְאוּ باسقاط لام الفعل فقد بان الآن ان
יוֹרוּ יוֹדוּ יוֹנוּ יוֹגוּ نواقص كما ان יִרְבּוּ יִרְאוּ ناقصان
وامّا الواو الاولى ففاء الفعل والاصل فى יוֹרוּ יוֹדוּ יוֹנוּ יוֹגוּ
יוֹרְיוּ יוֹדְיוּ יוֹנְיוּ יוֹגְיוּ وقد جاءت كلمة واحدة على هذا
الاصل עד אנה תוֹגְיוּן נפשי (Job 19, 2) الواو الاولى فى
תוֹגְיוּן فاء الفعل والجيم عينه والياء لامه وأمّا נוּגֵי ממועד
(Zeph. 3, 18) فهو נִפְעָלֵי ماخوذ من כאשר הוֹגָה מן
המסלה (II Sam. 20,13) الواو فى נוּגֵי فاء الفعل والجيم عينه
وامّا اللام فساقطة ויאמר אלישע יְרֵה וַיּוֹר (II Reg. 13, 17)
וַיּוֹר ليس ماخوذا من יָרָה وذلك انّ هذا الاصل اعنى יָרָה
استعمل فيه فعلا خفيفا وثقيلا أمّا الخفيف فمثل יָרָה בים
(Ex. 15,4) والثقيل הוֹרָה הוֹרַנִי לחמר (Job 30, 19) צדה
אוֹרֶה (I Sam. 20, 20) فأقول انّ וַיּוֹר هو ماخوذ من הוֹרָה
لا من יָרָה لكنّه ساقط اللام والاصل فيه וַיּוֹרֶה ولو أُخذ من
יָרָה لقيل וַיִּיר مثل וַיִּיף בגדלו (Ez. 31, 7) الماخوذ من
מה־יָפִית ומה נעמת (Cant. 7, 7) فقد بان مما ذكرت ان
וַיּוֹר ليس ماخوذا من יָרָה בים بل من הוֹרָה ولو قال
ויאמר יְרֵה וַיִּיר لكان حسنا اولو قيل ויאמר הוֹרֵה וַיּוֹר
لكان ايضا حسنا والفاعل الماخوذ من יָרָה בים יוֹרֶה
مثل עֹשֶׂה עוֹשֶׂה والجمع יוֹרִים باسقاط لام الفعل مثل

צִוֹּתוֹ (Lev. 7, 38) לְנַסּוֹתוֹ (I Reg. 10, 1) وقيل انّ الواو هى اللام والتاء مزيدة ❊

باب فى ما فاؤه ولامه حرف لين

الافعال التى فاؤها ولامها حرف لين مثل הוֹדָה הוֹרָה הוֹנָה الواو فاء الفعل وهذه الافعال ثقيلة وذلك انهم اذا ارادوا استعمال فعل ثقيل ماضى من اصل اوّله حرف لين جعلوا ذلك الحرف اللين واوا وادخلوا عليها الهاء هى علامة الفعل الثقيل مثل الهاء التى فى הִרְאָה הִרְבָּה الدالّة على انّ הִרְבָּה הִרְאָה فعلان ثقيلان فالواو فى הוֹדָה واصحابه هى فى موضع الراء فى הִרְבָּה הִרְאָה فالهاء الاخيرة لام الفعل فاذا ارادوا تصريف הוֹדָה واصحابه مع الزوائد الاربع *a* اسقطوا الهاء الاولى وابقوا الواو ساكنة كما كانت وحرّكوا عين الفعل بالסגול فقالوا יוֹרֶה יוֹנֶה יוֹדֶה كما قالوا יַרְאֶה יַרְבֶּה باسقاط الهاء الاولى الّا انّ الذى يدلّ على ان יַרְאֶה יַרְבֶּה فعلان ثقيلان بعد اسقاط الهاء هو فتح الياء والذى يدلّ على ذلك فى יוֹרֶה יוֹדֶה יוֹנֶה هو تركهم الواو ساكنة لينة كما كانت قبل اسقاط الهاء ثمّ انّهم استعملوها بنقصان الهاء التى هى لام الفعل كما استعملوا بالنقصان سائر الافعال ذوات الهاء

---

a) B الاربعة.

אחר אל תְּגָל (Pr. 25, 9) اصله תְּגַלֶּה لانه من גָּלָה גָּלִיתִי וַתְּכַל להשקותו (Gen. 24, 19) اصله וַתְּכַלֶּה لانه من כָּלָה כָּלִיתִי וַיְגַל את מסך יהודה (Jes. 22, 8) اصله וַיְגַלֶּה لانّه من גָּלָה גָּלִיתִי וַיְחַל משה את פני ה׳ (Ex. 32, 11) اصله וַיְחַלֶּה لانّه من חָלָה את פני ה׳ (II Chr. 33, 12) وكذلك القياس فى וַתְּקַשׁ בלדתה (Gen. 35, 16) וַיְתָו על דלתות השער (I Sam. 21, 14) ومن الناقص יְצַוּוּ יְקַוּוּ وهو الوجه فى كلّها ومن الناقص צַוּוּ קַוּוּ גַּלּוּ הָמוּ هو الوجه فى كلّها وربّما جاء الامر من هذا الضرب محذوفا *a* مثل צַו את בני ישראל (Lev. 24, 2) الذى اصله צַוֵּה גַּל עיני ואביטה (Ps. 119, 18) الذى اصله גַּלֵּה חַל נא את פני ה׳ (I Reg. 13, 6) الذى اصله חַלֵּה ومن الناقص מְנַדִּים מְחַכִּים وهو الوجه فى جميعها ومن الناقص לאשר אני מְצַוֶּה אותך (Gen. 27, 8) وهو الوجه فى كلّها *b* ومثل هذا النقصان كثير تعتبره فى الافعال التى استأنف تأليفها ان شاء الله واما فعل الواحدة الماضى من هذا الضرب فبتاء مبدلة من الهاء ايضا كما فعلوا فى الضربين الاوّلين قالوا גִּלְּתָה רִבְּתָה כִּסְּתָה وهو الوجه فى الجميع والمصدر قد يكون بتاء مبدلة منها يوم עַנּוֹת אדם נפשו (Jes. 58, 5) ביום

---

a) B ناقصا. *b*) A الجميع.

المحذوف *a* ايضا הֶרֶב כבסני מעוני (Ps. 51, 4) اصله
הַרְבֵּה لانّه من הִרְבָּה הֶרֶף ממני ואשמידם (Deut.9,14)
اصله הַרְפֵּה مثل הַרְפֵּה ממני שנים חדשים (Jud. 11, 37)
لانّه من הִרְפָּה הִרְפֵּיתִי יַרְפֶּה [ومن الناقص מַרְבִּים
מַעֲלִים وهو الوجه فى جميعها *b*] واما الوجه المستعمل فى
הִפְעִילָה فبالتاء مبدلة من اللام مثل הִרְבְּתָה הִפְנְתָה
وهو الوجه فى جميعها والمصدر قد يجئ بتاء
مبدلة من اللام مثل הַרְבּוֹת הַפְנוֹת הַרְאוֹת الّا ان قوما
يقولون انّ الواو هى اللام والتاء زايدة والنوع الاخر من
الفعل الثقيل من هذه الافعال اللينة اللام مثل עִנָּה שִׁנָּה
סִלָּה נִקָּה נִסָּה צִוָּה קִוָּה כִּלָּה استعمل פִּעַלְתִּי منها
بقلب الهاء ايضا ياء لينة محرّكة ما قبلها بالחרק مثل
צִוִּיתִי נִסִּיתִי קִוִּיתִי עִנִּיתִי او بالצרי مثل צִוֵּיתִי קִוֵּיתִי
נִקֵּיתִי الوجهان جائزان فيها والمستقبل יְצַוֶּה יְקַוֶּה יְנַקֶּה
יְנַסֶּה والفاعل מְקַוֶּה מְצַוֶּה מְנַקֶּה מְנַסֶּה والمفعول מְצֻוֶּה
מְנֻסֶּה מְשֻׁנֶּה والامر צַוֵּה קַוֵּה נַסֵּה עַנֵּה שַׁנֵּה والحذف *c*
ايضا فى هذا الضرب كثير مثل יְצַו ה׳ אותך
(Deut. 28, 8) الاصل فيه יְצַוֶּה لانّه من צִוָּה צִוִּיתִי ومثل
יְקַו לאור (Job3,9) الاصل יְקַוֶּה لانّه من קִוָּה קִוִּיתִי وسوى

---

a) B الناقص. *b*) B only. *c*) والنقصان.

וַיֶּפֶן זנב اعنى السגול المحرّك به الياء مثل مذهب الפתח
فى וַיִּפְנֶה اعنى الפתח المحرّك به الياء فكما ان الפתח
فى וַיִּפְנֶה دليل على انّه فعل ثقيل كذلك السגול فى וַיֶּפֶן
זנב دليل على انّه فعل ثقيل ماخوذ من הִפְנָה ومثله
וַיֶּרֶב בבת יהודה (Lam.2,5) اصله וַיַּרְבֶּה لانّه من הִרְבָּה
הִרְבֵּיתִי ومثله וַיֶּזֶן את ישבי ירושלים *a* (II Chr. 21, 11)
اصله וַיַּזְנֶה لانّه من הִזְנָה הִזְנֵיתִי ومثله וַיֶּקֶשׁ את ערפו
(ib. 36, 13) اصله וַיַּקְשֶׁה لانّه من הִקְשָׁה הִקְשֵׁיתִי ومثله
וַיֶּפֶר את עמו מאד (Ps. 105, 24) اصله וַיַּפְרֶה لانّه من
הִפְרָה הִפְרֵיתִי مثله וַיֶּגֶל את ישראל (II Reg. 17, 6)
اصله וַיַּגְלֶה لانّه من הִגְלָה הִגְלֵיתִי ونوع اخر من الناقص
غير المعوّض بإسكان فاء الفعل وبترك الياء المفتوحة على
حالها كما كان ذلك قبل النقصان וַיַּשְׁקְ את צאן לבן
(Gen. 29, 10) الاصل فيه וַיַּשְׁקֶה لانّه من הִשְׁקָה הִשְׁקֵיתִי
وكذلك القياس فى יַפְתְּ אלהים ליפת (Gen. 9, 27) ומלכים
יַרְדְּ (Jes. 41, 2) ومن الناقص יַרְבּוּ יַפְנוּ وهو الوجه المعروف
ومن الناقص הִרְבּוּ הִפְנוּ הִזְנוּ لانّ اصلها הִרְבִּיוּ הִפְנִיוּ
הִזְנִיוּ وكذلك الوجه فى جميعها ومن الناقص הוא יסוד
הַמַּעֲלָה מבבל (Ezr. 7, 9) وهو الوجه فى جميعها *b* ومن

---

a) Mss. יהודה. *b*) A كلّها.

المستعمل ايضا فى נִפְעֲלָה بتاء مبدلة من اللام مثل
נִבְנְתָה נִכְסְתָה נִרְאֲתָה وقد جاء المصدر بتاء مبدلة من
اللام مثل בְּנוֹת רְאוֹת עֲשׂוֹת קְנוֹת ويقال ان هذا الواو
هى اللام والتاء مزيدة كما تزاد فى سائر المصادر فى غير
هذه الافعال والفعل الثقيل[a] من الافعال اللينة اللام مثل
הִרְבָּה הֶרְאָה הֶרְוָה הִקְרָה הֶעֱלָה الهاء اللينة لام الفعل
واذا ارادوا منها استعمال הִפְעַלְתִּי قلبوا الهاء ياء لينة
محرّكة ما قبلها بالחרק كما فعلوا فى الافعال الخفيفة
منها مثل הִרְבִּיתִי הֶרְאִיתִי הֶעֱלִיתִי او بالצרי مثل
הִרְבֵּיתִי הִפְרֵיתִי הֶחֱלֵיתִי הכותך (Mic.6,13) والاصل فيها
הִרְבַּיְתִּי הִרְאַיְתִּי مثل הִשְׁמַעְתִּי הִשְׁפַּלְתִּי والمستقبل יַרְאֶה
יַרְבֶּה יַפְרֶה بفتح الياء والفاعل מַרְבֶּה מַעֲלֶה מַרְוֶה
מַפְרֶה والامر הַרְבֵּה הַעֲלֵה הַרְאֵה والمفعول بتحريك
الميم بالשרק تقول מֻגְלֶה מֻרְבֶּה מֻקְרֶה او بالקמץ إن
شئت مثل אשר אתה מָרְאֶה בהר (Ex. 25, 40) אשר
מָפְנֶה צפונה (Ez. 9, 2) وكثير[b] ما اسقطوا[c] لام الفعل فى
هذا النوع ايضا بتعويض وغير تعويض كما فعلوا فى النوع
الاوّل مثل וַיֶּפֶן זנב אל זנב (Jud. 15, 4) الذى اصله
וַיַּפְנֶה لانه من הִפְנָה הִפְנֵיתִי وجعلوا مذهب الסגול فى

---

a) A والافعال الثقيلة. b) B وكثيرا. c) A حذفوا.

אזכרה אלהים וְאֶהֱמָיָה (Ps. 77, 4) רמה ידך בל יֶחֱזָיוּן
(Jes. 26, 11) الياء هى لام الفعل وقد اسقطوا اللام ايضا
بلا تعويض من פָּעֲלוּ فقالوا בָּנוּ קָנוּ זָנוּ רָאוּ עָשׂוּ חָסוּ
هذا هو الوجه المستعمل فيها واصلها בָּנְיוּ קָנְיוּ חָסְיוּ مثل
שָׁמְרוּ זָכְרוּ وربّما اتى منها يسير على الاصل مثل דַּלְיוּ
שוקים (Pr. 26, 7) צור חָסָיוּ (Deut. 32, 37) נָטָיוּ רגלי
(Ps. 73, 2) والوجه المستعمل فى פּוֹעֲלִים باسقاط اللام ايضا
בּוֹכִים בּוֹנִים קוֹנִים רוֹאִים עוֹשִׂים واصله בּוֹנְיִים קוֹנְיִים
مثل שׁוֹמְרִים זוֹכְרִים والوجه المستعمل فى פּוֹעְלָה
باسقاط اللام ايضا قيل בּוֹנָה קוֹנָה רוֹאָה עוֹשָׂה والاصل
בּוֹנִיָה קוֹנִיָה רוֹאִיָה עוֹשִׂיָה مثل שׁוֹפְטָה יוֹשְׁבָה وقد
جاءت واحدة على الاصل שלמה אהיה כְּעֹטְיָה (Cant.1,7)
الياء لام الفعل فافهم واما פָּעֲלָה فلم يسقطوا اللام منها
لكنّهم ابدلوا منها تاء فقالوا من בָּנָה בָּנְתָה والاصل בָּנְיָה
ومن רָאָה רָאֲתָה ومن רָפָה רָפְתָה ومن עָשָׂה עָשְׂתָה
ومن גָּלָה גָּלְתָה ومن מָחָה מָחֲתָה التاء مبدلة من
الساكن اللين الذى هو لام الفعل فاحفظ هذا وقف عليه
متى ما اردت ان تقول פָּעֲלָה من الافعال اللينة اللام
فعلى ذلك اطّرد الباب وهو الوجه المعروف المستعمل فيها
وان كنت قد حفظت كلمة واحدة شاذّة عن الباب اتت
على الاصل כי בך חָסָיָה נפשי (Ps. 57, 2) وكذلك الوجه

יִפְתֶּה לְבַבְכֶם (Deut. 11, 16) וַיֵּבְךְּ (Gen. 27, 38) اصله
וַיִּבְכֶּה لانّه من בָּכָה בָּכִיתִי וְיֵרְדְּ מִיַּעֲקֹב (Num. 24, 19)
اصله וְיִרְדֶּה لانّه من רָדָה רָדִיתִי אַל יֵשְׂטְ אֶל דְּרָכֶיהָ
לִבֶּךָ (Pr.7,25) اصله יִשְׂטֶה لانه من שָׂטָה שָׂטִיתִי ואת כי
שָׂטִית (Num.5,20) וַיֵּשְׁתְּ (Gen.9,21) اصله יִשְׁתֶּה لانّه من שָׁתָה
שָׁתִיתִי واحسب هذا النوع غير معوّض وانما حدث الساكن
اللين بعد الياء من اجل اللحن فليس للحن فى هذه
الافعال موضع يرتب فيه غير الزوائد وامّا المحذوف[a] الغير
معوّض فمثل תִּגָּל עֶרְוָתֵךְ (Jes. 47, 3) الذى اصله תִּגָּלֶה
لانه من נִגְלָה ومثل וגם איש אל יֵרָא (Ex. 34, 3) الذى
اصله יֵרָאֶה لانّه من נִרְאָה ومثل עד חצי המלכות וְתֵעָשׂ
(Esth. 5, 6) الذى اصله וְתֵעָשֶׂה لانه من נַעֲשָׂה والناقص
الغير معوّض ايضا مثل יִבְנוּ יִקְנוּ יִרְאוּ יַעֲשׂוּ والاصل فيها
יִבְנְיוּ יִקְנְיוּ יִרְאֲיוּ יַעֲשְׂיוּ على هذا يطّرد الباب كلّه اذا
ارادوا من هذه الافعال יִפְעֲלוּ اسقطوا لام الفعل ولم يعوّضوا
منه شيًا وقد اتى منها الفاظ يسيرة على الاصل مثل מַר
יִבְכָּיוּן (Jes. 33, 7) ויחדו כלם יִכְלָיוּן (ib. 31,3) בצל כנפיך
יֶחֱסָיוּן (Ps. 36, 8) יִרְוְיֻן מדשן ביתך (ib. 9) ובקרך וצאנך
יִרְבְּיֻן (Deut. 8, 13) כהמות ימים יֶהֱמָיוּן (Jes. 17, 12)

---

a) B الناقص.

(Ex.32,20) اصله וַיִּזְרֶה لانّه من זָרָה זָרִיתִי תִּזְרֶה לרוח
(Ez. 5, 2) ومثله יִכֶל בשרו מראי (Job 33, 21) اصله יִכְלֶה
لانّه من כָּלָה כָּלִיתִי ومثله וַיָּמֶץ טל (Jud. 6, 38) اصله
וַיִּמְצֶה لانّه من מָצָה מָצִיתִי וְשָׁתִית אותה וּמָצִית (Ez.23,34)
וְנִמְצָה דמו (Lev. 1, 15) ومثله וַיִּפֶן כה וכה (Ex. 2, 12)
اصله וַיִּפְנֶה لانّه من פָּנָה פָּנִיתִי ومثله וַיִּקֶר מקרה
(Ruth 2,3) اصله וַיִּקְרֶה لانّه من קָרָה קָרִיתִי יִקְרֶה מִקְרֶה
(Ecc. 9, 3) ومثله וַיִּקֶשׁ דבר איש יהודה (II Sam. 19, 44)
اصله וַיִּקְשֶׁה لانّه من קָשָׁה קָשִׁיתִי לא יִקְשֶׁה בעיניך
(Deut. 15, 18) ومثله וַיִּרֶף ממנו (Ex. 4, 26) اصله יִרְפֶּה
لانّه من רָפָה רָפִיתִי יִרְפֶּה ومثله ותלך וַתֵּתַע (Gen. 21, 14)
بالفتح لمكان العين واصله וַתִּתְעֶה لانّه من תָּעָה לבבי
(Jes. 21, 4) תָּעִיתִי ومثله וַתֵּכַהּ מכעש עיני (Job 17, 7)
بالفتح مكان الهاء واصله וַתִּכְהֶה لانّه من כָּהָה תִּכְהֶה
(Zech. 11, 17) ومثله كثير جدّا ونوع اخر من المحذوف [a]
باسكان فاء الفعل كما كانت قبل النقصان لانّ هذه الذى
ذكرت بتحريكها مثل וַיִּשְׁבְּ ממנו שבי (Num. 21, 2) اصله
וַיִּשְׁבֶּה لانّه من שָׁבָה שָׁבִיתִי שֶׁבִי (Ps.68,19) וַיִּפְתְּ בסתר
לבי (Job 31, 27) اصله וַיִּפְתֶּה لانّه من פָּתָה פָּתִיתִי פן

---

a) B الناقص.

مثل שָׁמַרְתִּי זָכַרְתִּי والمستقبل יִבְנֶה יִקְנֶה יַעֲשֶׂה יַעֲלֶה بالفتح لمكان العين والامر בְּנֵה קְנֵה עֲשֵׂה والفاعل בּוֹנֶה עוֹשֶׂה קוֹנֶה الهاء لام الفعل ويقلبوها فى المفعول ياء ظاهرة בָּנוּי פָּדוּי קָנוּי עָשׂוּי والانفعال נִבְנֶה נִקְנֶה נַעֲשֶׂה נַעֲלָה بالفتح لمكان العين والمستقبل יִבָּנֶה יִקָּנֶה יֵעָשֶׂה יֵעָלֶה יֵרָאֶה بالتخفيف من طريق العين والراء هذا هو القياس الصحيح فى تصريف هذه الافعال والاصل الذى منه يقاس *a* البرهان على نقصان ما ياتى منها ناقصا فقد كثر حذفهم لهذا الهاء التى هى لام الفعل استثقالا لها واستعملوا الافعال دونها وربّما عوّضوا منها وربّما لم يعوّضوا فالمحذوف *b* المعوّض וַיִּבֶן الذى اصله וַיִּבְנֶה لانّه من בָּנָה בָּנִיתִי فاسقطوا لام الفعل وعوّضوا منها الساكن اللين الذى بعد ياء الاستقبال تكميلا لبنية الفعل كما ذكرت فى الافعال اللينة العين ومثله וַיִּקֶן את חלקת (Gen. 33, 19) واصله וַיִּקְנֶה لانّه من קָנָה קָנִיתִי ومثله וַיִּבֶז עשו (ib. 25, 34) اصله וַיִּבְזֶה لانّه من דבר ה׳ בָּזָה (Num. 15, 31) מדוע בָּזִיתָ (II Sam. 12, 9) ومثله וַיִּגֶל יהודה (Jer. 52, 27) اصله וַיִּגְלֶה لانّه من גָּלָה גָּלִיתִי ومثله וַתִּזֶן גם היא (Jer. 3, 8) اصله וַתִּזְנֶה لانّه من זָנָה זָנִיתִי ومثله וַיִּזֶר על פני המים

---

a) B اسقاطهم. *b*) B فالناقص.

المقالة الثالثة من كتاب حروف اللين العبرانية

قال يحيى بن داود[a] قد مضت الافعال اللينة الفاء فى المقالة الاولى والافعال اللينة العين فى المقالة الثانية وافردت هذه المقالة فى الافعال اللينة اللام فانّها ايضا بعيدة الغور خفيّة التصريف لكثرة اعتلالها ونقصانها وربّما عوضت من ذلك النقصان وربّما لا تعوض منه واقامة الدليل والبرهان على ذلك الاعتلال والنقصان بردّ الفعل الى اصله وصرفه الى موضع اشتقاقه فحينئذ يتّضح نقصانه ويظهر اعتلاله ولهذا المذاهب ارى ان ابسّط لها قبل تأليفها جملا واقدّم بين يديها شروحا تسهل السبيل الى فهمها والوقف عليها على عادتى قبيلًا فى الافعال المتقدّمة الذكر وبالله المستعان على كلّ حال

القول فى الافعال التى لامها حرف لين

الافعال التى لامها حرف لين مثل בָּנָה קָנָה עָשָׂה חָלָה الهاء لام الفعل ومن عادة العبرانيين اذا قالوا منها פָּעַלְתִּי ان يقلبوا الهاء ياء ساكنة لينة مكسورة ما قبلها فقالوا בָּנִיתִי קָנִיתִי עָשִׂיתִי חָלִיתִי רָאִיתִי جميعها اطّرد على هذا المنهاج وجرى بهذا النظام لم يشذّ منها شاذّ الاصل فيها باظهار الياء التى هى لام الفعل קָנִיתִי בָּנִיתִי

a) B דוד.

הֵשִׂיר הם המליכו ולא ממני הֵשִׂירוּ ולא ידעתי (Hos.8,4)
ومعنى ثانٍ במשקל וּבַמְּשׂוּרָה (Lev. 19, 35)

שׂושׂ כאשר שָׂשׂ ה׳ (Deut. 28, 63) שָׂשׂ אנכי על אמרתך (Ps. 119, 162) וגלתי בירושלים וְשַׂשְׂתִּי בעמי (Jes.65,19) אָשׂוּשׂ יְשׂוּשׂוּם מדבר (ib. 35, 1) לָשׂוּשׂ עליך לטוב (Deut.30,9) מָשׂוֹשׂ לכל הארץ (Lam. 2,15) والثقيل הֵשִׂישׂ הֵשִׂישׂוֹתִי او הֵשַׂשְׂתִּי ان استثقل שׂושׂ אָשִׂישׂ בה׳ (Jes. 61, 10) יָשִׂישׂוּ וישמחו בך (Ps. 40, 17) שִׂישׂוּ וגילו (Jes. 65, 18) מֵשִׂישׂ

שׁות כי שָׁת לי אלהים (Gen. 4, 25) ולא שָׁתָה לבה (I Sam. 4, 20) שַׁתִּי (Ps. 73, 28) بالادغام وقد سقط عين الفعل من שַׁתִּי בה׳ אלהים מחסי (Ps. 73, 28) אָשׁוּת שׁוּת שָׁתוּ השערה (Jes.22,7) والثقيل הֵשִׁית הֵשִׁיתוֹתִי وان استثقل قيل הֵשַׁתִּי بالادغام עיניהם יָשִׁיתוּ (Ps. 17, 11) ולבך תָּשִׁית לדעתי (Pr. 22, 17) שִׁיתִי כליל צלך (Jes. 16, 3) למען שִׁתִי אותותי (Ex. 10, 1) וְשִׁית לערפל (Jer. 13, 16)

תור תָּר תַּרְתִּי בלבי (Ecc. 2, 3) אשר תָּרוּ אותה (Num. 13, 32) וְיָתֻרוּ את ארץ כנען (ib. 2) מן הַתָּרִים את הארץ (Num.14,6) תּוּר מִתּוּר הארץ (Num. 13, 25) والثقيل וַיָּתִירוּ בית יוסף (Jud. 1, 23) ❋

❋ تمّت المقالة الثانية والله المحمود على عونه ❋

שׁוּף̅ שָׁף שַׁפְתִּי אָשׁוּף הוא יְשׁוּפְךָ ראש ואתה תְּשׁוּפֶנּוּ
עקב (Gen. 3, 15) אשר בסערה (sic!) יְשׁוּפֵנִי (Job 9, 17)
שׁוּף ومعنى ثانى אך חשך יְשׁוּפֵנִי (Ps. 139, 11)
שׁוּק̅ ואל אישך תְּשׁוּקָתֵךְ (Gen. 3, 16) ועלי תְּשׁוּקָתוֹ
(Cant. 7, 11) ومعنى اخر וְהֵשִׁיקוּ היקבים תירוש ויצהר
(Joel 2, 24) הֵשִׁיקוּ היקבים (ib. 4, 13) אָשִׁיק הָשֵׁק
שׁוּר̅ שָׁר שַׁרְתִּי שָׁרִים וְשָׁרוֹת (Ecc. 2, 8) אשר שָׁר
לה' (Ps. 7, 1) والثقيل הֵשִׁיר הֲשִׁירוֹתִי אז יָשִׁיר משה
(Ex. 15, 1) אָשִׁירָה נא לידידי (Jes. 5, 1) וַתָּשַׁר דבורה
(Jud. 5, 1) שִׁירוּ לה' (Ex. 15, 21) שִׁיר הַשִּׁירִים (Cant. 1, 1)
שׁוֹרֵר שׁוֹרַרְתִּי וְהַשִּׁיר מְשׁוֹרֵר (II Chr. 29, 28) מְשׁוֹרְרִים
וּמְשׁוֹרְרוֹת (Ezr. 2, 65) ويمكن ان يكون منه קול יְשׁוֹרֵר
בחלון (Zeph. 2, 14) وفى الاصل معنى اخر שָׁר שַׁרְתִּי
כנמר על דרך אָשׁוּר (Hos. 13, 7) אֲשׁוּרֶנּוּ ולא קרוב
(Num. 24, 17) יָשׁוּר כשך יקושים (Jer. 5, 26) תָּשׁוּרִי
מראש אמנה (Cant. 4, 8) וַתָּשֻׁרִי למלך בשמן (Jes. 57, 9)
ومن هذا المعنى אשר שֹׁרְרוּ אנשים (Job 36, 24) ومعنى
ثالث וּתְשׁוּרָה אין להביא (I Sam. 9, 7)
שׂוּר̅ שָׂר שַׂרְתִּי שָׂרִים עצרו במלים (Job 29, 9) חכמות
שָׂרוֹתֶיהָ (Jud. 5, 29) כי שָׂרִים יָשׂוּרוּ (Pr. 8, 16) וַיָּשַׂר
אבימלך (Jud. 9, 22) וַיָּשַׂר אל מלאך (Hos. 12, 5) والثقيل

שׂוּם שָׂם שַׂמְתִּי או מי יָשׂוּם אלם (Ex. 4, 11) מטרם
שׂוּם אבן (Hag. 2, 15) לָשׂוּם את משא (Num. 11, 11)
כי על פי אבשלום היתה שׂוּמָה (II Sam. 13, 32) או
בִתְשׂוּמֶת יד (Lev. 5, 21) הֵשִׂים הֲשִׂימוֹתִי וַהֲשִׂימוֹתִיהוּ
לאות ולמשלים (Ez. 14, 8) נָשִׂימָה נא שקים (I Reg. 20, 31)
מבלי מֵשִׂים (Job 4, 20) שִׂים לך אורב (Jos. 8, 2) לבלתי
שִׂים לאישי (II Sam. 14, 7) وامّا וַיִּישֶׂם בארון במצרים
(Gen. 50, 26) فشاذّ خارج عن القياس وقيل فيه انّه مثل
וַיּוּשַׂם לפניו (Gen. 24, 33) الياء الساكنة المزيدة فيه
مبدلة من الواو الساكنة المزيدة فى וַיּוּשַׂם לפניו وهو
فعل لم يسمّ فاعله وانّ السגול المحرّك به السين مثل
الفתח فانّ גֶּשׁ הלאה וגַּשׁ פגע בו (II Sam. 1, 15)
واحد וַיִּיקֶץ נוח (Gen. 9, 24) וַיִּיקַץ יעקב משנתו
(Gen. 28, 16) واحد وهذا قول بعيد لانّ كلّ فعل لم يسمّ
فاعله لا بدّ فيه من الضمّ لانّه هو الدالّ عليه وقد سقط
هذا الدليل من וַיִּישֶׂם בארון ولذلك قلت انّه شاذّ
ويمكن ان يكون من اصل اخر اعنى יָשַׂם

שׁוע אם בפידו להן שׁוּעַ (Job 30, 24) הנה קול שַׁוְעַת
בת עמי (Jer. 8, 19) הנותן תְּשׁוּעָה למלכים (Ps. 144, 10)
والثقيل שִׁוַּע שִׁוַּעְתִּי שמעת קולי (Jon.2,3) אֲשַׁוַּע אליך
(Job 30, 20) יְשַׁוְּעוּ ואין מושיע (Ps. 18, 42)

שוד יָשׁוּד צהרים (Ps. 91, 6) שוד ושבר *a* (Jes. 60, 18)

שיד שַׂד וְשַׂדְתָּ אותם בַּשִּׂיד (Deut. 27, 2) אָשׁוּד יָשׁוּד

שוּד

שוח שָׂח שַׂחְתִּי יָשׂוּחַ ויצא יצחק לָשׂוּחַ בשדה

(Gen.24,63) שׂוּחַ, الثقيل הֵשִׂיחַ אָשִׂיחָה בפקודיך (Ps.119,78)

תְּשִׂיחֶךָ (Pr. 6, 22) יָשִׂיחוּ בי (Ps. 69, 13) אריך בְּשִׂיחִי

(ib.55,3) או שִׂיחַ לארץ (Job 12,8) והולכי על דרך שִׂיחוּ

(Jud. 5, 10), ثقيل اخر שׂוֹחֵחַ שׂוֹחַחְתִּי במעשה ידיך

אֲשׂוֹחֵחַ (Ps. 143, 5) ואת דורו מי יְשׂוֹחֵחַ (Jes. 53, 8)

שׂוֹחֵחַ امر ومصدر

שוט שָׁט שָׁטוּ העם ולקטו (Num.11,8) וַיָּשׁוּטוּ בכל

הארץ (II Sam.24,8) שׁוּט נא (ib. 2) מִשּׁוּט בארץ (Job 1, 7)

אני שַׁיִט שׁוֹטֵט שׁוֹטְטוּ בחוצות ירושלים (Jes.33,21)

(Jer. 5, 1) עיני ה' המה מְשׁוֹטְטִים (Zech. 4, 10), ومعنى

اخر שָׁט שַׁטְתִּי היו שָׁטִים לך (Ez.27,8) במים רבים

הביאוך הַשָּׁאטִים (sic!) אותך (ib. 26) כל תופשי מָשׁוֹט

(ib. 29) עשו מְשׁוֹטָיִךְ (ib. 6) ويمكن ان يكون אני שַׁיִט

(Jes. 33, 21) من هذا

שוך שַׂךְ שַׂכְתִּי הנני שָׂךְ את דרכך בסירים (Hos.2,8)

יָשׂוּךְ ישר מִמְּשׂוּכָה *b* (Mic. 7, 4)

---

a) Only B. *b*) Massor. Text מִמְּסוּכָה.

ויהי לִתְשׁוּבַת השנה (II Sam. 11, 1) הֵשִׁיב הֲשִׁיבוֹתִי
הֲשִׁיבוֹנוּ אליך (Gen. 44, 8) הֵשִׁיבוּ אשכרך (Ez. 27, 15)
מנחה יָשִׁיבוּ (Ps. 72, 10) וַיָּשֶׁב את הכסף (Jud. 17, 4)
وقيل ان יָשׁוּב יְשִׁיבֵנִי ה׳ (II Sam. 15, 8) مقلوب الياء
التى فى יְשִׁיבֵנִי عين قلبت[a] فى יָשׁוּב فاء وفى المعنى ثقيل
اخر נפשי יְשׁוֹבֵב (Ps. 23, 3) לְשׁוֹבֵב יעקב עָלָיו (Jes. 49, 5)
מְשׁוֹבֵב נתיבות (ib. 58, 12) ومعنى ثانى הנני שָׁב שְׁבוּת
אהלי יעקב (Jer. 30, 18) וְשָׁב שְׁבוּתָם (Zeph. 2, 7) בְּשׁוּב
ה׳ את שִׁיבַת ציון (Ps. 126, 1) בְּשׁוּבָה ונחת (Jes. 30, 15)
ובנחה יאמר שׁוּבָה ה׳ רבבות (Num. 10, 36) وهو
כלכל את המלך בְּשִׁיבָתוֹ במחנים (II Sam.19,33) ومعنى
ثالث תיסרך רעתך וּמְשׁוּבוֹתַיִךְ תוכיחוך (Jer. 2, 19)
כי מְשׁוּבַת פתים תהרגם (Pr. 1, 32) מְשׁוּבָה נצחת
(Jer. 8, 5) وفى هذا المعنى ثقيل מדוע שׁוֹבְבָה העם הזה
(ib.) וילך שׁוֹבָב בדרך לבו (Jes. 57, 17) שׁובו בנים
שׁוֹבָבִים (Jer. 3, 14)

שיב שָׂב זקנתי וָשַׂבְתִּי (I Sam.12,2) גם שָׂב גם ישיש
בנו (Job 15,10) אָשׁוּב גם שֵׂיבָה זרקה בו (Hos. 7,9)
כי קמו עיניו מִשֵּׂיבוֹ (I Reg. 14, 4)

---

a) A. قيلت.

וחרב אָרִיק אחריהם (Ez. 5, 2) וַיָּרֶק את חניכיו
(Gen. 14, 14) וְהָרֵק חנית וסגור (Ps. 35, 3) ومعنى ثالث
قريب من الاوّل על הארץ יָרִיקוּ (Ecc. 11, 3) הַמְּרִיקִים
מעליהם הזהב (Zech. 4, 12) ולא הוּרַק מכלי אל כלי
(Jer. 48, 11) שמן תּוּרַק שמך (Cant. 1, 3)

ריר רָר בשרו (Lev. 15, 3) כִּרְתִּי יָרוּר ויורד רִירוֹ
אל זקנו (I Sam. 21, 14) בְּרִיר חלמות (Job 6, 6)

ריש רָשׁ רַשְׁתִּי כפירים רָשׁוּ ורעבו (Ps. 34, 11) רָשׁ (sic!)
עשה כף רמיה (Pr. 10, 4) ואחד רָשׁ a (II Sam. 12, 1)
ישבע רִישׁ (Pr. 28, 19) וישכח רִישׁוֹ (Pr. 31, 7) רֵשׁ (sic!)
ועשר (Pr. 30, 8) ويمكن ان يكون יְרוֹשֵׁשׁ ערי מבצריך
(Jer. 5, 17) من هذا الاصل מִתְרוֹשֵׁשׁ והון רב (Pr. 13, 7)
ويمكن ان يكون من اصل اخر اعنى רָשַׁשׁ כי תאמר
אדום רֻשַּׁשְׁנוּ (Mal. 1, 4) מוֹרִישׁ ומעשיר (I Sam. 2, 7)
من اصل اخر او يمكن ان يكون معنى ואם לא תוֹרִישׁוּ
את יושבי הארץ (Num. 33, 55) לְהוֹרִישׁ גוים גדולים
ועצמים (Deut. 4, 38) ה׳ אלהיך מוֹרִישׁ אותם מפניך
(ib. 18, 12)

שוב שָׁב שַׁבְתִּי וראה תחת השמש (Ecc. 9, 11) יָשׁוּבוּ
לא על (Hos. 7, 16) בַּיִּשָׁב שׁוּבוּ בנים שובבים (Jer. 3, 14)

a) B ראש.

רוץ הנער רָץ (I Sam. 20, 36) כי אם רַצְתִּי אחריו
וַיָּרָץ (II Reg. 5, 20) רָץ לקראת רָץ יָרוּץ (Jer. 51, 31)
עשו לקראתו (Gen. 33, 4) רוּץ מצא נא את החצים
כִּמְרוּצַת (I Sam. 20, 36) לא לקלים הַמֵּרוּץ (Ecc. 9, 11)
אחימעץ (II Sam. 18, 27) والثقيل הֵרִיץ הֲרִיצוֹתִי כוש
תָּרִיץ ידיו לאלהים (Ps. 68, 32) וַיְרִיצוּהוּ מן הבור
וְהָרֵץ (Gen. 41, 14) כי ארגיעה אֲרִיצֶנּוּ (Jer. 49, 19)
המחנה (I Sam. 17, 17) وثقيل اخر في المعنى רוֹצֵץ רוֹצַצְתִּי
כַּבְּרָקִים יְרוֹצֵצוּ (Nah. 2, 5) ومعنى ثانى הֵרִיץ וַתָּרִיץ
את גלגלתו (Jud. 9, 53) ועל העשק ועל הַמְּרוּצָה
(Jer. 22, 17) وفي هذا المعنى ثقيل اخر רוֹצֵץ וירעצו
וַיְרוֹצְצוּ (Jud. 10, 8) וַיִּתְרוֹצְצוּ הבנים (Gen. 25, 22) وليس
من هذا الاصل כי רִצַּץ עזב דלים (Job 20, 19) والانفعال
في هذا المعنى נָרוֹץ וְנָרֹץ הגלגל (Ecc. 12, 6) בתפשם
בך בכף תֵּרוֹץ (Ez. 29, 7) הֵרוֹץ

ריק הֵרִיק יָרִיק חרמו (Hab. 1, 17) מְרִיקִים שקיהם
(Gen. 42, 35) וְרֵקָה נפשו (Jes. 29, 8) נעור וָרֵק *a*
(Neh. 5, 13) השבלים הָרֵקוֹת (Gen. 41, 27) כלי רִיק
(Jer. 51, 34) יהגו רִיק (Ps. 2, 1) وفيه معنى اخر וַהֲרִיקוֹתִי
אחריכם חרב (Lev. 26, 33) וְהֵרִיקוּ חרבותם (Ez. 28, 7)

---

a) Mss. add. ושבע.

רוּנִּי בלילה (Lam. 2, 19) الاصل فيه רַנְּנִי لانّه من רנן ירנן
وكذلك דּוֹמּוּ עד הגיענו (I Sam. 14, 9) الاصل فيه דְּמֹמוּ
لانّه من דְּמָמָה עורי לאבן דּוּמָם (Hab.2,19) وكثير مثل هذا

רוע רַע רֵעֲתִי וְרָעָה עינך (Deut. 15, 9) אָרוּעַ וְרֵעִים
לא נתקו (Jer. 6, 29) וְרָעָה לא תמצא בך (I Sam. 25, 28)
רֹעַ מעלליכם (Jer. 21, 12) الثقيل הֵרִיעַ او הֵרֵעַ הֵרֵעוּ
מעלליהם (Mic. 3, 4) ואשר הֲרֵעוֹתִי (ib. 4, 6) לא ייטיב
ה׳ ולא יָרֵעַ (Zeph. 1, 12) וַתָּרַע לעשות (I Reg. 14, 9) אף
תטיבו וְתָרֵעוּ (Jes. 41, 23) מֵרֵעַ כי מְרֵעִים (Ps. 37, 9)
والانفعال נָרוֹעַ נְרוֹעוֹתִי רַע יֵרוֹעַ (Pr.11,15) ורועה כסילים
יֵרוֹעַ (ib. 13, 20) יֵרוֹעַ הָרוֹעַ وفي الاصل معنى اخر הֵרִיעַ
הֲרִיעוֹתִי וַהֲרֵעֹתֶם בחצוצרות (Num. 10, 9) תתקעו ולא
תָרִיעוּ (ib. 7) יָרִיעַ אף יצריח (Jes. 42, 13) וַיָּרִיעוּ *a* העם
תרועה (Jos. 6, 20) יִתְרוֹעֲעוּ אף ישירו (Ps. 65, 14) עלי
פלשת אֶתְרוֹעָע (ib. 108, 10) وفيه معنى ثالث רַע רֵעֲתִי
אָרוּעַ תְּרֹעֵם בשבט ברזל (ib.2,9) הֲיָרוֹעַ ברזל ברזל
(Jer. 15, 12) יָרוֹעַ כבירים (Job 34, 24) שן רועה ורגל
מועדת (Pr. 25, 19) רֹעוּ עמים (Jes. 8, 9)

רוף ועליהו לִתְרוּפָה (Ez. 47, 12) ويقرب منه עמודי
שמים יְרוֹפָפוּ (Job 26, 11)

---

a) Mss. וירע.

الالف فى הַאְדָּרֵשׁ عندى للمخاطب وشدّت الدال لاندغام
التاء فيها وقد يدغمون النون ايضا فى غير مثالها مثل
نون נִבְנָה فى יִבָּנֶה ونون נִמְנָה فى יִמָּנֶה ونون נִשְׁבַּר فى
יִשָּׁבֵר ويدغمون النون التى هى فاء الفعل فى عين الفعل
مثل نون נָטָה فى יִטֶּה ونون נָטַר فى יִטּוֹר ونون נָקַם فى
יִקּוֹם ونون נָדַר فى יִדֹּר ونون נָפַל فى יִפּוֹל ونون נָזִיר
فى יַזִּיר ونون נָסַע فى יִסַּע ونون נָגַע فى יִגַּע ونون נָגַהּ فى
יִגַּהּ ويدغمون اللام التى هى فاء الفعل فى عين الفعل
مثل لام לָקַחְתִּי فى יִקַּח וּמִקַּח שֹׁחַד (II Chr. 19, 7)
والحروف المندغمة فى غير امثالها على ما وجدتها فى
المקרא هى اللام والنون والتاء وحرف اللين فانّه يندغم
ايضا فى غير مثاله كما وصفت فى صدر الكتاب وامّا سائر
الاحرف فلا تندغم الّا فى امثالها فقط واعلم ان الاصل
فى וַיֵּרֹמּוּ הכרובים (Ez. 10, 15) יֵרוֹמּוּ אותם (ib. 17) הֵרֹמּוּ
מתוך העדה הזאת (Num. 17, 10) וַיִּתְרוֹמְמוּ יִתְרוֹמְמוּ
הִתְרוֹמְמוּ لانّ الميم مشدّدة وهى مقام ميمَيْن ولكنّهم اذا
استثقلوا تحريك المثلَيْن اسكنوا الاوّل وادغموه فى الثانى
مثل יָסֹבּוּ עָלַי רַבָּיו (Job 16, 13) יָשֹׁמּוּ ישרים על זאת
(ib. 17, 8) וַיָּסֹלּוּ עָלַי (ib. 19, 12) التى اصلها יַסְבְּבוּ
יַשְׁמְמוּ יַסְלְלוּ لانّ יָסֹבּוּ من וְסָבַב בית אל (I Sam. 7,16)
יָשֹׁמּוּ من שְׁמָמָה וַיָּסֹלּוּ من סְלוּלָה מְסִלּוֹל وكذلك קוּמִי

ריח הֵרִיחַ ולא אָרִיחַ בְּרֵיחַ ניחוחכם (Lev.26,31) אף להם ולא יְרִיחוּן (Ps. 115, 6) וַיָּרַח ה׳ את רֵיחַ הניחח (Gen. 8, 21) מֵרִיחַ

רום רָם ידנו רָמָה (Deut.32,27) רַמְתִּי וַיָּרָם כבוד ה׳ (Ez. 10, 4) אָרוּם בגוים (Ps. 46, 11) רוּמָה על השמים אלהים (ib. 57, 6) רום ידיהו נשא (Hab. 3, 10) הֵרִים הֲרִימוֹתִי וַיָּרֶם הטבח (I Sam. 9, 24) תָּרִימוּ תְרוּמָה (Num. 15, 20) כאשר יוּרָם (Lev. 4, 10) הוּרַם התמיד (Dan. 8, 11) מוּרָם وثقيل اخر רוֹמֵם גִדַּלְתִּי וְרוֹמַמְתִּי (Jes. 1, 2) אֲרוֹמִמְךָ ה׳ (Ps. 30, 2) واعلم ان עַתָּה אֵרוֹמָם (Jes. 33, 10) مثل אֶתְרוֹמֵם والاصل فى الراء التشديد لاندغام التاء فيها وهكذا عادتهم التخفيف فى الراء التى اصله التشديد[a] وكثير[b] ما يدغمون تاء الافتعال فى غير مثلها مثل תבנה וְתִכּוֹנֵן (Num. 21, 27) الذى هو תִתְכּוֹנֵן وكذلك שמי מְנוֹאָץ (Jes.52,5) מִתְנוֹאָץ וישמע את הקול מִדַּבֵּר אליו (Num.7,89) מִתְדַּבֵּר למה תִשּׁוֹמֵם (Ecc. 7, 16) תִתְשׁוֹמֵם וְנִוַּסְּרוּ כל הנשים (Ez. 23, 48) וְנִתְוַסְּרוּ וְנִכַּפֵּר להם הדם (Deut 21,8) וְנִתְכַּפֵּר وهكذا اقول فى יִרַדֹּף אויב נפשי (Ps. 7, 6) انه יִתְרַדֵּף والاصل فى الراء التشديد ومثله הַאִדָּרֵשׁ אִדָּרֵשׁ להם (Ez. 14, 3)

---

a) B adds فى غير مثله. *b*) Mss. وكثيرا.

و الْهֵקִר بצري כְּהָקִיר בור מימיה כן הֵקֵרָה רעתה (ib.6,7) הוּקַר מוּקָר

רוֹב רָב רַבְתָּ ה׳ רִיבֵי נפשי (Lam.3,58) הוי רָב את יוצרו (Jes. 45, 9) הֲרוֹב רָב עם ישראל (Jud. 11, 25) אָרוֹב רוֹב יָרוֹב والثقيل הֵרִיב הֲרִיבוֹתִי. רִיב יָרִיב את רִיבָם (Jer. 50, 34) وقد جاءت كلمة فى الماضى بلا هاء على غير القياس מדוע אליו רִיבוֹתָ (Job 33, 13) والوجه הֲרִיבוֹת كما جاء בִּינוֹתִי בספרים (Dan. 9, 2) والوجه הֲבִינוֹתִי וַיָּרִיבוּ רעי גרר (Gen. 26, 20) רִיבָה ה׳ את יְרִיבַי (Ps. 35, 1) قيل ايضا فى יְרִיבַי انه مقلوب الياء الساكنة التى فى רִיבָה عين صارت فى יְרִיבַי فاء وكذلك ואת יְרִיבֵךְ אנכי אָרִיב (Jes. 49,25) وامثال יְרִיבַי פְּלִיטַי שְׂרִידַי צְעִירַי ويمكن ان يكونا اصلين ריב ירב وانما قيلا معا لتقارب اللفظ واتّفاق المعنى

ריד[a] עוד רָד עם אל (Hos.12,1) מדוע אמרו עמי רַדְנוּ (Jer. 2, 31) אָרוּד والثقيل תָּרִיד אָרִיד בשיחי ואהימה (Ps.55,3) והיה כאשר תָּרִיד (Gen. 27, 40) وليس من هذا الاصل לא תִרְדֶּה בו (Lev. 25, 43) יִרְדּוּ על ידיהם (Jer. 5, 31) רוֹדֶה באף גוים (Jes. 14, 6) וַיִּרְדֶּנָּה (Lam. 1, 13)

---

a) A רוד.

(Jes. 52, 2), وثقيل اخر بتحريك عين الفعل وشدّتها ומאמר
אסתר קִיַּם (Esth. 9, 32) קִיְּמוּ וקבלו (ib. 27) לְקַיֵּם דבר
(Ez. 13, 6)

קין קִינָה היא ותהי לְקִינָה (Ez. 19, 14) שא קִינָה (ib. 1)
والثقيل וְקוֹנְנוּהָ (Ez. 32, 16) וַיְקוֹנֵן ירמיהו (II Chr. 35, 25)
תְּקוֹנֵנָּה אותה (Ez. 32, 16) النونْ الاخيرة الساكنة مندغمة
فى النون التى بعدها الشديدة مثل תְּרַנֵּנָּה שפתי (Ps.71,23)
הַאֲזֵנָּה אמרתי (Jes. 32, 9)

קוץ קָץ קַצְתִּי וְקָץ עליו העיט (Jes. 18, 6) יָקוּץ קַיִץ
וחרף (Gen. 8, 22) ومعنى اخر קָץ קַצְתִּי בחיי (ib. 27, 46)
תעזב האדמה אשר אתה קָץ מפני שני מלכיה (Jes.7,16)
וַיָּקֻצוּ מפני בני ישראל (Ex.1,12) וַיָּקָץ מואב (Num. 22,3)
ואל תָּקֹץ בתוכחתו (Pr. 3, 11) וָאָקֻץ בם (Lev. 20, 23)
والثقيل فى هذا المعنى הֵקִיץ אָקִיץ נעלה ביהודה וּנְקִיצֶנָּה
ונבקענה (Jes. 7, 6) ومعنى ثالث فى الاصل לא הֵקִיץ
הנער (II Reg. 4, 31) על זאת הֲקִיצוֹתִי ואראה (Jer. 31, 25)
ואין יודע ואין מֵקִיץ (I Sam. 26, 12) העירה וְהָקִיצָה
(Ps. 35, 23)

קור קַר קַרְתִּי אני קַרְתִּי ושתיתי מים (II Reg.19, 24)
אָקוּר וְקוֹר וחם (Gen. 8, 22) מְקוֹר נפתח (Zech. 13, 1)
מְקוֹר מים חיים (Jer. 2, 13) والثقيل فى هذا المعنى הֵקִיר

(Ex.5,23 والاصل וְהַטִּילוֹתִי וְהֵצִיר לָךְ הֵרִיעַ לָעָם הַזֶּה
וְלֹא תָקִיא הָאָרֶץ אֶתְכֶם (Lev. 18, 28 וַתָּקִא הָאָרֶץ
(ib.25 וַיָּקֵא אֶת יוֹנָה (Jon. 2, 11 קִיא צוֹאָה (Jes. 28, 8
כְּכֶלֶב שָׁב עַל קֵאוֹ (Pr. 26, 11 والامر הָקֵא مثل הָרֵם
הָבֵא

קוּט קָט קָטֹתִי אָקוּט בְּדוֹר (Ps. 95, 10 אֲשֶׁר יָקוֹט
כִּסְלוֹ (Job 8,14 רָאִיתִי בוֹגְדִים וָאֶתְקוֹטָטָה (Ps. 119, 158
וּבִתְקוֹמְמֶיךָ אֶתְקוֹטָט (Ps. 139, 21

קוּם קָם קַמְתִּי אָנִי (Cant. 5, 5 וְקָאם שָׁאוֹן בְּעַמֶּךָ
(Hos.10,14 עַתָּה אָקוּם יֹאמַר ה׳ (Jes.33,10 וַיָּקָם שְׂדֵה
עֶפְרוֹן (Gen.23, 17 קוּם הִתְהַלֵּךְ בָּאָרֶץ (ib. 13, 17 קוּמוּ
צְאוּ (ib. 19, 14 וְלֹא תִהְיֶה לָכֶם תְּקוּמָה (Lev. 26, 37
קָמִים עָלָי (Ps. 3, 2 שְׁאוֹן קָמֶיךָ (ib. 74, 23 وقد قالوا
ايضا في الصفة קוֹם הַקּוֹמִים (II Reg. 16, 7 على ما
ذكرت في בּוֹשִׁים ,טוֹבִים ,والثقيل הֵקִים הֲקִימוֹתִי אֶת
דְּבַר ה׳ (I Sam. 15, 13 וַיְקִימֵנִי לוֹ לְמַטָּרָה (Job 16, 12
הָקֵם תָּקִימְנָה (Jer. 44, 25 יָקֵם סְעָרָה (Ps. 107, 29 וַיָּקֶם
עֵדוּת (Ps. 78, 5 הוּקַם עַל (II Sam. 23, 1 ,وثقيل اخر
تضاعفت فيه اللام קוֹמֵם קוֹמַמְתִּי וְחָרְבוֹתֶיהָ אֲקוֹמֵם
(Jes. 44, 26 קוֹמְמִיּוּת (Lev. 26, 13 מִמִּתְקוֹמְמִים בִּימִינֶךָ
(Ps. 17, 7 וּבִתְקוֹמְמֶיךָ (Ps. 139, 21 على زنة תְּחוֹלְלְכֶם

וַיָּצִיצוּ כל פֹּעֲלֵי און (Ps. 92, 8) יָצִיץ ופרח (Jes. 27, 6)
וַיָּצֵץ צִיץ (Num. 17, 23) הָצֵץ امر ومصدر ومعنى ثانى
הֵצִיץ יָצִיץ נזרו (Ps. 132, 18) ועשית צִיץ (Ex. 28, 36)

צוק הֵצִיק וַהֲצִיקוֹתִי לאריאל (Jes. 29, 2) הֱצִיקַתְנִי
רוח בטני (Job 32,18) יָצִיק לך אויבך (Deut.28,53) ואיה
חמת הַמֵּצִיק (Jes. 51, 13) במצור וּבְמָצוֹק (Deut. 28, 53)
צרה וּמְצוּקָה (Zeph. 1, 15)

קוא קָא קָאתִי مثل בָּא בָּאתִי יָקָא תָּקָא כאשר
קָאָה את הגוי (Lev. 18, 28) على زنة הנני אחריכם בָּאָה
(I Sam. 25, 19) والامر קוא مثل בוא وقد اتى على غير
القياس שתו ושכרו וּקְיוּ (Jer. 25, 27) وكان الوجه فيه קוֹאוּ
او קוֹאוּ فإمّا أن يكونوا اسقطوا الالف وحركوا الواو وقلبوها
ياء كما فعلوا فى יִרְאוּ את ה׳ קדושיו (Ps. 34, 10)
للاستخفاف او[a] يكونوا اسقطوا الواو وقلبوا الالف ياء وقد
يمكن ان يكون من اصل اخر اعنى קָיָה קָיִיתִי קְיֵה קְיוּ
والثقيل فى هذا الاصل הֵקִיא הֱקִיאוֹתִי واستعملوا וַהֲקֵאתוֹ
(Pr. 25, 16) والاصل הֲקִיאוֹתוֹ كما استعملوا וַהֲבֵאתָהּ אל תוך
ביתך (Deut. 21, 12) والاصل וַהֲבִיאוֹתָהּ واستعملوا וְהֵטַלְתִּי
אותך (Jer. 22,26) וְהֵצַר לך (Deut.28,52) הֵרַע לעם הזה

---

a) A وإما ان.

والتصريف الجارى على הֵצִיר او הֵצֵר והֵרִיעַ او הֵרֵעַ هو الذى جاء على الوجه المعروف والقياس الصحيح ويمكن ان يكون לא יֵצַר צעדיך (Pr. 4, 12) וַיֵּצְרוּ צעדי אונו (Job 18, 7) יָצַר לו (I Reg. 8, 37) וַיֵּצֶר לאמנון (II Sam. 13, 2) اصلا اخر وفى هذا الاصل معنى ثانى וְצַרְתָּ הכסף (Deut. 14, 25) וַיָּצוּרוּ וימנו (II Reg. 12, 11) וַיָּצַר ככרים כסף (ib. 5, 23) צור תעודה (Jes. 8, 16) وفيه معنى ثالث וְצִיר בגוים שלוח (Jer. 49, 14) צִיר נאמן לשלחיו (Pr. 25, 13) والافتعال וילכו וַיִּצְטַיָּרוּ (Jos. 9, 4) هزة الطاء دخلت موضع التاء ليسهل الافصاح بالصاد وكذلك הִצְטַיַּדְנוּ אותו (Jos. 9, 12) ומה נִּצְטַדָּק (Gen. 44, 16) وفيه معنى رابع וְצוּרָם לבלות שאול (Ps.49,15) צוּרַת הבית (Ez. 43, 11) וַיָּצַר אותו בחרט (Ex. 32, 4)

צום צָם צַמְתָּ ותבך (II Sam.12,21) למה צַּמְנוּ (Jes.58,3) וַיָּצוּמוּ שבעת ימים (I Sam. 31, 13) וְצוּמוּ עלי (Esth. 4,16) הֲצוֹם צַמְתֻּנִי אני (Zech. 7, 5) عين الفعل ساقطة من צַמְתּוּנִי واصله צְיַמְתּוּנִי

צוף צָף צַפְתִּי צָפוּ מים על ראשי (Lam. 3, 54) والثقيل אשר הֵצִיף (Deut. 11, 4) אָצִיף וַיָּצֶף הברזל (II Reg. 6, 6)

ציץ צָץ המטה (Ez. 7, 10) צַצְתִּי אָצוּץ والثقيل הֵצִיץ הֲצִיצוֹתִי وان استثقل قيل הֵצַצְתִּי וְיָצִיצוּ מעיר (Ps.72,16)

وقد تضاعفت اللام צוֹדֵד צוֹדַדְתִּי לְצוֹדֵד נפשות (Ez. 13, 18)
מְצוֹדְדוֹת את נפשים (ib. 20) ومعنى اخر צֵידָה שלח לכם
לשבע (Ps. 78, 25) חם הִצְטַיַּדְנוּ אותו (Jos. 9, 12)

צוּר צר צרתי וְצַרְתָּ עליה (Deut. 20, 12) כי תָצוּר
אל עיר (ib. 19) אל תְּצֻרֵם (ib. 2, 19) וַיָּצַר עליה (Dan. 1, 1)
והנם צָרִים עליה (Jud. 9, 31) עלי עילם צוּרִי מדי (Jes. 21, 2)
ובנית מָצוֹר (Deut. 20, 20) בְּמָצוֹר ובמצוק (ib. 28, 53)
והקימותי עליך מְצֻרוֹת (Jes. 29, 3) والثقيل הֵצִיר او
הֵצֵר וַהֲצֵרֹתִי לאדם (Zeph. 1, 17) יָצֵר וְיֵצְרוּ וּכְהָצֵר
לו (II Chr. 33, 12) وقد استعملوا וְהֵצַר לך (Deut. 28, 52)
والاصل הֵצִיר او הֵצֵר واجروا عليه אל תָּצַר את מואב
(Deut. 2, 9) לא יֵצַר צעדך (Pr. 4, 12) יֵצְרוּ צעדי אונו
(Job 18, 7) وقد ذهبت عين الفعل من هذا التصريف وامّا
الساكن المزيد فثابت ليكون دليلا على الاصل ولذلك
وقفت الياء فى יֵצְרוּ צעדי אונו وكذلك استعملوا הֵרַע
לעם הזה (Ex. 5, 23) والاصل הֵרַע او הֵרִיעַ واجروا عليه
ולא יֵרַע לבבך (Deut. 15, 10) לא אָרַע לך עוד (I Sam. 26, 21)
מדוע לא יֵרְעוּ פני (Neh. 2, 3) وعين الفعل ايضا ذاهبة
من هذا التصريف والساكن المزيد ثابت ليكون دليلا
على الاصل ولذلك وقفت الياء فى יֵרְעוּ פני وهذا التصريف
الجارى على הֵצִיר او הֵצֵר وְהֵרַע شاذّ لا يقاس عليه

ومعنى اخر הֵפִיק יָפִיק او יָפֵק וְתָפֵק לרעב נפשך (Jes. 58, 10) זממו אל תָּפֵק (Ps. 140, 9) וַיָּפֶק רצון מה' (Pr. 8, 35)

פיר ה' הֵפִיר עצת גוים (Ps.33,10) הֲפִירוֹתִי او הֵפַרְתִּי على غير الوجه אָפִיר יָפִיר او יָפֵר ואם הָפֵר יָפֵר (Num.30,13) מֵפִיר او מֵפֵר מֵפֵר אותות בדים (Jes.44,25) גם בריתי תופר (Jer. 33, 21) לך הָפֵרָה (I Reg. 15, 19) ومعنى اخر פור הִתְפּוֹרְרָה (Jes. 24 , 19) אתה פוֹרַרְתָּ בעזך ים (Ps. 74, 13) יְפוֹרֵר מְפוֹרֵר פוֹרֵר امر ومصدر

פוש פָּשׁ פַּשְׁתִּי ויצאתם וּפִשְׁתֶּם (Mal. 3, 20) כי תָפוּשׁוּ כעגלה דשה (Jer. 50, 11) واعلم ان الفاء في וּפִשְׁתֶּם مكسورة على خلاف اصحابها التى هى بفتح الاوّل ابدا واحسب ذلك لأن الاصل فيه וּפִישְׁתֶּם بكسر الياء التى هى عين الفعل مثل וִירִשְׁתֶּם (Jos. 1, 15) יְלִדְתִּיהוּ (Num. 11, 12) ולא שְׁאִלְתִּיהוּ (Jud. 13, 6) التى عين الفعل فيها مكسورة فلمّا اعتلّت الياء وسقطت أُلْقِيَ كسرُها على الفاء ليكون ذلك دليلا على اصله ولذلك خالف الاطّراد كما خالف ذلك יְרִשְׁתֶּם יְלִדְתִּיהוּ שְׁאִלְתִּיהוּ

צוד צָד צַדְתִּי צוד צָדוּנִי (Lam. 3, 52) אשר יָצוּד צֵיד חיה (Lev. 17, 13) אשלח לרבים צַיָּדִים וְצָדוּם (Jer. 16, 16) מְצוֹדִים וחרמים (Ecc. 7, 26) וְצוּדָה לי צָיִד (Gen. 27, 3)

נגרה ולא תָפוּג (Gen. 45, 26) וַיָּפָג לבו (Ps. 77, 3) אל תתני פוּגַת לך (Lam. 2, 18) والانفعال נָפוֹג נְפוּגוֹתִי ונדכיתי (Ps. 38, 9) אֶפּוּג הִפּוּג

פוּח פָּח פַּחְתִּי עד שֶׁיָּפוּחַ היום (Cant. 2, 17) פוּתַ, واما מַפַּח נפש (Job 11, 20) וַיִּפַּח באפיו (Gen. 2, 7) וְנָפַחְתִּי בו (Jes. 54, 16) נוֹפֵחַ באש פחם (Hag. 1, 9) فأصل اخر وفى الاصل معنى اخر הֵפִיחַ יָפִיחַ לו (Ps. 12, 6) הָפֵחַ בחורים כולם (Jes. 42, 22) قيل ان هذا من הַפַּח נשבר (Ps. 124, 8)

פוּן פָּן פַּנְתִּי יָפוּן אָפוּן נשאתי אמיך אָפוּנָה (Ps. 88, 16)

פוּץ פָּץ פַּצְתִּי פן נָפוּץ על פני הארץ (Gen. 11, 4) יָפוּצוּ מעינותיך חוצה (Pr. 5, 16) וַתְּפוּצֶינָה מבלי רעה (Ez. 34, 5) ויאמר שאול פוצו בעם (I Sam. 14, 34) والثقيل منه הֵפִיץ הֲפִיצוֹתִי הֱפִיצָם ה׳ (Gen. 11, 9) מאבדים וּמְפִיצִים (Jer. 23, 1) מֵפִיץ וחרב (Pr. 25, 18) וַיָּפֶץ ה׳ אותם (Gen. 11, 8) הָפֵץ עברות אפך (Job 40, 11) وثقيل اخر פוֹצֵץ פּוֹצַצְתִּי וכפטיש יְפוֹצֵץ סלע (Jer. 23, 29) וַיִּתְפּוֹצְצוּ הררי עד (Hab. 3, 6)

פוּק פָּק פַּקְתִּי פָּקוּ פליליה (Jes. 28, 7) אָפוּק לְפוּקָה ולמכשול לב (I Sam. 25, 31) والثقيل הֵפִיק הֲפִיקוֹתִי יחזקום ולא יָפִיק (Jer. 10, 4) וּפִיק ברכים (Nah. 2, 11)

עור עַר עַרְתִּי אָעוּר לא אכזר כי יְעוּרֶנּוּ (Job 41, 2)
אני ישנה ולבי עֵר (Cant.5,2) עוּרִי עוּרִי דבורה (Jud.5, 12)
עוּרָה למה תישן ה׳ (Ps. 44, 24) والثقيل הֵעִיר ה׳ את
רוח (Ezr. 1, 1) הַעִירוֹתִי מצפון (Jes. 41, 25) ולא יָעִיר
כל חמתו (Ps. 78, 38) הָעִירָה והקיצה (ib. 35, 23) وثقيل
اخر וְעוֹרֵר עליו ה׳ (Jes. 10, 26) וְעוֹרַרְתִּי בניך ציון
על בניך (Zach. 9, 13) אם תָּעִירוּ ואם תְּעוֹרְרוּ (Cant. 2,7)
עוֹרְרָה את גבורתך (Ps.80,3) וְהִתְעוֹרַרְתִּי כי מצאו רע
(Job 31, 29) מִתְעוֹרֵר להחזיק בך (Jes. 64, 6) والانفعال
כי נֵעוֹר ממעון קדשו (Zach. 2, 17) נְעוֹרוֹתִי יֵעוֹרוּ ויעלו
הגוים (Joel 4, 12) העור ويمكن ان يكون من هذا الاصل
وهذا المعنى נשוא לשוא עָרֶיךָ (Ps. 139, 20) וה׳ סר
מעליך ויהי עָרֶיךָ (I Sam. 28, 16) ומלאו פני תבל עָרִים
(Jes. 14, 21)

עוש עָשׁ עַשְׁתִּי אָעוּשׁ יָעוּשׁ עוּשׁוּ ובאו כל הגוים
(Joel 4, 11)

עות עָוַת עָוְתָה ושתי המלכה (Esth. 1, 16) יְעַוֵּת עִוֵּת
والثقيل לְעַוֵּת אדם בריבו (Lam. 3, 36) מְעֻוָּת לא יוכל
לתקון (Ecc. 1, 15) وفى الاصل معنى اخر עָת עַתִּי بالادغام
אָעוּת לָעוּת את יעף דבר (Jes. 50, 4)

פוג פָּג פַּגְתִּי על כן תָּפוּג תורה (Hab.1, 4) ידי לילה.

אל עֲוִיל (Job 16, 11) ويقال ان עַלְוָה مقلوب עוֹלָה مثل
שִׂמְלָה וشַׂלְמָה כִּשְׂבָּה וכִבְשָׂה[a] وقد تلين هذا الواو אַף
בלב עולות תפעלון (Ps. 58, 3) וְעֹלָתָה קָפְצָה פִּיהָ
(Job 5, 16)

עיף עָיַפְתִּי כי עָיְפָה נפשי להורגים (Jer. 4, 31) استعمل
هذا الاصل بتحريك عين الفعل وقيل ايضا فى هذا انّه
مقلوب من יָעַף לשתות הַיָּעֵף (II Sam. 16, 2) לא יִיעַף
ולא ייגע (Jes. 40, 28) וְיִעֲפוּ נערים (ib. v. 30) وفى الاصل
הֵעִיף הֵעִיפוֹתִי הֲתָעִיף עיניך בו ואיננו (Pr. 23, 5)
הוּעַף יוּעַף מוּעָף ويمكن ان يكون من هذا المعنى עוֹשֵׂה
שחר עֵיפָה (Am. 4, 13) ארץ עֵפָתָה כמו אופל (Job 10, 22)
וַתֹּפַע כמו אופל (ib.) ومعنى ثالث עָף עַפְתִּי מגלה
עָפָה (Zach. 5, 1) כחלום יָעוּף (Job 20, 8) מחץ יָעוּף יומם
(Ps. 91, 5) والثقيل فى هذا المعنى עוֹפֵף עוֹפַפְתִּי וְעוֹף
יְעוֹפֵף על הארץ (Gen. 1, 20) כָּעוֹף יִתְעוֹפֵף כבודם (Hos. 9, 11)
מִתְעוֹפֵף

עיק הֵעִיק הֵעִיקוֹתִי הנה אנכי מֵעִיק תחתיכם כאשר
תָּעִיק העגלה (Am. 2, 13) הוּעַק יוּעַק מוּעָק שמת מוּעָקָה
במתנינו (Ps. 66, 11) מפני עָקַת רשע (ib. 55, 4)

---

a) Cf. Ġanaḥ, Kit. al-luma', p. 337.

וְהוּעַד בבעליו (Ex. 21, 29) עֵד ה׳ בכם וְעֵד משיחו
(I Sam. 12, 5) צור תְּעוּדָה (Jes. 8, 16) וזאת הַתְּעוּדָה
(Ruth 4, 7) ومعنى ثالث הָעֵיד הַעִידוֹתִי (Jer. 11, 7) אָעִיד
מה אֲעִידֵךְ מה אדמה לך *a* (Lam. 2, 13)

עוז הֵעִיז הֵעִיזוֹתִי יָעִיז הָעִיזוּ בני בנימין (Jer. 6, 1) הָעֵיזוּ
אל תעמודו (ib. 4, 6) שְׁלַח הָעֵז את מקנך (Ex. 9, 19)
وكذلك المصدر הוּעַז יוּעַז מוּעָז

עול על עֲלֹתִי עָלוֹת עלי (Gen. 33, 13) עָלוֹת ינהל
(Jes. 40, 11) עוּל ימים וזקן (ib. 65, 20) פעוּל وقد اتى الاسم
بتحريك الواو على زنة פעיל יסגירני אֵל אל עֲוִיל
(Job 16, 11) גם עֲוִילִים מאסו בי (ib. 19, 18) ישלחו כצאן
עֲוִילֵיהֶם (ib. 21, 11) ويمكن ان يكون من هذا الاصل وهذا *b*
المعنى עוֹלָלִים שאלו לחם (Lam. 4, 4) מפי עוֹלְלִים ויונקים
(Ps. 8, 3) وفى الاصل معنى اخر עָוֶל עִוַּלְתִּי אֲעַוֵּל בארץ
נכוחות יְעַוֵּל (Jes. 26, 10) מכף מְעַוֵּל וחומץ (Ps. 71, 4)
والخفيف עָוַל עָוַלְתִּי יַעֲוֹל עֲוֹל ולא ידע עַוָּל בשת (Zeph. 3, 5)
والاسم المضاف בְּעֶוֶל רכולתך (Ez. 28, 18) والغير مضاف
לא תעשו עָוֶל (Lev. 19, 15) ולא יוסיפו בני עַוְלָה
(II Sam. 7, 10) ويمكن ان يكون من هذا المعنى יסגירני אל

---

a) B gloss في معنى قياس وتشبيه. *b*) A om. אלאצל והדא.

הֲסִיכוֹתִי אָסִיךְ אַךְ מֵסִיךְ הוּא (Jud. 3, 24) ויבא שאול
לְהָסֵךְ את רגליו (I Sam. 24, 3) הָסֵךְ

סוּת ואף הֲסִיתְךָ (Job 36, 16) הֲסִיתוֹתִי على الاصل
وان استثقل قيل הֵסַתִּי بادغام التاء الاولى الساكنة فى
الثانية واعلم ان تشديد التاء فى הֵסַתָּה אותו איזבל
אשתו (I Reg. 21, 25) خارج عن القياس وكان التخفيف
فيها هو القياس הֵסַת للمذكر او הֵסִית הֵסַתָּה
للمؤنث او הֵסִיתָה כי יְסִיתְךָ אחיך בן אמך (Deut. 13, 7)
וַיָּסֶת את דוד בהם (II Sam. 24, 1) וַיְסִיתֵם אלהים ממנו
(II Chr. 18, 31) וַתְּסִיתֵנִי בו (Job 2, 3) מֵסִית

עוּב הֵעִיב הֲעִיבוֹתִי איכה יָעִיב באפו ה׳ (Lam. 2, 1)
ويمكن ان يكون من עָבִים

עוּג עָג עַגְתִּי אָעוּג תְּעוּגֶנָּה לעיניהם (Ez. 4, 12) עוּגָה
קטנה (I Reg.17,13) אם יש לי מָעוֹג (ib.v.12) עוּג امر ومصدر

עוּד יאכל עַד (Gen. 49, 27) אז חלק עַד שלל (Jes.33,23)
وفى الفعل ثقيل بتشديد الواو עִוֵּד עִוַּדְתִּי אֲעַוֵּד חבלי
רשעים עִוְּדוּנִי (Ps. 119, 61) وفى الاصل معنى ثانى הֵעִיד
הַעִידוֹתִי בכם היום (Deut. 8, 19) הָעֵד הֵעִיד בו
האיש לאמר (Gen. 43, 3) וִיעִידֻהוּ לאמר (I Reg. 21, 10)
וַיְּעִידוּ בכם (II Chr.24,19) וַיָּעַד ה׳ בישראל *a* (II Reg.17,13)

---

a) Mss. בהם.

נאם ה׳ (Jes. 66, 17) סוּף امر ومصدر وفى الاصل ثقيل
הֵסִיף הֲסִיפוֹתִי אָסִיף او אָסֵף بצרי אָסוֹף אֲסִיפֵם
(Jer. 8, 13) אָסֵף אדם ובהמה אָסֵף עוף השמים
(Zeph. 1, 3) אָסוֹף هذا ليس من هذا الاصل بل من אָסַף
אָסַפְתִּי الذى تفسيره جَمَعَ والمعنى فيه جمعا اقطعهم
واستاصلهم وقال قوم انّه من هذا الاصل كما ان אֲסִיפֵם
منه ومعناه القطع والاستيصال وزيادة الالف فيه كزيادتها
فى אָדוֹשׁ יְדוּשֶׁנּוּ (Jes. 28, 28)

סוּר סָר מעל האהל (Num. 12, 10) וְסַרְתֶּם מן הדרך
(Deut. 31, 29) אָסוּר יָסוּר למיום סור אפרים (Jes. 7, 17)
וְסוּרַי בארץ יכתבו (Jer. 17, 13) סוּרֵי הגפן נכריה
(ib. 2, 21) גולה וְסוּרָה (Jes. 49, 21) والثقيل הֵסִיר הֲסִירוֹתִי
וְהֵסִיר ה׳ ממך כל חולי (Deut. 7, 15) יָסִיר וַתָּסַר בגדי
אלמנותה (Gen. 38, 14) מֵסִיר מירושלים (Jes. 3, 1) הָסֵר
ממך עקשות פה (Pr. 4, 24) وفى الاصل معنى ثانى قريب
من الاوّل וירא ה׳ כי סָר לראות (Ex. 3, 4) אָסוּרָה נא
ואראה (ib. 3) יָסוּר שמה לאכל לחם (II Reg. 4, 8) וַיָּסַר
אליה האהלה (Jud. 4, 18) סוּרָה אדני סוּרָה אלי (ib.)

סוּךְ סָךְ וְסוּךְ לא סָכְתִּי (Dan. 10, 3) ורחצת וָסַכְתְּ
(Ruth 3, 3) אָסוּךְ יָסוּךְ ושמן לא תָסוּךְ (Deut. 28, 40)
וַיְסוּכוּם (II Chr. 28, 15) סוּךְ فالثقيل فى معنى اخر הֵסִיךְ

ניץ הֵנִיץ او הֵנֵץ הֲנִיצוֹתִי הֵנֵצוּ הרמונים (Cant. 6, 11)
مثل הֵפֵרוּ (Jer. 31, 31) אָנֵץ נָנֵץ וְיָנֵאץ השקד (Ecc. 12, 5)
מֵנֵץ مثل מֵפֵר او מֵנִיץ مثل מֵפִיר הָנֵץ امر ومصدر

ניר הֵנִיר הֲנִירוֹתִי יָנִיר נִירוּ לכם נִיר (Jer. 4, 3)
למען היות נִיר (I Reg. 11, 36) وفى الاصل معنى ثانى נֵר
לרגלי דבריך (Ps. 119, 105) וּמְנוֹרָה וְנֵירוֹתֶיהָ (I Chr. 28, 15)

סוג סָג סַגְתִּי כלו סָג יחדו נאלחו (Ps. 53, 4) אָסוּג
מדרכיו ישבע סוג לב (Pr. 14, 14) والانفعال נָסוֹג לא
נָסוֹג אחור לבנו (Ps. 44, 19) נְסוּגוֹתִי ואת הַנְּסוֹגִים
(Zeph. 1, 6) אָסוּג יִסּוֹגוּ אחור ויחפרו (Ps. 35, 4) וְהֻסַּג
אחור משפט (Jes. 59, 14) ان كان من هذا الاصل فشدّة
السين للتعويض لانّهم قد يعوضون بالتشديد فى الافعال
المتغيّرة كما يعوضون فيها بالساكن اللين واكثر ما يظهر
تعويضهم بالتشديد بدلًا من الساكن اللين فى الافعال
ذوات المثلين على ما ذكرت فى التأليف الذى ألّفته فيها
ولو قال וְהוּסַג אחור משפט بساكن لين للتعويض
وتخفيف السين لكان حسنا وقد يمكن ان يكون וְהוּסַג
אחור אל תַּסֵּג גבול עולם (Pr. 22, 28) מַסִּיג גבול רעהו
(Deut. 27, 17) اصل اخر وفى الاصل معنى ثانى סוּגָה
בשושנים (Cant. 7, 3)

סוף סָף סַפְתִּי סָפוּ תמו (Ps. 73, 19) אָסוּף יחדו יָסוּפוּ

מְנוּחָה ويمكن ان يكون נִיחוֹחַ من هذا الاصل والثقيل

הֵנִיחַ וַהֲנִיחוֹתִי לָךְ (Ex.33,14) יסר בנך וִינִיחֶךָ (Pr.29,17)

וַיָּנַח ה׳ להם (Jos.21,42) לְהָנִיחַ ברכה אל ביתך (Ez.44,30)

וַהֲנָחָה למדינות עשה (Esth. 2, 18)

נוּט נָט נַטְתִּי יושב כרובים תָּנוּט הארץ (Ps. 99,1)

נוּם נָם נַמְתִּי נָמוּ רועיך (Nah.3,18) נָמוּ שנתם (Ps.76,6)

הנה לא יָנוּם ולא יִשן (ib.121,4) תלביש נוּמָה (Pr. 23,21)

לעפעפי תְּנוּמָה (Ps. 132, 4)

נוּס נָס נַסְתִּי על סוס נָנוּס על כן תְּנוּסוּן (Jes.30,16)

כי אם נוס נָנוּס (II Sam. 18,3) וַיָּנָס החוצה (Gen. 39, 13)

וְנַסְנוּ לפניהם (Jos. 8, 5) בְּנוּסָם מפני ישראל

(Jos. 10, 11) والثقيل הֵנִים את עבדיו (Ex. 9, 20)

הֲנִיסוֹתִי אֳנִים

נוּעַ נָע נַעְתִּי נוֹעַ תָּנוּעַ הארץ (Jes. 24, 20) וַיָּנַע לבבו

(ib.7,2) בְּנוֹעַ עצי היער (ib.) والثقيل הֵנִיעַ וַהֲנִיעוֹתִי בכל

הגוים (Am.9,9) וַיְנִיעֵם במדבר (Num. 32, 13) המה יְנִיעוּן

לאכל (Ps.59,16) والانفعال נָנוֹעַ נְנוֹעוֹתִי אֶנּוֹעַ יִנּוֹעַ אם

ינּועו ונפלו על פי אוכל (Nah. 3, 12)

נוּף הֵנִיף הֲנִיפוֹתִי וַיְנִיפֵהוּ תְנוּפָה (Lev. 8, 29) לַהֲנָפָה

גוים (Jes. 30, 28) وثقيل اخر נוֹפֵף נוֹפַפְתִּי יְנוֹפֵף ידו

(Jes. 10, 32) מְנוֹפֵף

וָמַתִּי (Gen. 19, 19) والتاء التى a هى لام الفعل مندغمة فى تاء الفاعل الشديدة אָמוּת מָוֶת וחיים ביד לשון (Pr. 18, 21) הַמָּוְתָה לחסידיו (Ps. 116, 15) בני תְמוּתָה (ib. 79, 11), الثقيل הֵמִית וָמִית מֵמִית, ثقيل اخر מוֹתֵת אנכי מותַתִּי את משיח ה׳ (II Sam. 1, 16) التاء الاخيرة الساكنة اندغمت فى تاء المتكلّم, لذلك اشتدّت תְּמוֹתֵת רשע רעה (Ps. 34, 22) מְמוֹתֵת אחריו (I Sam. 14, 13) אשר לא מוֹתְתַנִי (Jer. 20, 17)

נוב נָב נַבְתִּי חיל כי יָנוּב (Ps. 62, 11) עוד יְנוּבוּן בשיבה (ib. 92, 15) מְתְנוּבוֹת שדי (Lam. 4, 9) ويقرب من هذا المعنى וְנִיבוֹ נבזה אכלו (Mal. 1, 12), الثقيل فى هذا المعنى נוֹבֵב נוֹבַבְתִּי ותירש יְנוֹבֵב בתולות (Zach. 9, 17)

נוד נָד נַדְתִּי אָנוּד יָנוּד נודו מאד (Jer. 49, 30) נע וָנָד (Gen. 4, 12), الثقيل הֵנִיד הֲנִידוֹתִי ויד רשעים אל תְּנִדֵנִי (Ps. 36, 12)

נוה ולא נוֹהַּ בהם (Ez. 7, 11), قد قلبت ياء لينة ונשאו אליך בְּנִיהֶם קינה (ib. 27, 32)

נוח נָח לא שקטתי ולא נָחְתִּי (Job 3, 26) וְנַחְנוּ עליו (II Sam. 17, 12) אָנוּחַ ליום צרה (Hab. 3, 16) יָנוּחוּ על משכבותיהם (Jes. 57, 2) וַתָּנַח התבה (Gen. 8, 4) מָנוֹחַ

---

a) A אלתא, B אלדי.

ויבש (ib. 90, 6) واما וַיִּמֹּלוּ כל זכר (Gen. 34, 24) כאשר הם נְמֹּלִים (ib. 22) فليس من هذا الاصل بل هما من נמל וּנְמַלְתֶּם (ib.17,11) النون مندغمة فى الميم ووزنهما ויפעלו נפעולים[a] נִמּוֹל אברהם (ib. 26) من נמל على زنة נִשְׁאוֹל (I Sam.20,6) נִשְׁלוֹחַ (Esth. 3,13) ونַחְתּוֹם (ib.8,8) وقد يمكن ان يكون הִמּוֹל יִמּוֹל من נמל على زنة כְּהִנְדֹּף עשן תִּנְדֹּף (Ps.68,3) وكذلك הִמֹּלוּ לה׳ وאם לא תשמעו אלינו לְהִמּוֹל من נמל وليس يكون معناهما انفعال اذا كان من נמל فافهم

מיר הֵמִיר כבודי (Jer.2,11) הֲמִירוֹתִי וַיָּמִירוּ את כבודם (Ps. 106, 20) והיה הוא וּתְמוּרָתוֹ (Lev. 27, 33)

מיץ כי מִיץ חלב (Pr. 30, 33) כי אפס הַמֵּץ (Jes. 16, 4)

מוש לא מָשׁוּ מקרב המחנה (Num. 14, 44) וּמַשְׁתִּי את עון הארץ ההיא (Zech. 3, 9) כי ההרים יָמוּשׁוּ (Jes. 54, 10) לא יָמוּשׁ (Jos. 1, 8) والثقيل הֵמִישׁ הֲמִישׁוֹתִי לא יָמִישׁ עמוד הענן (Ex. 13, 22) والامر הָמֵשׁ וַהֲמִישֵׁנִי את העמודים (Jud. 16, 26)

מות מֵת הילד (II Sam. 12, 18) واذا وصلوه بضمير الفاعل استثقلوا تحريك الميم بالצרי وقالوا פן תדבקני הרעה

---

a) C נפעולן.

בינותם (Gen. 42, 23) מלאך מֵלִיץ (Job 33, 23) יָלִיץ

לוש לָשׁ לַשְׁתִּי יָלוּשׁ ותקח קמח וַתָּלָשׁ (I Sam. 28, 24)
לָשׁוּת בצק (Jer. 7, 18) לוּשִׁי ועשי עגות (Gen. 18, 6)

מוג מג מגתי הנוגע בארץ וַתָּמוֹג (Am. 9, 5) וַתְּמוּגֵנוּ
ביד עונינו (Jes. 64, 6) والانفعال וְההיכל נָמוֹג (Nah. 2, 7)
נְמוֹגִים ארץ וכל יושביה (Ps. 74, 4) ימוג המוג وفي
الاصل فعل ثقيل מוֹגֵג מוֹגַגְתִּי אֲמוֹגֵג יְמוֹגֵג מְמוֹגֵג וּתְמוֹגְגֵנִי
תושיה (Job 30, 22) תִּתְמוֹגַגְנָה (Am. 9, 13)

מוט מַט מַטְתִּי מָט לפני רשע (Pr. 25, 26) וּמָטִים להרג
(Pr. 24, 11) אָמוּט לעת תָּמוּט רגלם (Deut. 32, 35) והגבעות
תְּמוֹטֶטְנָה (Jes. 54, 10) والقياس תְּמוּטֶנָה לא יתן לעולם
מוט לצדיק (Ps. 55, 23) والثقيل הֵמִיט יָמִיט כי יָמִיטוּ עלי
און (ib. 4) والانفعال כל נָמוֹטוּ פעמי (ib. 17, 5) ויחזקהו
במסמרים לא יִמּוֹט (Jes. 41, 7) יִמּוֹטוּ עליהם גחלים
(Ps. 140, 11)

מול מָל מַלְתִּי וּמָל ה' אלהיך (Deut. 30, 6) וּמַלְתֶּם את
ערלת לבבכם (Deut. 10, 16) אָמוּל וַיָּמָל את בני ישראל
(Jos. 5, 3) כי מוּלִים היו (ib. 5) والانفعال נָמוֹל הִמּוֹל יִמּוֹל
יליד ביתך (Gen. 17, 13) הִמֹּלוּ לה' (Jer. 4, 4) ואם לא
תשמעו אלינו לְהִמּוֹל (Gen. 34, 17) والثقيل הֵמִיל יָמִיל
כי אֲמִילַם (Ps. 118, 12) وثقيل آخر מוֹלֵל מוֹלַלְתִּי יְמוֹלֵל

הַלּוֹט (Jes.25,7) الثانى פָּעוּל قياسا على והמסכה הנסוכה كما قلت آنفا والثقيل بياء הֵלִיט יָלִיט וַיָּלֶט פניו באדרתו (I Reg. 19, 13) والجهة اخر بالف من الصحيح לָאַט את פניו (II Sam. 19, 5) قد[a] قلبت الالف هاء اذ[b] قيل בְּלַהֲטֵיהֶם (Ex. 7, 11) وقد يلينوها فى هذه الكلمة فيقولون בְּלָטֵיהֶם ويمكن ان يكون من هذا الاصل على تصريف الصحيح فى معنى ثانى לָאַט לָאַטְתִּי יִלְאַט לְאַט לי לנער אבשלום (II Sam.18,5) والاسم مثله ההלכים לְאַט (Jes.8,6) אתנהלה לְאִטִּי (Gen. 33, 14) وقد تلين هذه الالف דברו אל דוד בַּלָּאט (I Sam. 18, 22) (*sic!*) وقد يقال ان هذه اللام ملحقة ليست من الاصل على معنى ויהלך אַט (I Reg. 21, 27)

לון לָן בלילה ההוא (Gen. 32, 22) לַנְתִּי וְלַנּוּ בגבעה (Jud.19, 13) אָלוּן יָלוּן לוּן מלונה מלון والثقيل הֵלִין יָלִין מֵלִין וַיָּלִינוּ שם (Jos. 8, 9) וַיָּלֶן יהושע (Jud. 18,2) وفى الاصل معنى اخر אשר הֲלִינוֹתֶם עלי (Num. 14, 29) וַיָּלֶן העם על משה (Ex. 17, 3)

לוץ הֵלִיץ אם לַלֵּצִים הוא יָלִיץ (Pr.3,34) מֵלִיץ ועתה אל תִּתְלוֹצָצוּ (Jes. 28, 22) وفيه معنى اخر כי הַמֵּלִיץ

---

a) B وربّما. *b*) B فقد.

טוש טַשׁ טַשְׂתִּי אָטוּשׁ יָטוּשׁ עלי אכל (Job 9, 26) טוש

כול וְכָל בשליש עפר הארץ (Jes. 40, 12) כַּלְתִּי אָכוּל כּוּל وفيه فعل ثقيل הֵכִיל הֲכִילוֹתִי אלפים בת׳ יָכִיל (I Reg. 7, 26) קטון מֵהָכִיל את העולה (ib. 8, 64)

כון כָּן כַּנְתִּי אָכוּן יָכוּן וַיְכוּנֶנּוּ ברחם אחד (Job 31, 15) ويمكن ان يكون من هذا المعنى אם כֵּנִים אתם (Gen.42,19) לא כֵן אנחנו עושים (II Reg. 7, 9) אבוא עד תְּכוּנָתוֹ (Job 23, 3) وفى الاصل فعل ثقيل הֵכִין הֲכִינוֹתִי אָכִין יכין والانفعال כשחר נָכוֹן מוצאו (Hos. 6, 3) נָכוֹנוּ ללצים שפטים (Pr. 19, 29) יִכּוֹן תִּכּוֹן وفعل اخر ثقيل فى الاصل כאשר כּוֹנֵן להשחית (Jes. 51, 13) כּוֹנְנוּ חצם על יתר (Ps. 11, 2) כּוֹנְנָה עלינו (ib. 90, 17) עד יְכוֹנֵן (Jes. 62, 7)

לוז לָז לַזְתִּי יָלוּז אל יָלוּזוּ מעיניך (Pr.3,21) والانفعال כי תועבת ה׳ נָלוֹז (Pr.3,32) וּנְלוֹזִים במעגלותם (ib.2,15) יִלּוֹז הִלּוֹז

לוט לוּטָה *a* בשמלה (I Sam. 21,10) פְּעוּלָה פני הַלּוֹט

---

a) B begins: לָאַט את פניו (II Sam. 19, 5) هذا من ذوات الالف ولكنها تتقلب واوا لينة فى التصريف وياء لينة ايضا

טוח טָח כי טַח מראות עיניהם (Jes. 44, 18) אשר
טֹחַתֶּם תפל (Ez. 13, 14) וְטָח את הבית (Lev. 14, 42)
אֶטוּחַ איה הַטִּיחַ (Ez. 13, 12) والانفعال נָטוֹחַ נְטוּחוֹתִי
יִטּוֹחַ אחרי הִטּוֹחַ (Lev. 14, 43) مصدر وكذلك الام

טוב טוב טובתי מה־טובו אהליך (Num. 24, 5) מה
טובו דודיך מיין (Cant. 4, 10) יטוב אטוב טוב وفى الاصل
فعل ثقيل הֵטִיב הֱטִיבוֹתָ כי היה עם לבבך (I Reg. 8,18)
יטיב תטיב وقيل ايضا فيه והיה הַטּוֹב ההוא אשר
יֵיטִיב ה׳ לנו (Num.10,32) (*sic!*) انّه مقلوب الساكن اللين
الذى فى הטיב عين هو فى ייטיב فاء ويمكن ان يكونا
اصلين טוב יטב وانّما قيلا معا لتقارب لفظهما واتّفاق
معناهما

טיל וה׳ הֵטִיל רוח גדולה (Jon. 1, 4) הֲטִילוֹתִי וְהֵטַלְתִּי
אותך (Jer. 22, 26) الاصل הֲטִילוֹתִי וַיָּטִילוּ את הכלים
(Jon.1,5) שאוני וַהֲטִילוּנִי אל הים (ib.12) כי יפל לא יוטל
(Ps. 37, 24) מדוע הוּטְלוּ (Jer. 22, 28) والانفعال נָטוֹל
נְטוּלוֹתִי אֶטּוֹל הן איים כדק יִטּוֹל[a] (Jes. 40, 15) הִטּוֹל
ويمكن ان يكون הן איים כַּדק יטול من غير هذا
الاصل

---

a) See Ḡanaḥ, Opuscules &c., p. 7. 349.

(Ez. 30, 16) في هذا المعنى فعل ثقيل הֵחִיל הַחִילוֹתִי
מפניו יָחִילוּ עמים (Joel 2,6) אם מפני לא תָחִילוּ (Jer. 5,22)
וַיָּחֶל מאד מן המורים (I Sam. 31, 3) חִיל כיולדה (Ps. 48, 7)
وفي هذا المعنى فعل ثقيل اخر تضاف فيه اللام חולל
חוֹלַלְתִּי קול ה׳ יְחוֹלֵל אילות (ib. 29, 9) מְחוֹלֶלֶת תנין
(Jes. 51, 9) وفي هذا الاصل معنى ثاني חָל הַלֹתִי על ראש
רשעים יָחוּל (Jer. 23, 19) וסער מִתְחוֹלֵל (ib.) ويمكن ان
يكون من هذا الاصل חוֹלְלָה ידו נחש בריח (Job 26, 13)
אל מְחוֹלְלֶךָ (Deut. 32, 18) וַתְּחוֹלֵל ארץ ותבל (Ps. 90, 2)
באין תהומות חוֹלָלְתִּי (Pr. 8, 24)

חוס חס אתה חַסְתָּ על הקיקיון (Jon. 4, 10) לא חָסָה
עליך עין (Ez. 16,5) אָחוּס יָחוֹס על דל ואביון (Ps. 72, 13)
וַתָּחָס עליך (I Sam. 24, 10) חוּסָה ה׳ (Joel 2, 17)

חור חָר חַרְתִּי וְחָרָה נחושתה (Ez. 24, 11) ועצמי חָרָה
(Job 30, 30) חָרוּ יושבי ארץ (Jes. 24, 6) אָחוּר יָחוּר חוּר

חוש וְחָשׁ עתדות למו (Deut. 32, 35) חַשְׁתִּי ולא
התמהמהתי (Ps. 119, 60) יָחוּשׁ אָחוּשׁ חוּשָׁה לעזרתי
(ib. 38, 32) וַתַּחַשׁ על מרמה רגלי (Job 31, 5) والثقيل
הֵחִישׁ הַחִישׁוֹתִי יָחִישׁ אָחִישָׁה מפלט לי (Ps. 55, 9)
אני ה׳ בעתה אֲחִישֶׁנָּה (Jes. 60, 22) כי גז חִישׁ ונעופה
(Ps. 90, 10)

זור זָר זַרְתִּי אָזוּר ותשכח כי רגל תְּזוּרֶהָ (Job 39,15
וַיָּזַר את הגזה (Jud. 6, 38 والمفعول זור וְהַזּוּרֶה תבקע
אפעה (Jes. 59, 5 الهاء الاخيرة التى فى והזורה للتأنيث
مثل الهاء التى فى וְלָנָה בתוך ביתו וכלתו (Zech. 5, 4
وفى الاصل معنى ثانى זָר זַרְתִּי לא זָרוּ מתאותם (Ps.78,30
רוחי זָרָה לאשתי (Job 19, 17 לאיש זָר (Lev. 22, 12
וְזָרִים לא יעברו בה (Joel 4, 17 وقد استعمل ايضا فى
الماضى זור זורתי זורו רשעים מרחם (Ps.58,4 والانفعال
נזור נָזורו אחור (Jes. 1, 4 יִזּוֹר תִּזּוֹר הִזּוֹר امر ومصدر

חוב חבולתו חוב ישיב (Ez. 18, 7 وجاء فى هذا الاصل
فعل ثقيل بردّ الواو الساكنة ياء شديدة חִיֵּב וְחִיַּבְתֶּם
את ראשי (Dan. 1, 10 יחיב מחיב היב

חוג חק חָג על פני מים (Job 26,10 אָחוּג יָחוּג היושב
על חוג הארץ (Jes. 40, 22 בחוקו חוג (Pr.8,27 וּבַמְּחוּגָה
יתארהו (Jes. 44, 13

חוד חָד חַדְתִּי הַחִידָה חַדְתָּה (Jud. 14, 16 אָחוּדָה נא
לכם חִידָה (Jud. 14, 12 חוּד חִידָה (Ez. 17, 2 חוּדָה
חִידָתְךָ (Jud. 14, 13

חול חָל חַלְתִּי לא חַלְתִּי ולא ילדתי (Jes.23,4 כי חָלָה
גם ילדה (Jes. 66, 8 הרינו חַלְנוּ (Jes. 26, 18 הכית
אותם ולא חָלוּ (Jer. 5, 3 אָחוּל יָחוּל חוּל תָּחוּל סין

מאדם (Mic. 2, 12 والوجه תְּהִימֶנָּה مثل הָקֵם תְּקִימֶנָּה מהים מהומים, والانفعال נָהֹם נְהוּמוֹתִי יֵהוֹם וַתֵּהוֹם כל העיר (Ruth 1, 19 مثل וַיֵּאוֹר להם (II Sam. 2, 32 יֵעוֹרוּ (Joel 4, 12

הִין הַהִין הֲהִינוֹתִי אָהִין וַתָּהִינוּ לעלות ההרה (Deut.1,41

זוּב זָב זַבְתִּי זָב עמקך (Jer. 49, 9 כי יָזוּב זוב דמה (Lev. 15, 25 וַיָּזוּבוּ מים (Ps. 78, 20 ארץ זָבַת חלב ודבש (Lev. 20, 24 וְהַזָּב את זובו (Lev. 15, 33

זוּד זָד זַדְתִּי אשר זָדוּ עליהם (Ex. 18, 11 כי אל ה׳ זָדָה (Jer. 50, 29 זֵד יהיר (Pr.21,24 אָזִיד המים הַזֵּידוֹנִים (Ps. 124, 5 פעלונים مثل זרעונים كتب بيود بين الزاى والدال على الاصل لانّها عين الفعل والثقيل كי הֵזִידוּ עליהם (Neh. 9, 10 וכי יָזִיד איש (Ex. 21, 14 מֵזִיד

זוּל זָל זַלְתִּי יָזוּל הַזָּלִים זהב מכים (Jes. 46,6 זוּל זלתי

זוּן זָן זַנְתִּי יָזוּן זוּן מפיקים מִזַּן אל־זן (Ps. 144,13 בַּר ולחם וּמָזוֹן (Gen. 45, 23

זוּע זַע זַעְתִּי ולא קם ולא זָע ממנו (Esth. 5, 9 ביום שֶׁיָּזוּעוּ שומרי הבית (Ecc. 12, 3 זוע وقد حركت الواو فى الاسم והיה רק זְוָעָה (Jes. 28, 19 وقال قوم فى זעוה انه منقلب זועה العين صارت لاما

דור דָּר דַּרְתִּי יָדוּר מִדּוּר באהלי רשע (Ps.84,11) ومعنى
ثانى דָּר יָדוּר וגם דּוּר העצמים (Ez. 24, 5) אנדיל
הַמְּדוּרָה (ib. 9) מְדוּרָתָהּ אש ועצים (Jes. 30, 33)

דוש דָּשׁ דַּשְׁתִּי וְדַשְׁתִּי את בשרכם (Jud.8,7) דָּשׁ חטים
(I Chr. 21, 20) אָדוֹשׁ יְדוּשֶׁנּוּ (Jes. 28, 28) וחית השדה
תְּדוּשֶׁהָ (Job 39, 15) קוּמִי וְדוֹשִׁי בת ציון (Mic. 4, 13)
מְדוּשָׁתִי וכן גרני (Jes. 21, 10) الاسم והשיג לכם דַּיִשׁ
(Lev. 26, 5) والانفعال וְנָדוֹשׁ מוֹאב (Jes. 25, 10) אָדוֹשׁ יִדּוֹשׁ
والامر والمصدر הִדּוֹשׁ او הִדּוֹשׁ כְּהִדּוֹשׁ מתבן (ib.)

הים הָם הַמֹּתִי וְהָמָם מְהוּמָה גדולה (Deut.7,23) פעלם
لأنّ الاصل فيه הומם ولذلك حركت الميم بالקמץ على
شرط كلّ פעלם ان تكون اللام קמוצה واما וְהַמַּם גלגל
עגלתו (Jes. 28, 28) فليس من هذا الاصل لأنّه وפעל من
אכלני הֲמָמַנִי (Jer. 51, 34) כי אלהים הֲמָמָם בכל צרה
(II Chr. 15, 6) الميم الاخيرة فيه لام الفعل ولذلك حركت
الميم الاولى بالפתח على شرط كلّ פעל ان تكون العين
פתוחה فى الاتّصال ברק וַיָּהֹם (II Sam. 22, 15) וַיָּהָם ה׳
את סיסרא (Jud. 4, 15) וַיָּהָם את מחנה מצרים (Ex. 14, 24)
כי יום מְהוּמָה (Jes. 22, 5) وفى هذا الاصل فعل ثقيل הֲהִים
הֲהִימוֹתִי بفتح الهاء كما اعلمتك من استعمالهم فى העידותי
העירותי אָהִים אריד בשיחי וְאָהִימָה (Ps.55,3) תְּהִימֶנָה

דוח דָח דוחתי דוחו ולא יכלו קום (Ps.36,13) יָדוּחַ والثقيل הדיח הֲדִיחוֹתִי הֱדִיחָנִי (Jer. 51, 34) ואת דמי ירושלים יָדִיחַ מקרבה (Jes.4,4) שם יָדִיחוּ את העולה (Ez. 40,38)

דון דָן דַנְתִּי אדון לא יָדוֹן רוחי באדם (Gen.6,3) יגרה מָדוֹן (Pr. 29, 22) وقد حرّكت الواو وقلبت ياء في الاسم מִדְיָנִים ישלח (Pr. 6, 14) ووزنه משפטים والامر דון او דין والانفعال נָדוֹן ויהי כל העם נָדוֹן (II Sam. 19, 10) נְדוֹנוֹתָ יָדוֹן אֲדוֹן הָדוֹן مثل יִכּוֹן אכון הִכּוֹן وفي الاصل معنى ثاني דָן דַנְתִּי דין לא דָנוּ (Jer.5,28) דָּנַנִּי אלהים (Gen.30,6) الاصل فيه דיננני אדון ידון דון والصفة דָּן אנכי (Gen.15,14) وايضا לְדַיָּן והיה ה׳ לְדַיָּן (I Sam. 24, 15) ومنه למען תדעון שַׁדּוּן (Job 19,29) ويكون דון على زنة בוז מול חום שוב שומה לוטה والثقيل הֵדִין יָדִין בגוים (Ps. 110, 6) ה׳ יָדִין אפסי ארץ (I Sam.2,10) דִּין לא דָנוּ (Jer.5,28) כי יָדִין ה׳ עמו (Deut.32,36) ולא יוכל לָדִין (Ecc.6,10) والامر דִּין او הָדִין

דום שכנה דוּמָה נפשי (Ps. 94, 17) כְּדוּמָה בתוך הים (Ez. 27, 32) ويمكن ان يكون منه גם מדמן תִּדּוֹמִּי (Jer. 48, 2) واصله תִּתְדּוֹמְמִי תתפעללי

דוץ דָץ דַצְתִּי אָדוּץ דוּץ[a] ולפניו תָּדוּץ דאבה (Job 41, 14)

---

a) A om.

מואב (Jes. 16,4) וַיָּגָר אברהם בארץ פלשתים (Gen. 21, 34)
גור בארץ הזאת (Gen. 26, 3) אשר אני מִתְגּוֹרֵר עמה
(I Reg. 17, 20) ومعنى ثانى فى الاصل לא תָגוּרוּ מפני
איש (Deut. 1, 17) וַיָּגָר מואב (Num. 22, 3) גּוּרוּ לכם
(Job 19, 29) וּמְגוּרֹתָם אביא להם (Jes. 66,4) מְגוֹרַת רשע
היא תבואנו (Pr. 10, 24) واما כי יָגֹרְתִּי (Deut. 9, 19)
אשר אתה יָגוֹר (Jer. 22, 25) فأصل اخر.

גיף הֵגִיף הֲגִיפוֹתִי יָגִיפוּ הדלתות (Neh. 7, 3) والامر
הָגֵף او גִיף

דוג דָּג דַּגְתִּי יָדוּג والصفة דַּיָּג او דַּוָּג بالواو بالتشديد
הנני שלח לְדַוָּגִים רבים (Jer. 16, 16) יעמדו עליו דַוָּגִים
(Ez. 47, 10) والثقيل דִּיג יָדִיג מְדִיג הנני שלח לדיגים
רבים נאם ה׳ וְדִיגוּם (Jer. 16, 16) والاصل فيه וְדִיְּגוּם
بتشديد الياء فاسكنت استخفافا كما اسكنت قاف תְּבַקְשׁוּ
(Lev. 19, 31) استخفافا واصلها التشديد لانّه من בִּקֵּשׁ
יְבַקֵּשׁ وكما اسكنت سين יסעו וַיִּסְעוּ (Ex. 12,37) استخفافا
واصلها التشديد لانّه من נִסַּע יְסַּע وكما اسكنت قاف יִקְחוּ
וַיִּקְחוּ استخفافا واصلها التشديد لانّه من לָקַח יִקַּח
וּמִקַּח־שוחד (II Chr. 19, 7) وكما اسكنت تشديد الميم فى
הַמְשֹׁרְתִים הַמְהַלְלִים (II Chr. 23,12) وغيرهما استخفافا
والاصل التشديد

בוש انقلب فاء فى יבושו لأنّه بين ياء المستقبل والباء ساكنْ هو فاء الفعل ولولا ذلك لكان יבושו بِקמץ גדול مثل اصحابه وهذا قول ممكن جائز فى اللغات وقد يمكن ان يكونا اصلين בוש יבש وانما قيلا معا لانّ لفظهما متقارب ومعناهما متّفق وفى الاصل معنى اخر ויחילו עד בוש (Jud. 3, 25) وفى هذا المعنى ثقيل כי בֹשֵׁשׁ משה (Ex.32,1) מַדוּעַ בֹּשֵׁשׁ רכבו (Jud.5,28) בֹּשַׁשְׁתִּי יְבֹשְׁשׁוּ יְבֹשֲׁשׁוּ فى الاتّصال יְבֹשָׁשׁוּ فى الوقف

גוז גָּז גַּזְתִּי כי גָז חיש ונעפה (Ps. 90, 10) יָגוּז אָגוּז וַיָּגָז שלוים (Num. 11, 31) ويمكن ان يكون من هذا المعنى אתה גוזי (Ps. 71, 6) والانفعال נָגוֹז נְגוֹזוֹתִי יִגּוֹז תִּגּוֹז הִגּוֹז

גיח הגִיחַ הֲגִיחוֹתִי אָגִיחַ כי יָגִיחַ ירדן אל פיהו (Job40,23) וַתָּגַח בנהרותיך (Ez. 32, 2) מֵגִיחַ ממקומו (Jud. 20, 33) ويمكن ان يكون من هذا الاصل כי אתה גֹחִי מבטן (Ps. 22, 10)

גול גָּל גַּלְתִּי וְגַלְתִּי בירושלם (Jes. 65, 19) יָגוּל אָגוּל والثقيل הֵגִיל הֲגִילוֹתִי אָגִיל עליו יָגִילוּ (Hos. 10, 5) גִּיל יָגִיל (Pr. 23, 24) וַיָּגֶל כבודי (Ps. 16, 9) كتب גיל יגיל גול יגול بواو النون لأنّ الفعلين معا استعمالا فى الاصل

גור גָּר גַּרְתִּי עם לבן גַּרְתִּי (Gen. 32, 5) יָגוּרוּ בך נדחי

(II Sam. 12, 9) עקב כי בְזִיתָנִי (ib. 10) واصل اخر

בין הָבִין תָּבִין הֲבִינוֹתִי בִּין תָּבִין את אשר לפניך
(Pr. 23, 1) والانفعال נָבוֹן ובחכמתי כי נְבוּנוֹתִי (Jes. 10, 13)
יִכּוֹן תִּכּוֹן הִכּוֹן امر ومصدر وثقيل اخر בּוֹנֵן בוננתי
יסובבנהו יְבוֹנְנֵהוּ (Deut. 32, 10) בּוֹנֵן امر ومصدر

בוס בָּם בַּסְתִּי תָּבוּס נופת (Pr. 27, 7) ועל הרי אֲבוּסֶנּוּ
(Jes. 14, 25) נָבוּס קמינו (Ps. 44, 6) כפגר מוּבָס (Jes. 14, 19)
وفى الاصل ثقيل בּוֹסֵס בּוֹסַסְתִּי אֲבוֹסֵס מְבוֹסֵס בּוֹסְסוּ
מקדשיך (Jes. 63, 18) מִתְבּוֹסֶסֶת בדמיך (Ez. 16, 6)

בוש בך בטחו ולא בושו (Ps. 22, 6) בֹּשְׁנוּ כי שמענו
חרפה (Jer. 51, 51) כי בֹשְׁתִּי לשאול מאת המלך
(Ezr. 8, 22) ובשו מתבואתיכם (Jer. 12, 13) ואל כל
פנים בּוּשָׁה (Ez. 7, 18) הפנה ערף מואב בּוֹשׁ (Jer. 48, 39)
בחתיתם מגבורתם בּוֹשִׁים (Ez. 32, 30) ולא יִתְבּוֹשָׁשׁוּ
(Gen. 2, 25) والثقيل הֵבִישׁ יָבִישׁ הֱבִישׁוֹתָה כי אלהים
מאסם (Ps. 53, 6) בן מֵבִישׁ ומחפיר (Pr. 19, 26) وليس
من هذا الاصل ויאמר הוֹבַשְׁתָּ היום (II Sam. 19, 6)
הוֹבִישׁוּ חכמים (Jer. 8, 9) כל הוֹבִישׁ (Jes. 30, 5) بل هى
من الافعال التى فاؤها حرف لين وقيل فيها انها مقلوبة
عين الفعل انقلبت فاء وكذلك قيل فى גם בּוֹשׁ לא
יֵבוֹשׁוּ (Jer. 6, 15) ان الساكن اللين الذى هو عين فى

תאורנה او תקצורנה תפולנה תעמודנה وתבואינה
على غير القياس كما استعمل תשובנה على القياس
وתשובינה على غير القياس وكما استعمل וַתִּגְבְּהֶינָה والقياس
וַתִּגְבַּהְנָה مثل וַתִּקְרַבְנָה תִּכְרַעְנָה תִּשְׁלַחְנָה תִּשְׂבַּעְנָה
תשמענה תשמחנה תישמנה والفعل الثقيل في الاصل
הֵבִיא יָבִיא הָבֵא امر ومصدر وقد استعملوا הֲבִיאוֹתִי
وהֵבֵאתִי والاصل والقياس הֲבִיאוֹתִי كما استعملوا הֲבִינוֹתִי
הֵבַנְתִּי والاصل والقياس הכינותי ، استعملوا וְהֵטַלְתִּי
والقياس והטילותי مثل הרימותי השיבותי הקימותי
הניפותי وقالوا في الاسم מָבוֹא ומוּבָא את מוצאך ואת
מוּבָאֶךָ (II Sam. 3, 25) ומוצאיו ומובָאיו (Ez. 43, 11) والاصل
מבוא مثل اصحابه מָצוֹר מָקוֹר מָנוֹס מָנוֹחַ وقد يجوز
ان نقول ان מובא محمول على لفظ מוצא الذي قبله
على طريق الاشتراك لما اشترك مع מוצא قيل على لفظه
وترك القياس فيه وقد جاء الاسم ايضا على مثال פעלה
הקנאה הזה בַּבִּאָה (Ez. 8, 5) الياء اصل وامثاله שירה
גילה שיחה חידה

בוז בָּז בַּזְתִּי לא יָבוּזוּ לגנב (Pr. 6, 30) לא יָבוּזוּ לי
(Cant. 8, 1) בוז יָבוּזוּ לו (Cant. 8, 7) בָּז לדבר יחבל לו
(Pr. 13, 13) בָּזָה לך לעגה לך (Jes. 37, 22) واما כי דבר ה׳
בָּזָה (Num. 15, 31) ובֹזַי יקלו (I Sam. 2, 30) מדוע בָּזִיתָ

בוא בָּא הנה אנכי בָּא (Gen. 27, 35) בא אחיך במרמה
(Ex. 19, 9) בָּאנוּ באש ובמים (Ps. 66, 12) وربّما اسقطت
الالف من الخطّ اتّكالا على اللفظ كי על יום טוב בָּנוּ
(I Sam. 25,8) ורחל בָּאָה (Gen.29,9) הנני אחריכם בָּאָה
(I Sam.25,19) جعلوا صلحى *a* الالحان وقف באה التى معناها
أَتَتْ فى الباء ووقف באה التى معناها أْتِيَةٌ فى الالف יָבוא
תבוא תָּבוֹאתָה לראש יוסף (Deut.33,16) וַתָּבוֹאת לקראתי
(I Sam. 25, 34) لما رأيت التاء الاخيرة التى فى תבאתה
לראש יוסף محرّكة بالקמץ على شرط كلّ تاء للمذكّر
ثم رأيت التاء الاخيرة التى فى ותבאת לקראתי ساكنة
على شرط كلّ تاء للمؤنّث اعتقدت التاء الاولى فى תבאתה
استقبالا مذكّرا والتاء الاولى فى ותבאת استقبالا مؤنّثا
ويكون تفسير תבאתה לראש יוסף امر على طريق الدعا
لا اخبار كأنّه قال בוא לראש יוסף [واما التاء الثانية
التى فى תבאתה فهى للمخاطبة والهاء زايدة كما عادة
العبرانيين يزيدون الهاء بعد التاء القמוצה او الالف] *b*
فهاتان كلامتان شاذتان جاءتا على مثال תפעולתה
للمذكّر תפעולת للمؤنّث وقد استعملوا תָּבֹאנָה ותבואינה
فيجب ان تعلم ان תבאנה هو الاصل والقياس مثل

---

a) A جعل مصلح. *b*) A only.

אֲמֶיךָ (Job 20, 25) עָלָיו אֵמִים (Ps. 88, 16) את אֵימָתִי (Ex. 23, 27)

אוץ ולא אָץ לבוא (Jos. 10, 13) לא אַצְתִּי מרעה אחריך (Jer. 17, 16) יאוץ والثقيل فى هذا الاصل بقلب الواو ياء ساكنة كما اعلمتك הֵאִיץ וַיָּאִיצוּ המלאכים (Gen.19,15) אל תָּאִיצוּ לנחמני (Jes. 22, 4)

אור אָוֹר אָוֹרְתִּי אורו עיני (I Sam.14,29) הבקר אור (Gen. 44, 3) תָּאוֹר יָאוֹר וַתָּאֹרְנָה עיניו (I Sam. 14, 27) واحسب ان اصل אור الماضى אָוור على زنة יָכוֹל יָקוֹשְׁתִּי קָטוֹנְתִּי فاسكنت الواو والقى ضمّها على الالف ليكن ذلك دليلا على اصله واسقطت واو المدّ لالتقاء السواكن ولذلك خالف اصحابه فى الماضى كما خالف יכולתי קטונתי وهكذا اقول فى בושו זורו טובו الماضية والاسم אור مثل الماضى אוֹרָה כחשיכה כָּאוֹרָה (Ps. 139, 12) وفى الاصل ثقيل تبدل فيه الواو ياء הֵאִירוּ ברקיו תבל (Ps. 97, 4) פתח דבריך יָאִיר (Ps. 119, 130) מֵאִיר מְאִירַת עינים (Ps. 19, 9) والانفعال נָאוֹר אתה אדיר (ib. 76, 5) וַיֵּאוֹר להם בחברון (II Sam. 2, 32) والامر والمصدر הָאוֹר وفى الاصل معنى ثانى לכו בְּאוּר אשכם (Jes. 50, 11) ومنه ולא תָאִירוּ מזבחי חנם (Mal. 1, 10) נשים באות מְאִירוֹת אותה (Jes. 27, 11)

ياء فانّى أدرى دراية صحيحة ان الساكن اللين الذى فى קָם هو عين الفعل ولا أدرى دراية صحيحة ان كان واوا فى الاصل او ياء أعنى ان كان اصل קָם קוּם او קִים فسوا اثبت فى الاصل واوا او ياء وهذا حين أبتدى بتأليفها ان شاء الله ❊

جملة الافعال التى عينها حرف لين

איב איב וְאֵיַבְתִּי את אוֹיְבֶיךָ (Ex. 23, 22) יאיב אאיב איוב אויב استعمل هذا على الاصل הנה ראש איש בושת בן שאול אוֹיִבְךָ (II Sam. 4, 8) الياء التى فى אוֹיִבְךָ محرّكة بالكسر على زنة הנני אוֹסִיפְךָ אל אבותיך (II Chr. 34, 28) وذلك كلّ פּוֹעֶלְךָ محرّك العين الّا ان حركتها تختلف والاسم بلين الياء וְאֵיבָה אשית (Gen. 3, 15)

איל כגבר אין אֱיָל (Ps. 88, 5) אֱיָלוּתִי לעזרתי חושה (ib. 22, 20) ومن هذا الاصل יש לְאֵל ידי (Gen. 31, 29) כי יש לְאֵל ידם (Mic. 2, 1) بين الالف واللام ساكن لين وهو الياء التى فى איל אילותי وربّما كتبت الصفة بياء אֵילֵי גבורים (Ez. 32, 21)

אים אים אימתי אָיוֹם ונורא (Hab. 1,7) אֲיֻמָּה כנדגלות (Cant. 6, 4) على زنة אָדוֹם אֲדֻמָּה עָרוֹם עֲרֻמָּה עץ עָבוֹת (Ez. 20, 28) אלה עֲבֻתָּה (Ez. 6, 13) עָקוֹב הלב (Jer.17,9) עֲקֻבָּה מדם (Hos.6,8) والاسم بلين الياء נשאתי

لانّه من שָׁלַל שְׁלָלָהּ (Ez. 29,19) اللام *a* الاولى فى هذه عين الفعل وقد تسقط عين الفعل من نوع اخر من التضعيف واحسب ذلك لاختلاف المعانى كما أَصِفُ וַיָּטִילוּ אֶת הַכֵּלִים (Jon. 1, 5) הִנֵּה ה׳ מְטַלְטֶלְךָ טַלְטֵלָה (Jes. 22, 17) אִם מִפָּנַי לֹא תָחִילוּ (Jer.5,22) וַתִּתְחַלְחַל הַמַּלְכָּה (Esth.4,4) חַלְחָלָה (Ez. 30, 4) וְעַצְמִי חָרָה (Job 30, 30) חָרוּ לְחַרְחַר רִיב (Pr. 26, 21) פּוֹר הִתְפּוֹרְרָה (Jes. 24, 19) שָׁלֵו הָיִיתִי וַיְפַרְפְּרֵנִי (Job 16, 12) מֵפִיץ וְחֶרֶב (Pr. 25, 18) יְפוֹצֵץ (Jer. 23, 29) וְאָחַז בְּעָרְפִּי וַיְפַצְפְּצֵנִי (Job 16, 12) זָע יָזוּעַ שֶׁיָּזוּעוּ (Ecc. 12, 3) וְיִקְצוּ מְזַעְזְעֶיךָ (Hab.2,7) הָעִיף יָעִיף הִתְעִיף לְעַפְעַפַּי תְּנוּמָה (Ps. 132, 4) فالآن بعد تقديم هذه الجمل وتوطئة هذه الشروح أرى ان أُوَلّف هذه الافعال واحدا واحدا واذكرها شخصا شخصا وان وجدت لاحدها نحوا يختصّه دون الاخر ذكرته ان شاء الله وليس غرضى فى تأليف هذه الافعال اللينة العين تمييز ذوات الواو من ذوات الياء اذ لا يمتاز ذلك فى جلّها لابتدال احدهما من الاخر فى التصريف واحتيازها موضعها فى التفعيل لٰكِنْ غرضى تعريف موضع الساكن اللين والتنبيه على انّه عين الفعل واوا كان ذلك الساكن او

---

a) B gloss ויקאל אלמתל.

העיר יעיר הָעִירָה והקיצה (Ps. 35, 23) וְעוֹרֵר עליו
(Jes. 10, 26) ולבי עֵר (Cant. 5, 2) יֵעוֹר משנתו (Zach. 4, 1)
מִתְעוֹרֵר להחזיק בך (Jes. 64, 6) מג ימוג לָמוּג לב
(Ez. 21, 20) וַתְּמוּגֵנוּ ביד עונינו (Jes. 64, 6) וּתְמוֹגְגֵנִי
תושיה (Job 30,22) תִּתְמוֹגַגְנָה (Am.9,13) צד יצוד יָצוּדוּ
חרם (Mic. 7,2) מְצוֹדְדוֹת את נפשים (Ez.13,20) קוט קטתי
אָקוּט בדור (Ps. 95, 10) וָאֶתְקוֹטָטָה (Ps. 119, 158) קינה
היא וְקוֹנְנוּהָ (Ez. 32, 16) וַיְקוֹנֵן ירמיהו (II Chr. 35, 25)
שח ישוח השיח יָשִׂיחוּ בי (Ps. 69, 13) ואת דורו מי
יְשׂוֹחֵחַ (Jes. 53, 8) שר השירו ישיר ישירו מְשׁוֹרְרִים
וּמְשׁוֹרְרוֹת (Ezr. 2, 65) وقد يمكن ان يكون נִיחוֹחַ
(Ex. 29, 18) פעלול مـن נח ינוח מנוחה والله اعلم واما
יְסוֹבְבוּהָ על חומותיה (Ps. 55, 11) وليس مـن هذه لانّه
יפועל مـن וְסָבַב בית אל (I Sam. 7, 16) لا יפעלל الباء
الاولى عين الفعل وكذلك וַיִּתְהוֹלֵל (I Sam.21,14) ויתפועל
مـن אמרתי לַהוֹלְלִים אל תָּהֹלּוּ (Ps. 75, 5) הוללים
פועלים وكذلك מְשׁוֹמֵם וָאֶשְׁתּוֹמֵם מפועל واتפועל
لانهما من לאמר שָׁמֵמוּ (Ez. 35, 12) وكذلك לְהִתְגּוֹלֵל
להתפועל مـن וְנָלְלוּ את האבן (Gen. 29, 3) وكذلك
וִיבוֹקְקוּ את ארצה (Jer. 51, 2) ויפועלו مـن כי בְקָקוּם
בּוֹקְקִים (Nah. 2, 3) وكذلك אֶשְׁתּוֹלְלוּ (Ps.76,6) אתפועלו

אפעה (Jes. 59, 5) כי רגל תְּזוּרֶהָ (Job 39, 15) וַיְזוֹרֵר הנער
(II Reg. 4, 35) כם [יכום] תָּבוּס נופת (Pr. 27, 7) בּוֹסְסוּ
מקדשך (Jes. 63,18) מִתְבּוֹסֶסֶת (Ez.16,6) מת ימות המית
מות תְּמוּתֶת (Ps.34,22) ימותת מְמוֹתֵת (I Sam.14,13) אנכי
מוֹתֵתִי (II Sam. 1, 16) פעללתי נב ינוב יְנוּבוּן בשיבה
(Ps. 92, 15) ותירוש יְנוֹבֵב בתולות (Zach. 9, 17) הניף יניף
תנופה יְנוֹפֵף ידו (Jes.10,32) עף יָעוּף השמים (Pr. 23,5)
יְעוֹפֵף על הארץ (Gen. 1, 20) יִתְעוֹפֵף ככודם (Hos. 9, 11)
רץ ירוץ תָּרִיץ ידיו (Ps. 68,32) כבקרים יְרוֹצֵצוּ (Nah.2,5)
וְנָרוֹץ הגלגל (Ecc. 12,6) תרוץ וַיִּרְצֲצוּ וַיְרוֹצְצוּ (Jud.10,8)
מל ימול לא מָלוּ אותם (Jos. 5,7) יְמוֹלֵל ויבש (Ps. 90, 6)
ובוש מואב (Jer. 48, 13) בּוֹשָׁה אמכם (Jer. 50, 12) ולא
יִתְבּוֹשָׁשׁוּ (Gen. 2,25) ויחילו עד בּוֹשׁ (Jud. 3, 25) כי בּוֹשֵׁשׁ
מושה (Ex. 32, 1) בּוֹשֵׁשׁ רכבו (Jud. 5, 28) גר יגור
יָגוּרוּ בך נדחי (Jes. 16, 4) אשר אני מִתְגּוֹרֵר עמה
(I Reg.17,20) וְחָלָה חרב (Hos. 11,6) יָחוּלוּ על ראש יואב
(II Sam. 3, 29) וסער מִתְחוֹלֵל (Jer. 23, 19) לן ילין מלונה
בצל שדי יִתְלוֹנָן (Ps. 91, 1) הבין יבין בין תבין הִתְבּוֹנְנוּ
(Jer.9,16) ולא יִתְבּוֹנָן (Job 11,11) כן יכון וַיְכוֹנְנֵנוּ (ib.31,15)
הכין יכין עד יְכוֹנֵן (Jes. 62, 7) וַתְּכוֹנֵן (II Sam.7,24) הליץ
יָלִיץ אשם (Pr. 14, 9) ועתה אל תִּתְלוֹצָצוּ (Jes. 28, 22)

باب اخر

وقد تتضاعف لامات هذه الافعال اللينة العين وتكون العينات فيها واوات لينة وربّما كان ذلك لاختلاف المعانى فقيل من קם הקים לאויב יְקוֹמֵם (Mic. 2, 8) الواو عين الفعل لانه יפעלל מִתְקוֹמָמָה (Job 20, 27) מתפעללה מִמִּתְקוֹמְמִים (Ps. 17, 7) ממתפעללים وكذلك من שב השיב לְשׁוֹבֵב יעקב עליו (Jes. 49, 5) מְשׁוֹבֵב נתיבות (ib.58,12) לפעלל מפעלל [רש ירוש] כפירים רָשׁוּ ורעבו (Ps. 34, 11) יְרוֹשֵׁשׁ (Jer. 5, 17) מִתְרוֹשֵׁשׁ (Pr. 13, 7) יפעלל מתפעלל רם ירום רָמָה ידך (Jes.26,11) גדלתי וְרוֹמַמְתִּי (Jes. 1,2) מְרוֹמְמוּתֶיךָ (ib.33,3) שָׁטוּ העם (Num. 11,8) מִשּׁוּט בארץ (Job 1, 7) שׁוֹטְטוּ (Jer. 5, 1) וְהִתְשׁוֹטַטְנָה (ib. 49, 3) והתפעללנה הפיץ יפיץ מֵפִיץ וחרב (Pr.25,18) יְפוֹצֵץ סלע (Jer.23,29) וַיִּתְפּוֹצְצוּ הררי עד (Hab.3,6) נוד ינוד נודו מאד (Jer. 49, 30) וְהִתְנוֹדְדָה כמלונה (Jes. 24, 20) מִתְנוֹדֵד (Jer. 31,17) ירוע תְּרוֹעֵם (Ps. 2, 9) שן רוֹעָה (Pr. 25, 19) הִתְרוֹעֲעָה הארץ (Jes.24,19) פר יפור פּוֹר הִתְפּוֹרְרָה (ib.) אתה פוֹרַרְתָּ בעזך (Ps.74,13) מט ימוט מוט הִתְמוֹטְטָה (Jes.24,19) הריע וַיָּרִיעוּ כל בני אלהים (Job38,7) יִתְרוֹעֲעוּ (Ps. 65, 14) אֶתְרוֹעָע (Ps. 108, 10) זר יזור וְהַזּוּרֶה תבקע

מירכתי ארץ (Jer. 50, 41) ينفعلون من נֵעוֹר (Zach. 2, 17) בתפשם בך בכף תֵּרוֹץ (Ez. 29, 7) ينفعل من וְנָרֹץ הגלגל אל הבור (Ecc. 12, 6) וַיֵּאוֹר להם בחברון (II Sam.2,32) معناه انفعال من נֵאוֹר אתה אדיר (Ps.76,5) وكان اصل יעורו תרוץ ויאור التشديد لولا انّها حروف لا يسهل فيها التشديد وهكذا كلّ انفعال يكون فاؤه احد هذه الخمسة احرف[a] وهى א׳ח׳ה׳ע׳ר بلا تشديد وان كان التشديد هو الاصل مثل יֵאָמֵר יֵאָכֵל יֵחָקֵר יֵחָבֵא יֵהָפֵךְ יֵהָרֵג יֵעָשֶׂה יֵעָתֵר יֵרָתֵק יֵרָדֵם יֵרָאֶה هذه كلّها كان الاصل فيها التشديد مثل יִכָּבֵד יִכָּרֵת יִשָּׁבֵר יִדָּרֵשׁ יִקָּבֵץ יִבָּנֶה יִמָּנֶה والامر من هذه الانفعال הִכּוֹן לקראת אלוהיך (Am. 4, 12) הִכּוֹן והכן לך (Ez. 38, 7) معناه انفعل ولذلك اشتدّت الكاف ولو اراد افعال أَفْعَلَ لقال הָכֵן واصله הִכָּוֵן مثل הִכָּבֵד ושב בביתך (II Reg. 14, 10) ومثله הִמּוֹלוּ לה׳ (Jer. 4, 4) والمصدر مثل الامر سوا ואם לא תשמעו אלינו לְהִמּוֹל (Gen.34,17) ואחרי הִטּוֹחַ את הבית (Lev. 14, 48) معناه انفعال ومثله כְּהִדּוֹשׁ מתבן (Jes. 25, 10) معنى הדוש انفعال ولذلك شدّت الدال وقد يمكن ان يكون من هذا الضرب הִבּוֹק תִּבּוֹק הארץ וְהִבּוֹז תִּבּוֹז (Jes. 24, 3) ✵

a) B الاحرف.

נָבוֹן الماضى واصحابه بضمير المنفعل اسقطوا ايضا الساكن الذى بعد نون الانفعال وحرّكوا الاواخر بالضمّ وادخلوا بعدها ساكنا كما فعلوا فى הֲקִימוֹתִי وامثاله فقالوا ובחכמתי כי נְבוּנוֹתִי (Jes. 10, 13) אחור לא נְסוּגוֹתִי (ib. 50, 5) נְפוּגוֹתִי ונדכיתי עד מאד (Ps. 38, 9) וּנְקוֹטוֹתֶם בפניכם (Ez. 20, 43) אשר נְפוּצוֹתֶם בם (ib. 34) واذا ارادوا تصريف الانفعال بالزوايد الاربع ادغموا نون الانفعال فى ما بعدها فتصيّر شديدة لانّ كلّ حرف يكون بعد الزوايد فى الانفعال فشديد لاندغام النون فيه ما لم يمنع من التشديد مانع مثل عين او حاء او هاء او الف او راء واما الواو التى هى عين الفعل فتركوها ساكنة كما كانت وعوّلوا على شدّة ما بعد الزوايد الدالّة على الانفعال فقالوا לא יִכּוֹן אדם ברשע (Pr. 12, 3) الكاف مشدّدة تدلّ على ان معناه ينفعل والواو عين الفعل واصله יִכָּוֵן مثل יִשָּׁבֵר יִכָּרֵת ومثل וְיִכֹּנוּ מחשבותיך (ib. 16, 3) وكذلك ויחזקהו במסמרים לא יִמּוֹט (Jes. 41, 7) معناه ينفعل لانه لو كان معناه יִפְעַל لقال לא יָמוּט مثل לעת תָּמוּט רגלם (Deut. 32, 35) ولكنه ينفعل من נָמוֹטוּ פעמי (Ps. 17, 5) ولذلك اشتدّت الميم ومثله יִמּוֹטוּ עליהם גחלים (Ps. 140, 11) ومثله יִסֹּגוּ אחור ויחפרו (Ps. 35, 4) ومثله אם יִנּוֹעוּ ונפלו (Nah. 3, 12) ومثله هذه יֵעוֹרוּ

בחלם ותحريك نون الانفعال بالקמץ وبساكن مزيد بعدها
على المذهب الذى ذكرنا فوق هذا يقال נָבוֹן אין נָבוֹן
וחכם (Gen. 41, 39) النون الاولى للانفعال والساكن بعدها
مزيد والباء فاء الفعل والواو عينه والنون لامه واصله נִבְוַן
مثل נִשְׁבַּח נִשְׁמַר لكنّهم استثقلوا حركة الواو فاسكنوها
ومثله נָכוֹן מוצאו (Hos. 6, 3) נָכוֹנוּ ללצים שפטים
(Pr. 19, 29) נָמוֹטוּ פעמי (Ps. 17, 5) ויהי כל העם נָדוֹן
(II Sam. 19, 10) כי תועבת ה׳ נָלוֹז (Pr. 3, 32) וְנָרוֹץ הגלגל
(Ecc. 12, 6) נָזוֹרוּ אחור (Jes. 1, 4) נָאוֹר אתה אדיר
(Ps.76,5) וְנָדוֹשׁ מואב (Jes.25,10) נָפוֹשׁוּ עמך (Nah. 3, 18)
נָבוֹכוּ עדרי בקר (Joel 1,18) והעיר שושן נָבוֹכָה (Esth.3,15)
וְנָקוֹטוּ בפניהם (Ez. 6, 9) לא נָסוֹג אחור (Ps. 44, 19)
וההיכל נָמוֹג (Nah. 2, 7) וגם נָמוֹגוּ (Jos. 2, 24) ואחר
נָפוֹצוּ (Gen. 10, 18) כי נֵעוֹר ממעון קדשו (Zach. 2, 17)
واعلم ان علامة المنفعل التى هى القמץ وعلامة الانفعال
التى هى الفتح ساقطة من נבון واصحابه بسقوط حركة
عين الفعل وجاءت نون נעור مخالفة الحركة من اجل
العين التى بعدها واذا جمعوا נבון الذى هو منفعل
اسقطوا الساكن الذى بعد النون قالوا היו נְכוֹנִים
(Ex. 19, 15) וּנְלוֹזִים במעגלותם (Pr. 2, 15) נְסוֹגִים אחור
(Jer. 46,5) נְמוֹגִים ארץ וכל יושביה (Ps. 75, 4) واذا وصلوا

باب

الفعل الذى لم يسمّ فاعله من هذه الافعال الثقيلة بردّ الساكن المزيد بعد اللواحق واوا لانضمام ما قبلها لان كل فعل لم يسمّ فاعله ماجوذ من הפעיל سالم من א"ח"ה"ע لا يكون الّا مضموم الهاء والزوايد وعين الفعل ساقطة من الماضى منه والمستقبل للاستخفاف فى اتّصال الكلام وادراجه خاصّة يقال הוּקַם הוּשַׁב הוּנַף הוּרַם הוּבָא יוּקַם יוּשַׁב יוּנַף יוּרַם יוּבָא מוּקָם מוּשָׁב מוּנָף מוּרָם מוּבָא وكذلك كلّها ولا يظنّ ظانّ ان هذه الواوات مثل الواوات التى فى וְהוּכַח במכאוב (Job 33, 19) הוּרַד מצרימה (Gen. 39, 1) הַמּוּצָאִים (Ez. 14, 22) ומוּדַעַת זאת (Jes. 12, 5) لان واوات הוכח وהורד وהמוצאים وמודעת [זאת]*a* هى فآءات الافعال وواوات הוכח وהושב واصحابهما مزيدة على الوجه الذى ذكرت فى יקום וישוב واخواتهما ויקים וישיב واصحابهما واصل הוקם יוקם מוקם وما ماثلها הֻקַם יֻקַם מֻקָם فافهم ❊

باب الانفعال

واما الانفعال من الافعال التى عينها حرف لين فبردّ حرف اللين الذى هو العين واوا ساكنة مضمومة ما قبلها

---

a) A om.

هكذا هى كلّها بחרק وצרי واما اذا اتّصلت فالاطّراد
على الחרק وحده הָקִימוּ שומרים (Jer. 51, 12) הָכִינוּ
הארבים (ib.) הָסִירוּ הָמִיתוּ وربّما جاء الامر منها بغير
هاء مثل שִׂים לך ארב (Jos. 8, 2) לִין פה (Jud. 19, 9)
בִּינוּ בוערים (Ps. 94, 8) כי אם שִׂישׂוּ וְגִילוּ (Jes. 65, 18)
נִירוּ לכם ניר (Jer. 4, 3) שִׁירוּ לה' (Ex. 15, 21) שִׁיתוּ
לִבכם (Ps. 48, 14) והולכי על דרך שִׂיחוּ (Jud. 5, 10)
דִּינוּ לַבֹּקֶר (Jer. 21, 12) واما المصدر فربّما جاء مثل الامر
الاوّل بالوجهين جميعا وربّما جاء مثل الامر الثانى سوا
وقد ينتظم الاسم على ما اصف תְּקוּמָה תְּשׁוּבָה
תְּנוּפָה תְּרוּמָה תְּשׂוּמָה תְּרוּפָה תְּבוּסָה תְּשׁוּרָה תְּבוּנָה
תְּכוּנָה תְּמוּרָה תְּבוּאָה תְּקוּפָה תְּמוּנָה תְּנוּבָה תְּמוּתָה
תְּעוּדָה תְּפוּצָה תְּרוּעָה תְּשׁוּקָה תְּשׁוּעָה الواوات اصل
والهاءات للتأنيث תְּשׁוּעָה من שוע יְשׁוּעָה من ישע
وقد ينتظم الاسم ايضا على ما اجرى مجرى [a] מְהוּמָה
מְבוּסָה מְשׁוּבָה מְרוּצָה מְשׁוּרָה מְדוּרָה מְגוּרָה מְרוּשָׁה
מְחוּגָה מְנוּחָה מְלוּנָה מְנוּסָה מְסוּכָה מְצוּדָה هذه ايضا
الواوات فيها اصلية والهاءات للتأنيث وقد ياتى بغير هاء
التأنيث הַמֵּרוֹץ (Ecc. 9, 11) لمكان الراء מָקוֹר מָגוֹר מָנוֹחַ
מָלוֹן מָנוֹס מָצוֹר *

---

a) Mss. מחכי אחכי.

اللين الذى فى יקים واصحابها بعد فاء الفعل هو اصل وهو الياء بعينها التى كانت فى יקים واصحابها فاذا زادوا على יקם ישב واخواتهما واو العطف المفتوحة اسقطوا منها السواكن الاصلية التى هى عينات الافعال استخفافا غير اليسير الحقير وحرّكوا فاءات الافعال بالסגול ليدلّ ذلك على الياء الساقطة فقالوا من יקם וַיָּקָם ومن ישב וַיֵּשֶׁב وكذلك וַיָּטַל וַיָּלֶט וַיָּלֶן וַיָּמָת וַיָּנַח וַיָּסַת וַיָּפֶר וַיָּפֶץ וַיָּסֶף וַיָּצֶף וַיָּשֶׁת וַיָּשֶׂם וַיָּרֶב וַיָּרֶם וַיָּרֶק على الסגול جرى الباب كلّه الّا ان كان لام الفعل عينا او حاء او راء فانه مفتوح مثل וַתָּרַע לעשות (I Reg. 14, 9) וַיָּרַע העם (Jos. 6, 20) וַתָּגַח בנהרותיך (Ez. 32, 2) וַיָּנַח ה׳ להם (Jos. 21, 42) וַיָּרַח ה׳ (Gen. 8, 21) וַתָּסַר בגדי אלמנותה (Gen. 38, 14) وقد جاءت كلمة واحدة بالكسر וַתָּרֶץ את גלגלתו (Jud. 9, 53) لانّها תָּרִיץ فلمّا دخلت واو العطف عليه سقطت الياء للاستخفاف وبقيت الراء مكسورة كما كانت فان اتّصلت ויקם וישב واخواتهما بالمضمرات رجعت السواكن الى مواضعها على اصلها וַיָּקִימוּ וַיָּשִׁיבוּ וַיָּבִיאוּ ותהינו ויעידוהו ויעירני وكذلك كلّها *

باب

الامر من הקים והשב وامثالهما بקמצות الهاء وساكن مزيد بعدها تقول הָקִים והָקֵם הָשִׁיב והָשֵׁב הָבִין והָבֵן

הַהמיר הַאתה הַאיש הַאנכי على الاصل كما قالوا הֲשָׁלוֹם לך (Gen. 29, 6) הֲשׁוֹמֵר אחי אנכי (ib. 4, 9) הֲטוֹבִים מן הממלכות האלה (Am. 6, 2) הֲטוֹבָה היא אם רעה (Num. 13, 19) הֲמָאוֹם מאסת (I Sam. 24, 16) הֲקוֹלְךָ זה (Jer. 14, 19) הֲכַת תשעים שנה (Deut. 4, 33) הֲשָׁמַע עם (Gen. 17, 17) הֲגָנוֹב ורצוח (Jer. 7, 9) הֲשֹׁמְרִים הם את דרך ה׳ (Jud. 2, 22) هكذا هذه الها دائمة محرّكة بلا ساكن اذا سلمت من א׳ח׳ה׳ע واذا اتّصلت יָקִים واصحابها بالمضمر المفعول سقط الساكن الذى بعد الزايد قيل יְקִימֶנּוּ יְשִׁיבֵנוּ יְמִיתֵנוּ יְסִירֵנוּ יְנִיפֵנוּ יְרִיצוּהוּ וַיְעִידֻנִי וַיְעִידֻהוּ וַיְנִיעֵם יְסִיתְךָ وكذلك يسقط ايضا اذا اتّصلت بالنون الزايدة بعد واو الجماعة יְקִימוּן יְשִׁיבוּן יְנִיעוּן واذا جمعت מֵקִים واصحابه او اَضَفْتَهُ سقط الساكن الذى بعد الميم اذ ليس هو اصله كما מְקִימִים מְקִימֵי מְשִׁיבִים מְשִׁיבֵי מְרִיקִים מְמִיתִים*

باب

اعلم ان العبرانيين يقولون יָקִים بالחרק וְיָקֵם بالצרי فى معنى واحد وكذلك יָסִיר וְיָסֵר יָפִיר וְיָפֵר יָשִׁיב וְיָשֵׁב יָפִיץ וְיָפֵץ وكذلك القياس فى كلّ ما ماثلها وجرى مجراها وقد كنت قلت ان الياء فى יקים واصحابها هو اصل وكذلك اقول ايضا ان الساكن

ثقل النطق بها دون تحريك اواخرها وادخال ساكن بعدها وهكذا عادة العبرانيين فى اكثر كلامهم اذا وصلوا الافعال بالمكنيات حرّكوا لاماتها وادخلوا بعدها سواكن تصل بها الى المكنيات واعلم ان הַעִידֹתִי בכם היום (Deut. 4, 26) הַעִירוֹתִי מצפון (Jes. 41, 25) من هذه الافعال واصلهما הַעִידוֹתִי הַעִירוֹתִי بتحريك الهاء بلا ساكن مثل اصحابهما ولكنّهم استثقلوا ذلك فى هاء بعدها عين كما استثقلوا ذلك فى هاء بعدها حاء فى غير هذه الوزن اذ قالوا היום הַחִלֹּתִי (I Sam. 22, 15) הַחִתֹּתָ כיום מדין (Jes. 9, 3) ولم يقولوا הֲחִילוֹתִי הֲחִתּוֹתָ على الاصل مثل הֲקִלֹּתַנִי (II Sam. 19, 44) וַהֲשִׁמֹּתִי אני את הארץ (Lev. 26, 32) כי ה׳ אלהינו הֲדִמָּנוּ (Jer. 8, 14) וַהֲדִקּוֹת עמים רבים (Mic. 4, 13) הֲסִבֹּתָ את לבם אחרנית (I Reg. 18, 37) وكما استثقلوا ذلك ايضا فى هاء الاستفهام اذا دخلت على عين او حاء او هاء او الف اذ قالوا הַעוֹדֶנּוּ חי (Gen. 43, 27) הַעוֹדָם חיים (Ex. 4, 18) הַחִנָּם ירא איוב אליהם (Job 1, 9) הַחִידָה חדתה (Jud. 14, 16) הַחִיִּיתֶם כל נקבה (Num. 31, 15) הֶהָיְתָה זאת (Joel 1, 2) הַהֵמִיר גוי אלהים (Jer. 2, 11) הַאַתָּה האיש (Jud. 13, 11) הַאִישׁ כמוני (Neh. 6, 11) הֶאָנֹכִי הריתי (Num. 11, 12) ولم يقولوا הֲעוֹדֶנּוּ הֲעוֹדִים הֲחִנָּם הֲחִידָה הֲחִייתם הֲהָיְיה

יָמִית מְמִית الّا ان الساكن المزيد فى الماضى والفاعل محرّك ما قبله بالצֵרי والساكن المزيد فى المستقبل محرّك ما قبله بالקמץ والاصل فى הֵקִים יָקִים מֵקִים واصحابها הֶקְיִים יַקְיִים מַקְיִים مثل הִשְׁלִיךְ יַשְׁלִיךְ מַשְׁלִיךְ فصعب النطق به هكذا فاسكنوا الياء والقوا حركتها على القاف واسقطوا ياء المدّ لكثرة السواكن وزادوا فيها ساكنا بعد اللواحق ليكمل فيها ما نقص منها وهكذا القول فى جميع هذه الافعال الثقيلة واذا اتّصل הקים واصحابه بواو الجماعة وحدها ولم يكن بعدها حرف اخر او بهاء التأنيث الفاعلة ثبت الساكن المزيد הֵקִימוּ הֵשִׁיבוּ הֵקִימָה הֵשִׁיבָה واما ان اتّصلت بغيرها من المكنيات سقط الساكن المزيد فيقال וַהֲקֵמֹנוּ עָלָיו שִׁבְעָה רֹעִים (Mic. 5, 4) הֲשִׁיבֹנוּ אֵלֶיךָ (Gen. 44, 8) עַד אֲשֶׁר אִם הֲבִיאֹנוּם אֶל מְקוֹמָם (Num. 32, 17) ويقال הֲקִימוֹתִי הֲשִׁיבוֹתִי הֲרִימוֹתִי הֲנִיפוֹתִי הֲסִירוֹתִי הֲנִיעוֹתִי הֲפִיצוֹתִי הֲבִינוֹתִי הֲקִיצוֹתִי הֲצִירוֹתִי הֲרִיעוֹתִי הֲבִיאוֹתִי הֲרִיקוֹתִי הֲשִׁימוֹתִי والاصل فى הֲקִימוֹתִי واصحابه هكذا הִקְיַמְתִּי הִשְׁיַבְתִּי הִרְיַמְתִּי مثل הִשְׁמַעְתִּי הִקְרַבְתִּי הִשְׁבַּעְתִּי واما علّة تحريك اواخر הקים واصحابه اذا اتّصلت بهذا المكنيات ودخول الساكن بعدها فهى لانهم لما وصلوا הקים واصحابه بهذه المكنيات

בּוֹשִׁים (Ez. 32, 30) الاصل فيها والله اعلم בָּיוֹשׁ בְּיוֹשִׁים
على زنة רָחוֹק רְחוֹקִים קָרוֹב קָטוֹן רָחוֹק גָּדוֹל فاسكنت
الياء والقى ضمّها على الباء وكتبت واوا لانضمام ما قبلها
واسقطت واو المدّ ومثله טוֹב ה׳ לַכֹּל (Ps. 145, 9) הֲטוֹבָה
הוא אם רעה (Num. 13,19) وكذلك גּוֹלָה וְסוּרָה (Jes.49,21)
וְסוּרַי בארץ יכתבו (Jer. 17, 13) סוּרֵי הגפן נכריה
(ib. 2, 21) שכנה דוּמָה נפשי (Ps. 94, 17) כְּדוּמָה בתוך
הים (Ez. 27, 32) وان كانت هذه بالשרק وتلك بالחלם
فقد علمت انهما واحد فى بعض التصريف *a* والمصدر
بالשרק والחלם مثل هذه سوا סוּר שׁוּב קוּם מוּת לָסוּר
לָשׁוּב לָמוּת وقد تكون סוֹר שׁוֹב קוֹם נוֹם נוֹחַ צוֹר
بالחלם ✲

باب

اذا ارادوا من هذه الافعال الفعل الثقيل الذى على بنية
הִפְעִיל زادوا بعد اللواحق ساكنا اصلاحا للكلمات
وتكميلا لبنيتها وتعويضا لها مما نقص منها كما ذكرت
فى יָקוּם וְיָשׁוּב ونظائرهما وجعلوا عين الفعل ياء لينة
مكسورة ما قبلها فقالوا הֵקִים הֵשִׁיב יָקִים יָשִׁיב מֵקִים
מֵשִׁיב وكذلك הֵבִיא יָבִיא מֵבִיא הֵסִיר יָסִיר מֵסִיר הֵמִית

---

a) A אלתצריף.

قيل منها קומו שובו סורו גורו צומו רוצו נודו נוסו في الاتّصال والانفصال معا فهذا اوضح الدلايل على ان الواو في קום واصحابه عين الفعل والله اعلم واما المفعول المأخوذ من هذه الافعال فقد جاءت منه كلم يسيرة تدلّ على غيرها وهى ساكنة الواو ايضا مضموم ما قبلها مثل الامر سوا סוגה בשושנים (Cant. 7, 3) ومعنى ثانى מדרכיו ישבע סוג לב (Pr. 14, 14) כי מולים היו (Jos. 5, 5) וכוז משפחות יחתני (Job 31, 34) כל שה חום (Gen. 30, 32) כי על פי אבשלום היתה שומה (II Sam. 13, 32) לוטה בשמלה (I Sam. 21, 10) פני הלוט הלוט (Jes. 25, 7) הלוט الثانى פעול قياسا على ما بعده וְהַמַּסֵּכָה הַנְּסוּכָה (ib.) שן רעה ורגל מועדת (Pr. 25, 19) ويمكن ان يكون من هذا الضرب *a* למען תדעון שדון (Job 19, 29) لانّه من דָּן דִּינֵךְ (Jer. 30, 13) והיה ה׳ לְדַיָּן (I Sam. 24, 15) ويقال ان עתרי בת־פוצי (Zeph. 3, 10) مثل هذه والاصل. في هذه الواوات التحريك بالضمّ على زنة كلّ פעול فاستثقل ذلك فيها فاسكنت وضمّ ما قبلها اما بالשרק او بالחלם وواو المدّ ساقطة وربّما جاءت الصفة على مثل هذا *b* ايضا مثل הפנה ערף מואב בוש (Jer. 48, 39) בחתיתם מגבורתם

---

a) A الاصل. *b*) B هاذين.

تكون ابدا الّا بالواو فصل الكلام او لم يفصل مثل וַיָּקוּמוּ וַיָּשׁוּבוּ וַיָּנוּסוּ וַיָּרוּצוּ *

باب

واعلم ان الامر من هذه الافعال باسكان عينها التى هى واو وضمّ ما قبلها مثل المستقبل يقال מוּת שׁוּב קוּם חוּם רוּם גוּר רוּץ פוּץ فان قال قائل كما قلت ان الساكن المتوسّط فى שׁוּב وקוּם ونظيرهما عين الفعل لِمَ لا تقول ايضا ان الساكن المتوسّط فى לֵךְ وשֵׁב وרֵד ونُظَرَائها عين الفعل ولا تجعلها اوامر من افعال فاؤها ياء فاقول ان ليس فى לֵךְ وשֵׁב وרֵד ساكن متوسّط من اصل اللغة وانما هو مدّ باللحن الذى تقرأ به فاذا زال اللحن زال ذلك المدّ والدليل على ذلك من לֶךְ־לְךָ מֵאַרְצְךָ (Gen.12,1) וְלֶךְ־לְךָ אֶל אֶרֶץ הַמֹּרִיָּה (ib.22,2) לֶךְ־נָא אֶל הַצֹּאן (ib.27,9) קוּם עֲלֵה בֵית אֵל וְשֶׁב שָׁם (ib. 35, 1) التى ليس فيها لحن ولا ساكن واما קוּם وשׁוּב وמוּת ونُظَرَائها فان الساكن المتوسّط فيها ثابت زال اللحن عنها او لم يزل ومما يدلّ ايضا دلالة قويّة على ان الساكن المتوسّط فى לֵךְ وשֵׁב وרֵד ليس اصلا فيها سقوطُها اذا قيل منها לְכוּ שְׁבוּ רְדוּ فى اتّصال الكلام وان الساكن المتوسّط فى קוּם وשׁוּב وסוּר ونظرائها هو اصل فيها ثابتا[a] اذا ·

a) B ثباتة.

مقام الחלם فاذا زيد على יָשׁוּב יָקוּם יָמוּת التى هى بالחלם واصحابها واو العطف المفتوحة التى هى علامة للفعل الماضى اسقطت الواو التى هى عين الفعل فى ادراج الكلام استخفافا وبقى ما قبلها مضمومة بالקמץ ليكون دليلا على الواو الساقطة مثل ויגוע וַיָּמָת אברהם (Gen. 25,8 וַיָּקָץ מואב (Num. 22, 3) וַיָּקָם שדה עפרון (Gen. 23, 17) וַיָּשָׁב מימים (Jud. 14, 8) וַיָּגָר מואב (Num. 22, 3) وكذلك וַיָּנָם וַיָּעָף וַיָּפָג וַיָּצָם וַיָּרָם וַיָּרָץ וַיָּמָל على هذه الضمّة جرى[a] الباب كلّه الّا أن كان فاء الفعل عينا او حاء او راء او كان لامه عينا او حاء او راء فانّهم ربّما استثقلوا الضمّ فيما قبلها ففتحوها مثل וַיָּעַף דוד (II Sam. 21, 15) וַתַּחַשׁ על מרמה רגלי (Job 31, 5) וַתָּנַח התבה (Gen. 8, 4) וַיָּנַע לבבו (Jes. 7, 2) וַיָּצַר עליה (II Reg. 17, 5) וַיָּסַר אליה (Jud. 4, 18) וַיָּזַר את הגזה (ib. 6, 38) ومن قرأ شيئا منها بالفتح غير الالفاظ التى استثنى بها الكتاب للعلّة التى ذكرت فقد اخطاء فاذا قُطع الكلام وفصل مما بعده ردّت الواو التى هى عين الفعل وضمّ ما قبلها بالחלם كما كان قبل زيادة واو العطف عليه فيقال וַיָּמוּת וַיָּשׁוּב ויקוץ וינום וירום וימוג וירוץ واما ان اتّصلت بالمكنيات فلا

---

a) B اجرى.

واصحابها مزيدة للمدّ مثل الواوات التى فى יִשְׁמוֹר יִשְׁפּוֹט
יִזְכּוֹר لانّ واوات יָקוּם יָשׁוּב יָמוּת واصحابها ثابتة اذا
وصلنا الافعال بواو الجماعة كان الكلام متّصلا او منفصلا
مثل יָשׁוּבוּ יָקוּמוּ יָמוּתוּ יָסוּרוּ יָצוּמוּ وواوات יִשְׁמוֹר
יִשְׁפּוֹט וַיִּזְכּוֹר واصحابها ساقطة اذا وصلناها بواو
الجماعة فى اتّصال الكلام وادراجه خاصّة مثل יִשְׁמְרוּ
יִשְׁפְּטוּ יִזְכְּרוּ فلا يجب ان يقاس الثابتة بالساقط فهذا
دليل قوىّ على ان الواوات التى فى יָשׁוּב יָקוּם واصحابهما
ليست لَوَاحِق بل هى عينات الافعال واصلها كان التحريك
فاسكنت استخفافا فاذا اتّصلت هذه الافعال بالضمير
المفعول سقط الساكن الذى بعد الزوايد لانّه ليس اصلا
يقال יְצוּדֶנּוּ לְמַדְחֵפוֹת (Ps. 140, 12) אַל תְּצוּרֵם (Deut. 2, 19)
תְּרוֹעֵם בְּשֵׁבֶט בַּרְזֶל (Ps. 2, 9) אַל תְּבוֹאֵנִי (Ps. 36, 12)
הוּא יְשׁוּפְךָ (Gen. 3, 15) אֲשׁוּרֶנּוּ וְלֹא קָרוֹב (Num. 24,17)
וַיְכוּנֶנּוּ בְּרֶחֶם אֶחָד (Job 31, 15) רֹאשׁ וַתְּמוּגֵנוּ בְּיַד עֲוֹנֵנוּ
(Jes. 64, 6) وكذلك يسقط ايضا اذا زيدت عليها النون التى
يجيز العبرانيون زيادتها بعد واو الجماعة يقال יְמוּתוּן
יְשׁוּבוּן יְקוּמוּן יְרוּמוּן יְבוֹאוּ وكذلك جميعها واعلم انه
يجوز ان يقال יָשׁוּב بالשרק וְיָשֹׁב بالחלם وكذلك יָקוּם
וְיָקֹם יָמוּת וְיָמֹת ירום וירֹם ינום וינֹם لانّ الחלם
فى بعض التصريف يقوم مقام الשרק وكذلك الשרק يقوم

יָמוּט ولا يكون ايضا الّا بساكن مزيد بعد الزوايد الاربعة تواطئا فيه واصطلاحا عليه هكذا نطق العبرانيون به والسبب الذى دعا الى التواطئ على زيادة هذا الساكن بعد الزوايد هو سكون عين الفعل الذى كان اصلها الحركة فلمّا لانت وسقطت حركتها نقصت بنية الكلمة فعوّضوها شيئا يكمل بنيتها وهو ذلك الساكن وازيد ذلك شرحا بان اقول ان اصل יָקוּם יקיום مثل יִשְׁמוֹר יִשְׁפּוֹט فاستثقلوا حركة الياء التى هى عين الفعل واسكنوها فلمّا اسكنوها اجتمع اربعة سواكن القاف *a* الياء وواو المدّ والميم وذلك ما لا ينطق به فى لغة العبرانيين فاسقطوا واو المدّ وحرّكوا القاف بضمّة الياء وجعلوا الياء واوا لانضمام ما قبلها فلمّا حرّكوا القاف الساكنة احتاجوا الى ساكن *b* يقوم مقامها فَاحْفَظْ هذا وقف عليه فانك لا تجد ساكنا مزيدا بعد الزوايد الا فى فعل سقط بعض حركاته مثل יקום الذى اصله יקיום ومثل יָשׁוֹמּוּ יָסֹבּוּ التى اصلهما ישׁממו יסבבו او نقصت بعض اشباهه مثل יִכֶל בשרו מראי (Job 33, 21) וַיִּקֶן את חלקת השדה (Gen. 31, 49) יִצֶף ה׳ (ib. 33, 19) التى اصله יִכְלֶה יִצְפֶּה יִקְנֶה على ما سأشرح ولا يظنّ ظانّ ان هذه الواوات التى فى יקום וישוב וימות

---

a) Mss. אלקוף. *b*) B gloss. وهو الساكن الذى بعد الزوايد الاربعة.

שָׂם اسم הִנֵּה (Gen. 27, 33) وماضى צוֹד צָדוּנִי (Threm. 3, 52)
אנכי שָׂם את ירושלים (   ) وماضى אשר שָׂם ה׳ מבטחו
(Ps. 40, 5) وماضى והעם שָׁב اسم הוֹלֵךְ וָשָׁב (I Sam. 17, 15)
לא שָׁב עד המכהו (Jes. 9, 12) רָשׁ اسم רָשׁ (sic) עֹשֶׂה כַף
רמיה (Pr. 10, 4) אחד עשיר ואחד רָשׁ (II Sam. 12, 1)
وماضى רָשׁוּ ורעבו (Ps. 34, 11) وكذلك מֵת صفة ובנך
הַמֵּת ובני החי (I Reg. 3, 22) وماضى כי מֵת הילד (II Sam. 12, 18)
هذه الاسماء وغيرها مما هو على بنيتها الاصل فيها
بتحريك العين اما على وزن פָּעַל او פָּעֵל او פָּעֹל المشدّدة
العين كيف ما كان المعنى واحسب ان اصل מֵת الماضى
والاسم מָוֶת بצרי تحت الواو مثل חָפֵץ יָבֵשׁ الذين هما
اسمان وماضيان فلمّا سكنت الواو اسقط קמצות الميم
وحركت بحركة الواو ليدلّ ذلك على اصله ولذلك فارقُ
اصحابه وكذلك القياس فى לֵץ كان اصله לָיֵץ وكذلك רֵק
وעֵר وזֵר وכֵּן אם כֵּנִים אתם (Gen. 42, 19) ❋

باب [من هذه الافعال a]

اعلم ان المستقبل من هذه الافعال باسكان العين ايضا
ورَدّها واوا لينة مضمومة ما قبلها بالשרק على الاكثر
او بالחלם على الاقلّ يقال יָשׁוּב יָקוּם יָסוּר יָמוּת יָפוּץ

a) B.

לְרבים צַיָּדִים (Jer.16,16) وكذلك וְקַץ עליו העיט (Jes.18,6)
اصله קיץ لانه من וְקַיִץ וחורף (Gen. 8, 22) وكذلك דָּשׁ
חטים (I Chr. 21, 20) من והשיג לכם דַיִשׁ (Lev. 26, 5)
وكذلك דָּן דָּנוּ من והיה לה׳ לְדַיָּן (I Sam. 24, 15) وكذلك
שָׁטוּ העם ולקטו (Num. 11, 8) من אני שַׁיִט (Jes. 33, 21)
وكذلك القياس فى אשר שָׁר לה׳ (Ps. 7, 1) רָר בשרו
(Lev. 15, 3) רָשׁוּ ורעבו (Ps. 34, 11) כי שָׁת לי אלהים
(Gen. 4, 25) שָׁב הגלגלה (II Reg. 4, 38) وامثاله كثير جدّا
واعلم ان מֵת הילד (II Sam. 12, 18) من هذه الافعال
لانّه من מָוֶת וחיים (Pr.18,21) הַמָּוְתָה לחסידיו (Ps. 116, 15)
وبهذا الشرح سقط ظنُّ مَن ظَنَّ ان هذه الافعال الماضية
من حرفين وقد سقط هذا الساكن من اللفظ والخطّ
اذا قيل من هذه الافعال وּפָעַלְתִּי وكان معناه الاستقبال
مثل וְשַׁבְתִּי בשלום (Gen. 28, 21) וְגַלְתִּי בירושלים וְשַׂשְׂתִּי
בעמי (Jes. 65, 19) וּמַשְׁתִּי את עון הארץ (Zach. 3, 9) וְקַמְתִּי
על בית ירבעם (Am. 7, 9) ويسقط ايضا اذا قيل منها פְּעַלְתֶּם
והנה קַמְתֶּם תחת אבותיכם (Num. 32, 14) וְסַרְתֶּם מן
הדרך (Deut. 11, 28) מה־זה שַׁבְתֶּם (II Reg. 1, 5) وكذلك
كلّها واعلم ان اكثر ما تأتى الصفة من هذه الافعال فَعَلَى
لفظ ماضيها קָם صفة קָמִים עלי (Ps. 3, 2) وماضى והיה
כי קָם הפלשתי (I Sam. 17, 48) צָד صفة הוא הַצָּד ציד

وهذه المقالة الثانية [من كتاب حروف اللين العبرانية a]

قال يحيى b قد مضى القول فى الافعال اللينة الفاء فاذكر فى هذه المقالة الافعال اللينة العين وابسّط قبل تأليفها شروحا (sic!) يوقّف بها على كنه ومدى غورها وبالله المستعان ❋

القول فى الافعال التى عينها حرف لين

[اعلم انه c] اذا ارادوا العبرانيون فعلا ماضيا خفيفا او صِفة من الافعال الذى عينها حرف لين اسكنوا العين وجعلوها الفا لينة فى جلّ كلامهم على غير الاصل واسقطوها من الخطّ استخفافا فلا تكتب الّا على الشاذّ الغريب فقالوا והיה כי קָם הפלשתי (I Sam. 17, 48) זדים d קמו עלי (Ps. 86, 14) بين القاف e والميم ساكن لين هو عين الفعل واصله קָיַם لانّه من קִיֵּם את (sic) דברי הפורים האלה (Est.9,32) לְקַיֵּם את ימי הפורים f (Est.9,31) وقد كتب هذا الساكن الذى هو عين الفعل على النادر فى וְקָאם שאון בעמיך (Hos. 10, 14) وكذلك צָדוּ צעדינו (Thren 4, 18) צוד צָדוּנִי (ib. 3, 52) الساكن الذى بين الصاد وبين الدال فى اللفظ هو عين الفعل والاصل צָיְדוּ צָיְדוּנִי لانّه من צ״יד

a) So B. b) B adds رضى الله عنه. c) So B. d) Mss. רבים confusing with Ps. 3, 2. e) Mss. אלקוף. f) A לְקַיֵּם דבר (Ez. 13, 6).

יתר יָתַר יָתַרְתִּי والصفة جاءت على زنة פועל وּפָעֵל مثل
שוכֵחַ וּשָׁכֵחַ וְיוֹתֵר מֵהֵמָּה בְּנִי הִזָּהֵר (Ecc. 12, 12) וְיוֹתֵר
לְרֹאֵי הַשָּׁמֶשׁ (Ecc. 7, 11) יָתֵר מֵרֵעֵהוּ צַדִּיק (Pr. 12, 26)
والاسم יֶתֶר שְׂאֵת וְיֶתֶר עָז (Gen. 49, 3) שְׂפַת יֶתֶר (Pr. 17, 7)
מַה יִּתְרוֹן לָאָדָם (Ecc. 1, 3) وقد جاء الاسم ايضا بواو
וּמוֹתַר הָאָדָם מִן הַבְּהֵמָה (ib. 3, 19) واما פַּחַז כַּמַּיִם אַל
תּוֹתַר (Gen. 49, 4) فهو عندى فعل لم يسمّ فاعله وان كان
بالחלם ولم يكن بالשרק فقد علمت *a* ان الחלם والשרק
واحد فى بعض التصريف *b* وقد يمكن ان يكون ايضا אַל
תּוֹתַר فعلا ثقيلا مثل *c* זְכֹר מִלְחָמָה אַל תּוֹסַף (Job 40,32)
ومعنى ثانى فى الاصل יתר יתרתי ייתר וְאֶת הַיּוֹתֵר הֶחֱרַמְנוּ
(I Sam. 15, 15) والاسم יֶתֶר הַגָּזָם (Joel 1, 4) וּמִיֶּתֶר הַשֶּׁמֶן
(Lev. 14, 17) وفى هذا المعنى فعل ثقيل معدًّا قلب فيه
الياء واوا لينة אֲשֶׁר הוֹתִיר הַבָּרָד (Ex. 10, 15) הוֹתִיר לָנוּ
שָׂרִיד (Jes. 1, 9) וַיּוֹתִירוּ אֲנָשִׁים מִמֶּנּוּ (Ex. 16, 20) אָכוֹל
וְהוֹתֵר (II Reg. 4, 43) والانفعال וְלֹא נוֹתַר מֵהֶם אִישׁ
(Num. 26, 65) וְהַנּוֹתָר בַּשֶּׁמֶן (Lev. 14, 18) וְאִם יִוָּתֵר מִבְּשַׂר
הַמִּלֻּאִים (Ex. 29, 34) לֹא יִוָּתֵר דָּבָר (II Reg. 20, 17) ✲

✲ تمّت المقالة الأولى بحمد الله وشكره ✲

---

a) B on margin has Hebr. gloss כגון אַךְ אֶל שְׁאוֹל תּוּרָד (Jes. 14, 15) החלם והשרק שוין. *b*) B التصاريف. *c*) A עלי מתאל.

יָשְׁרוּ בעיניו (I Reg. 9, 12) כי היא יָשְׁרָה בעיני (Jud. 14, 3)
אולי יִישַׁר בעיני האלהים (Num. 23, 27) וַתִּישַׁר בעיני
שמשון (Jud. 14, 7) יֹשֶׁר לבי אמרי (Job 33, 3) والصفة
יָשָׁר מעגל צדיק תפלס (Jes. 26, 7) واذا أُضيف تغيّر
وكان فتحٌ ايضا ותועבת רשע יְשַׁר־דרך (Pr. 29, 26) והיה
העקוב לְמִישׁוֹר (Jes. 40, 4) مفعول مثل מִבְחוֹר מִזְמוֹר
מֵישָׁרִים מִפְעָלִים مثل מִשְׁפָּטִים والثقيل יִשַּׁר עלכן
כל־פִּקּוּדֵי כל יִשָּׁרְתִּי (Ps. 119, 128) וַיְיַשְּׁרֵם למטה מערבה
(II Chr. 32, 30) והדורים אֲיַשֵּׁר (Jes. 45, 2) יַשְּׁרוּ בערבה
(ib. 40, 3) הַמְיַשְּׁרִים ארחותם (Pr. 9, 15) מְיֻשָּׁר על
המחקה (I Reg. 6, 35) وأمّا וַיִּשַּׁרְנָה הפרות (I Sam. 6, 12)
فيحتمل وجهين اذ هو مشدّد الشين إمّا ان يكون فعلا
خفيفا اندغمت الياء التى هى فاء الفعل فى الشين فاشتدّت
لذلك على مذهب אֶצָּק־מים (Jes. 44, 3) אֶצָּרְךָ בבטן
(Jer. 1, 5) وإمّا ان يكون فعلا ثقيلا على بنية וַיְפַעֲלְנָה
ولذلك اشتدّت الشين وياء المستقبل مندغمة فى الياء
التى هى فاء الفعل وتكون شديدة ايضا لذلك والمعنى
الاوّل اقوى لانّا لا نجد ויפעלנה بكسر الفاء بل بفتحها
فافهم وثقيل اخر فى الاصل הַיְשִׁיר הֵישַׁרְתִּי אַיְשֵׁר
תישר יַיְשִׁירוּ נגדך (Pr. 4, 25) والامر הַיְשַׁר לפני דרכך
(Ps. 5, 9) مثل כפך מעלי הַרְחַק (Job 13, 21)

ישן יָשַׁנְתִּי אז ינוח לי (Job 3,13) וַיִּישָׁן ויחלם (Gen. 41, 5)
עורה למה תִישַׁן ה׳ (Ps. 44, 24) וְיָשְׁנוּ שְׁנַת עולם
(Jer.51,39) موقّف الياء אני יְשֵׁנָה ולבי ער (Cant. 5, 2) וַיִּקַץ
כְּיָשֵׁן אדני (Ps. 78, 65) ורבים מִיְּשֵׁנֵי אדמת־עפר יקיצו
(Dan.12,2) איננו מניח לו לִישׁוֹן (Ecc.5,11) على زنة לִשְׁמוֹר
לִשְׁבּוֹר وقد اسقطت الياء من الاسم כן יתן לידידו שֵׁנָא
(Ps. 127, 2) אַל תאהב שֵׁנָה (Pr. 20, 13) والثقيل יִשֵּׁן
יִשַּׁנְתִּי אֲיַשֵּׁן וַתְּיַשְּׁנֵהוּ על ברכיה (Jud.16,19) מְיַשֵּׁן מְיוּשָּׁן
وفى الاصل معنى اخر חדשים גם־יְשָׁנִים (Cant. 7, 14)
ואכלתם ישן [נוֹשָׁן] (Lev. 26, 10) والانفعال ואכלתם ישן
נוֹשָׁן (ib.) צרעת נוֹשֶׁנֶת הוא (Lev. 13, 11) וְנוֹשַׁנְתֶּם
בארץ (Deut. 4, 25) יִנָּשֵׁן אֶנָּשֵׁן הִוָּשֵׁן

ישע יצאת לְיֵשַׁע [את] עמך (Hab. 3, 13) כי־כל־יִשְׁעִי
(II Sam. 23, 5) יְשׁוּעָה ישית (Jes. 26, 1) والثقيل بواو כי
הוֹשִׁיעַ ה׳ (Ps. 20, 7) יוֹשִׁיעַ ציון (Ps. 69, 36) הוֹשַׁע ה׳ את
עמך (Jer. 31, 6) הוֹשִׁיעֵנוּ ה׳ אלהינו (Ps. 106, 47) ויהי
להם לְמוֹשִׁיעַ (Jes. 63, 8) والانفعال بواو אין המלך נושע
ברב חיל (Ps. 33, 16) קמץ لانّه منفعل ישראל נושע בה׳
(Jes. 45, 17) פתח لانّه انفعل وممنه יִוָּשֵׁעַ (Jer. 30, 7)
בימיו תִּוָּשַׁע יהודה (ib.23,6) פנו אלי וְהִוָּשְׁעוּ (Jes.45,22)

ישר לאשר יָשַׁר בעיני (Jer. 27, 5) فتح لانّه ماضى ولا

נשן (ib. 45, 10) والمستقبل بلين الياء كما ذكرت واسقاطها من الخطّ استخفافا יֵשֵׁב עוֹלָם לִפְנֵי אֱלֹהִים (Ps. 61, 8) יָשַׁב אֵשֵׁב עִם הַמֶּלֶךְ (I Sam. 20, 5) יֵשְׁבוּ לְכִסֵּא לָךְ (Ps. 132, 12) בַּסֻּכֹּת תֵּשְׁבוּ (Lev. 23, 42) הַיּוֹשְׁבִי בַּשָּׁמָיִם (Ps. 123, 1) وقيل أنّ כִּי אִם שׁוֹב תֵּשְׁבוּ مقلوب الساكن اللين الذى بعد التاء فى תשבו فاء انقلب *a* فى שוב عينا والامر שֵׁב باسقاط الياء من اللفظ والخطّ معا وانقلبت الياء واوا لينة فى וּמוֹשַׁב בְּנֵי יִשְׂרָאֵל (Ex. 12, 40) בְּכֹל מוֹשְׁבֹתֵיכֶם (ib. 12, 20) والانفعال עָרִים לֹא נוֹשָׁבוּ (Jer. 22, 6) אֶל אֶרֶץ נוֹשָׁבֶת (Ex. 16, 35) יִוָּשֵׁב אִוָּשֵׁב وما لم يسمّ فاعله بواو لينة مبدلة من الياء لانضمام ما قبلها הוּשַׁב וְהוּשַׁבְתֶּם לְבַדְּכֶם (Jes. 5, 8) والثقيل فى الاصل הוֹשִׁיב וְעָרִים נְשַׁמּוֹת יוֹשִׁיבוּ (Jes. 54, 3) עוֹד אוֹשִׁיבְךָ בָאֳהָלִים (Hos. 12, 10) אֲשֶׁר הוֹשִׁיבוּ נָשִׁים נָכְרִיּוֹת (Ezr. 10, 18) וַיּוֹשִׁיבֵם לָנֶצַח (Job 36, 7) כִּי בַסֻּכּוֹת הוֹשַׁבְתִּי (Lev. 23, 43) מוֹשִׁיבִי עֲקֶרֶת הַבַּיִת (Ps. 113, 9) בְּמֵיטַב הָאָרֶץ הוֹשֵׁב אֶת אָבִיךָ (Gen. 47, 6) ونوع اخر من الفعل الثقيل יִשֵּׁב יִשַּׁבְתִּי וְיִשְּׁבוּ טִירוֹתֵיהֶם בָּךְ (Ez. 25, 4) אֲיַשֵּׁב מְיַשֵּׁב מְיוּשָּׁב יֻשַּׁב

---

a) A فاء قيل. See Gikatilia's rendering (ed. Nutt, p. 31).

ירע יָרַעְתִּי נפשו יָרְעָה לו (Jes. 15, 4) אֵירַע תֵּירַע

ירק יָרַקְתִּי יָרוֹק יָרַק בפניה (Num.12,14) וְיָרְקָה בפניו

(Deut.25,9) אֵירַק יֵירַק יוֹרֵק, واما וכי יָרוֹק הזב (Lev.15,8)

מכלמות וָרוֹק (Jes. 50, 6) עד בלעי רֻקִּי (Job 7, 19)

לא חשבו רק (ib. 30, 10) فاصل اخر*a*

ירש יָרַשְׁתִּי וְיָרַשׁ ישראל את יוֹרְשָׁיו (Jer.49,2) וִירַשְׁנוּ

אותה (Num. 13, 30) וִירִשְׁתָּהּ וישבתה בה (Deut. 17, 14)

כי לא יִירַשׁ אותו (Gen. 21,10) תִּירַשׁ וַיִּירְשׁוּ את ארצו

(Num. 21, 35) وجاء الامر على اصله ים ודרום יְרָשָׁה

(Deut. 33, 23) الهاء مزيدة وهو على زنة העמק שְׁאָלָה

(Jes. 7, 11) وعلى غير اصله עלה רֵשׁ (Deut. 1, 21) والاسم

מוֹרָשָׁה קהלת יעקב (Deut.33,4) את מוֹרָשֵׁיהֶם (Obad 1,17)

לְמוֹרַשׁ קפוד (Jes. 14, 23) الواو مبدلة من الياء والثقيل

הוריש יוריש את אשר יוֹרִישְׁךָ (Jud. 11, 24) וְתוֹרִישֵׁנִי

עונות נעורי (Job 13, 26) وفيه معنى اخر*b* ה׳ אלהיך

מוֹרִישׁ אותם (Deut. 18, 12) לְהוֹרִישׁ גוים גדולים

(Deut.4,38) ואם לא תוֹרִישׁוּ את יושבי הארץ (Num.33,55)

وثقيل اخر فى معنى اخر מוֹרִישׁ ומעשיר (I Sam. 2, 7)

פן אִוָּרֵשׁ ונגבתי (Pr. 30, 9)

ישב אברם יָשַׁב בארץ כנען (Gen. 13, 12) וְיָשַׁבְתָּ בארץ

a) i. e. רקק. *b*) A ثانى.

ثابتة فى الخطّ لانّها الاصل والاصل فيه יִרְאוּ بتحريك الالف مثل שִׁמְרוּ אִמְרוּ واحسب ان اسقاط هذه الالف من اللفظ هو لئلّا يشتبه בִּיִרְאוּ الذى هو من الرُّؤْية וּמוֹרַאֲכֶם וחתכם (Gen. 9, 2) יובילו שי לַמּוֹרָא (Ps. 76, 12) ואת מוֹרָאוֹ לא תיראו (Jes. 8, 12) الواو فيها بدل من الياء والانفعال וְנוֹרָא מאד (Joel 2, 11) נוֹרָאוֹת בצדק תעננו (Ps. 65, 6) למען תִּוָּרֵא (Ps. 130, 4) وفى الاصل فعل ثقيل مَعْدًا יֵרֵא مثل גֵּרֵשׁ او مثل שִׁבֵּר لانّ اصله التشديد لولا الراء כי יֵרְאוּנִי העם (II Sam. 14, 15) مثل גֵּרְשׁוּנִי او שִׁבְּרוּנִי والمستقبل אֲיָרֵא יְיָרֵא والامر יָרֵא مثل גָּרֵשׁ والفاعل מְיָרֵא مثل מְגָרֵשׁ כי כולם מְיָרְאִים אותנו (Neh. 6, 9) والمصدر יָרֵא مثل الامر לְיָרְאָם ולבהלם (II Chr. 32, 18)

ירד וְיָרַדְתִּי ודברתי עמך שם (Num. 11, 17) יָרוֹד יָרַדְנוּ בתחלה (Gen. 43, 20) والمستقبل بلين الياء אנכי אֵרֵד עמך (ibid. 46, 4) נֵרְדָה אֵרְדָה יֵרְדוּ الزوايد موقّفة للساكن اللين كما ذكرت وقد ذهبت الياء فى الامر مع كثرة الاستعمال רֵד ויכום בַּמּוֹרָד (Jos. 7, 5) הם בְּמוֹרַד בית חורון (ib. 10, 11) الواو بدل من الياء والثقيل וְהוֹרַדְתֶּם את אבי (Gen. 45, 13) הוֹרַדְנוּ בידנו (Gen. 43, 22) יוֹרִידוּ אותו (Num. 1, 51) וַיּוֹרֶד כנהרות מים (Ps. 78, 16)

יקש יקוש יָקוֹשְׁתִּי לך (Jer. 50, 24) פָּעוּלְתִּי مثل קָטוֹנְתִּי
שָׁכוּלְתִּי יָכוֹלְתִּי יוּקָשִׁים בני האדם (Ecc. 9,12) פּוּעָלִים
جاء على معنى פְּעוּלִים مثل כשך יְקוּשִׁים (Jer. 5, 26)
الذى جاء على معنى פְּעוּלִים, الانفعال נוֹקַשְׁתָּ באמרי
פיך (Pr. 6, 2) וְנוֹקְשׁוּ ונלכדו (Jes. 28, 13) פן תִּנָּקֵשׁ בו
(Deut. 7, 25) הִנָּקֵשׁ امر ومصدر، כי מוֹקֵשׁ הוא לך (ib. 16)
الواو اصل مثل מוֹעֵד

ירא ולא יָרֵא אלהים (Deut. 25, 18) כי יָרְאוּ המילדות
(Ex. 1, 21) כי יָרֵאָה (Gen. 18, 15) כי לא יָרֵאנוּ את ה׳
(Hos. 10, 3), والمستقبل וַיִּירָא ויאמר (Gen. 28, 17) וָאִירָא
כי ערום אנכי (ib. 3, 10), وكذلك וַיִּירְאוּ מגשת אליו
(Ex. 34, 30) ופן ירך לבבכם וְתִירְאוּ (Jer. 51, 46) וְתִפְעֲלוּ
יִירְאוּ מה׳ (Ps. 33, 8) יִפְעֲלוּ لان الزوايد موقّفة ومن لم
يوقّفها جهل طريق الحقّ وموضع الصواب וַתִּירֶאןָ המילדות
(Ex. 1, 17) וַתִּפְעַלְנָה ولكن اختلفت الحركة للين الالف
לִירֹא מפני דוד[a] (I Sam. 18, 29) לִפְעוֹל[b] مثل לִשְׁמוֹר
الياء بعد اللام هى فاء الفعل والاسم יִרְאָה ורעד (Ps. 55, 6)
والامر יְרָא את ה׳ בני ומלך (Pr. 3, 7), واما יִרְאוּ את ה׳
קדושיו (Ps. 34, 10) فالالف ساقطة من اللفظ استخفافا

---

a) A erroneously שאול.
b) From המילדות till לפעול added on margin of B; apparently copied from A.

فى ותיקד יקד יקוד כיקוד انقلبت واوا لينة فى מוקד ومוקדה .

יקע لم يأتنا من هذا الاصل الّا الفعل الثقيل الذى تنقلب فيه الياء واوا וְהוֹקַעֲנוּם לה׳ (II Sam. 21, 6) וַיּוֹקִעֻם בהר (ib. 9) וְהוֹקַע אתם לה׳ (Num. 25, 4)

יקץ יקץ יקצתי וַיִּיקַץ יעקב משנתו (Gen. 28, 16) וַיִּיקֶץ נח מיינו (Gen. 9, 24) וְיִקְצוּ מזעזעיך (Hab. 2, 7) الياء فى וייקצו موقّفة دالّة على ان بعدها ياء ساكنة فهى فاء الفعل واما לא הֵקִיץ הנער (II Reg. 4, 31) העירה וְהָקִיצָה (Ps.55,23) וַהֲקִיצוֹתָ (Pr. 6,22) הֱקִיצוֹתִי ואראה (Jer. 31, 25)

فاصل اخر

יקר מה יָּקָר חסדך (Ps. 36, 8) מאשר יָקַרְתָּ בעיני (Jes. 43, 4) ולי מה יָּקְרוּ רעיך (Ps. 139, 17) תִּיקַר נא נפשי (II Reg. 1, 13) תִּפְעַל וְיֵיקַר דמם (Ps. 72, 14) וְיֵקַר פדיון נפשם (ib. 49, 9) וְיִפְעַל والصفة יָקָר מחכמה ומכבוד (Ecc. 10, 1) וירח יָקָר הולך (Job 31, 26) קמץ على زنة חָכָם רָשָׁע فان أَصْفَتَه كانت القاف פתוחה יְקַר רוח (Pr. 17,27) مثل חֲכַם לב (Job 9,4) والاسم אדר הַיְקָר (Zach.11,13) קמץ وان أصفته كان פתח ואת יְקַר (sic!) תפארת (Esth. 1,4) وفى هذا الاصل فعل ثقيل معدا הוֹקִיר יוֹקִיר אוֹקִיר אנוש (Jes. 13, 12) הוֹקַר רגליך (Pr. 25, 17)

لاستخفافهم الكلمة واستثقالهم النطق بها مع تقدّم الياء
فقد بان ان ותתצב ותתפעל الياء بين التاءين في اللفظ
لانّ تاء التانيث محرّكة بالצרי الدالّ على الساكن بعدها
ותתצב ותפתעל ותתיצב ותתפעל

יצק וְיָצַק עליה (Lev. 2, 1) לא יִצֹק עליה (Num. 5, 15)
וְיִצְקוּ על העולה (I Reg. 18,34) موقّف الياء وقد جاء المستقبل
بإدغام الياء في الصاد כי אֶצָּק מים על צמא (Jes. 44, 3)
والامر جاء على الاصل וגם יְצֹק בו מים (Ez. 24, 3) وعلى
غير الاصل צַק לעם ויאכלו (II Reg. 4, 41) יְצֻקִים בִּיצֻקָתוֹ
(I Reg. 7, 24) הוּצַק חן בשפתותיך (Ps. 45, 3) رجعت فيه
الياء واوا لانضمام ما قبلها ووزنه הָשְׁלַךְ הָשְׁכַּב وفي الاصل
فعل ثقيل הוֹצִיק יוֹצִיק מוֹצִיק מוצקת הם מגישים אליה
והיא מוֹצָקֶת (II Reg. 4, 5)

יצר אשר יָצָר (Gen. 2, 8) עם זו יָצַרְתִּי לי (Jes. 43, 21)
וַיִּיצֶר ה׳ אלהים (Gen. 2, 7) وقد جاء بالادغام בטרם
אֶצָּרְךָ בבטן (Jer. 1, 5) ובמקבות יִצְּרֵהוּ (Jes. 44, 12) والوزن
אֶשְׁמָרְךָ יִשְׁמְרֵהוּ ויצֻרַי כצל כלם (Job 17, 7) والانفعال
לפני לא נוצר אל (Jes. 43, 10) אוּצַר יוּצַר

יקד יקד יָקַדְתִּי וַתִּיקַד עד שאול תחתית (Deut. 33, 22)
יֵקַד יְקוֹד כִּיקוֹד אש (Jes. 10, 16) יִפְעַל פְּעוֹל כִּפְעוֹל
כְּמוֹקֵד נחרו (Ps. 102, 4) על מוֹקְדָה (Lev. 6, 2) الياء التي

ولذلك صارت تاء التانيث التى فى והתצב محرّكة بالצרי لتدلّ على الياء التى بينها وبين تاء الافتعال ودخول تاء الافتعال فى الافعال على وجهين إما ان تكون مقدّمة على فاء الفعل او فاء الفعل مقدّمة عليها على قدر استسهال الكلمة واستثقالها فان كان فاء الفعل سينا او شينا او صادا فهى المقدّمة على التاء مثل וְיִסְתַּבֵּל הֶחָגָב (Ecc. 12, 5) וְיִשְׁתַּמֵּר חֻקּוֹת עָמְרִי (Mic. 6, 16) וּמַה־נִּצְטַדָּק (Gen. 44, 16) وهذه الطاء فى נצטדק هى التاء وانّما ابدلت طاء ليسهل الافصاح بالصاد التى قبلها الّا ان كلمة واحدة استثقلوا فيها تقديم الشين على التاء[a] وهى וְהִתְשׁוֹטַטְנָה בַּגְּדֵרוֹת (Jer. 49, 3) وانّما استثقلوا ذلك لانّ فى هذه الكلمة لِئَلَّا تلتقى التاء مع الطايين فيثقل ذلك لانّ مخرج الطاء من الفمّ قريب من مخرج التاء وإن كان فاء الفعل من سائر الحروف سوا هذه الثلثة تقدّمت التاء عليها مثل וָאֶתְנַפַּל (Deut. 9, 18) יִתְבָּרֵךְ (Jes. 65, 16) וְהִתְגַּדִּלְתִּי וְהִתְקַדִּשְׁתִּי (Ez. 38, 23) على هذا النظام اطّرد الباب لا تكون التاء الّا مقدّمة على فاء الفعل ما لم تكون الفاء سينا او شينا او صادا الّا והתצב אחותו فانّ فاء الفعل مقدّمة عليها وهى الياء اللينة التى قبلها ذلك

---

a) A אלטא.

الاصل والانفعال את מי נועץ (Jes. 40, 14) וַיִּוָּעֵץ המלך דוד (I Reg. 12, 6)

יפח וִיפֵחַ חמס (Ps.27,12) תִּתְיַפֵּחַ תפרש כפיה (Jer.4,31)

יפע והללו יִפְעָתֶךָ (Ez. 28, 7) والثقيل הופיע מהר פארן (Deut. 33, 2) ועל עצת רשעים הוֹפָעְתָּ (Job 10, 3)

יצא יָצָאתִי יָצָאתָ לישע עמך (Hab. 3, 13) לא יֵצֵא בצבא (Deut.24,5) יֵצְאוּ תֵּצְאוּ וּמִיצִיאֵי מֵעָיו (II Chr.32,21) والثقيل بواو لينة הוציא יוציא والاسم למות תוֹצָאוֹת (Ps.68,21) כי לא מִמּוֹצָא וממערב (ib. 75, 7) ויכתב משה את מוֹצָאֵיהֶם (Num. 33, 2)

יצב יִצֵּב יִצַּבְתִּי אֶצֵּב תִּצֵּב والمصدر יַצֵּב גבולות עמים (Deut. 32, 8) وفى الاصل ثقيل اخر جاء بادغام الياء فى الصاد הִצִּיבוּ משחית (Jer. 5, 26) אתה הִצַּבְתָּ (Ps. 74,17) דרך קשתו וַיַּצִּיבֵנִי (Thr. 3, 12) והנה מַצִּיב לו יד (I Sam. 15, 12) الصاد شديدة لاندغام الياء فيها والانفعال بالادغام ايضا נִצָּב לריב ה׳ (Jes. 3, 13) נִצְּבוּ כמו נד (Ex. 15, 8) النون للانفعال والياء مندغمة فى الصاد ووزنه נפעל נפעלו والافتعال ויבא ה׳ וַיִּתְיַצֵּב (I Sam. 3, 10) וַיִּתְיַצֵּב מלאך ה׳ (Num. 22, 22) יִתְיַצְּבוּ מלכי הארץ (Ps. 2, 2) וַתֵּתַצַּב אחותו (Ex. 2, 4) واعلم ان וַתֵּתַצַּב וַתִּתְפָּעֵל الياء التى هى فاء الفعل مقدّمة على تاء الافتعال

ايضا واوا ساكنة וּמוֹסְרוֹת ערוד (Job 39, 5) מוּסַר מְלָכִים
פִּתֵּחַ (Job 12, 18) מוֹסֵרוֹת וּמוֹטוֹת (Jer. 27, 2) واما בְּמָסֹרֶת
הַבְּרִית (Ez. 20, 37) فاحسبه من וְאָסְרָה אִסָּר (Num. 30, 4)
ولكن الالف لانت بين الميم والسين وسقطت من الخطّ
واصله בְּמַאֲסֹרֶת مثل מַחֲגֹרֶת

יעט מעיל צדקה יְעָטָנִי (Jes. 61, 10) مثل שְׁמָרֵנִי אִיעַט
יוֹעֵט وليس هو من עֹטֶה אור (Ps. 104, 2) كما ظنّ قوم

יעד מן הַמּוֹעֵד אשר יְעָדוֹ (II Sam. 20, 5) אשר לא
יְעָדָהּ (Ex. 21, 8) ואם לבנו יִיעָדֶנָּה (ib. 9) والانفعال נוֹעַד
וְנוֹעַדְתִּי שמה לבני ישראל (Ex. 29, 43) כי הנה המלכים
נוֹעֲדוּ (Ps. 48, 5) אשר אִוָּעֵד לך (Ex. 30, 6) ومعنى اخر
في الاصل הוֹעִיד יוֹעִיד כי מי כמוני ומי יוֹעִידֶנִּי (Jer. 49, 19)
ואם למשפט מי יוֹעִידֵנִי (Job 9, 19)

יעל הוֹעִיל הוֹעַלְתִּי מה הוֹעִיל (Hab. 2, 18) ואין בם
מוֹעִיל (Jer. 16, 19)

יעף יָעַפְתִּי לא יִיעַף ולא ייגע (Jes.40,28) וְיִעֲפוּ נערים
(ib. 30) לשתות הַיָּעֵף במדבר (II Sam. 16, 2)

יעץ יעצתי כי ה׳ צבאות יָעָץ (Jes. 14, 27) כי יָעַצְתִּי
(II Sam. 17, 11) אשר יְעָצָנִי (Ps. 16, 7) לכה אִיעָצְךָ
(Num. 24, 14) יוֹעֵץ בליעל (Nah. 1, 11) والامر جاء على شأن
עוּצוּ עֵצָה ותֻפָר (Jes. 8, 10) والوجه עֻצוּ او יַעֲצוּ على

יסף ולא יָסַף עוד לְדעתה (Gen. 38, 26) ולא יָסְפָה שוב אליו עוד (ib. 8, 12) ייסוף, الفاعل יוסֵף אם יוסְפִים אנחנו (Deut. 5, 22) وقد جاء الفاعل على بنية פועיל הנני יוסִיף להפליא (Jes. 29, 14) ونظيره אתה תּוֹמִיךְ גורלי (Ps. 16, 5) لانه من תָּמַךְ יתמוך, والثقيل ולא הוסיפו בני ישראל[a] לא אוסֵף אהבתם (Hos. 9, 15) יוסֵף ה׳ לי בן אחר (Gen. 30, 24) وقد كتبت الواو الفا לא תאסִיפוּן לתת תבן לעם (Ex. 5, 7) וַיּוֹסֶף שאול (I Sam. 19, 21) אל תּוֹסְףְּ על דבריו (Pr. 30, 6) اسقطت حركة السين من תוסף استخفافا وادراجا للكلام

יסר יָסַר יסרתי איסר יוסֵר לץ (Pr. 9, 7) والاسم بواو ساكنة מוּסַר ה׳ (Deut.11,2) מוסר אביך (Pr. 13, 1) والثقيل יַסֹּר יִסְּרַנִּי[b] יה (Ps. 118, 18) וְיִסַּרְתִּי אתכם (Lev. 26, 28) כאשר יְיַסֵּר איש את בנו [כן] ה׳ אלהיך מְיַסְּרֶךָּ (Deut.8,5) ויספתי לְיַסְּרָה אתכם (Lev. 26, 18) הרוב עם שדי יִסּוֹר (Job 40,2) والانفعال נוסר בדברים לא יִוָּסֶר עבד (Pr. 29, 19) הִוָּסְרִי ירושלים (Jer. 6, 8) وفى الاصل معنى ثانى אַיְסִירֵם כשמע לעדתם (Hos. 7, 12) على زنة אשליכם, وتقلب

---

a) Wrong quotation. Ibn Esra and Gikatilia have ולא הוסיף עוד מלך מצרים (II Reg. 24, 7).

b) Cf. Ġanaḥ, Opuscules, p. 320.

ربّما كتبوها[a] كلمتين مثل ויהי איש מִבִּן יָמִין (I Sam. 9, 1) المكتوب كلمتين والمقروء واحدة وايضا انهم اذا نسبوا اليها اسقطوا בן ونسبوا الى ימין قال איש יְמִינִי (II Sam. 20, 1) وربّما نسبوا الى الاسم كلّه فقالوا לַבִּנְיָמִינִי (I Chr. 27, 12)

ינק וְיָנַקְתְּ חלב גוים (Jes. 60, 16) ראש פתנים יִינָק (Job 20, 16) יוֹנֵק יָנִיק مثل פָּלִיט את ראש יְנִיקוֹתָיו (Ez. 17, 4). الثقيل היניק הינקתי יֵינִיק וַיֵּנִקֵהוּ דבש מסלע (Deut. 32, 13) וַתֵּינִיק לך את הילד (Ex. 2, 7) וְהֵינִקִהוּ לי (Ex. 2, 9) מֵינֶקֶת רבקה (Gen. 35, 8)

יסד יָסַד ארץ על מכוניה (Ps. 104, 5) על מים יְסָדָהּ (Ps. 24, 2) איסוד ייסוד مثل לֹא יִיצוֹק עליו (Num. 5, 15) יוסד والاسم יְסוֹד המזבח (Ex. 29, 12) وقد جاء الاسم بواو لينة מוּסָד מוּסָּד الاوّل الخفيف اسم والثانى المشدّد السين لاندغام فاء الفعل فيها مفعول ويجوز ان يكون المفعول ايضا خفيف بلا اندغام والثقيل יִסַּדְתָּ עז למען צורריך (Ps. 8, 3) ידי זרבבל יִסְּדוּ (Zach. 4, 9) בבכורו יְיַסְּדֶנָּה (Jos. 6, 26) والانفعال נוֹסַד יִוָּסֵד ومعنى ثانى فى الانفعال ורוזנים נוֹסְדוּ יחד (Ps. 2, 2) בְּהִוָּסְדָם יחד עלי (Ps. 31, 14)

---

a) A كتبوه.

ילל עד אגלים יִלְלָתָהּ ובאר אלים יִלְלָתָהּ (Jes. 15, 8) وفى هذا الاصل فعل ثقيل והֵילִילוּ שירות היכל (Am. 8, 3) וְהֵלִיל כל ישב הארץ (Jer. 47, 2) הֵילֵל ברוש הֵילִילוּ כל אלוני בשן (Zach. 11, 2) (ib) الماضى والامر على لفظ واحد وكذلك הֵיטִיב ماض וְהֵיטִיב امر היטיבו אשר דברו (Deut. 18, 17) ماض הֵיטִיבוּ דרכיכם (Jer. 7, 3) امر والمستقبل بلين الياء الاصليّة وبحركتها وأما بلينها לכן יְיֵלִיל מואב (Jes. 16. 7) وبحركتها ומשבר רוח תְּיֵלִילוּ (ib. 65, 14) وكذلك לא יֵיטִיב ה׳ ולא ירע (Zeph. 1, 12) بلين الياء ואלמנה לא יְיֵטִיב (Job 24, 21) بحركتها وكذلك יֵדַע بلين الياء וגבוה ממרחק יְיֵדָע (Ps. 138, 6) بحركتها

ימן אם השמאל וְאֵימִנָה (Gen. 13, 9) الياء الاولى اصل *a* מַיְמִינִים ומשמאילים (I Chr. 12, 2) وقد ردّت الياء الفا فى كلمة واحدة כי תַאֲמִינוּ וכי תשמאילו (Jes. 30, 21) والوجه תימינו والامر התאחדי הֵימִינִי (Ez. 21, 21) والنسبة הַיְמָנִי הַיְמָנִית وكان القياس הַיְמִינִי הַיְמִנִית ولكن جعل فرق بينه وبين النسبة الى בנימין واعلم ان בנימין كلمتان בן וימין جعل منهما اسما واحدا والدليل على ذلك انهم

---

a) A اصلية.

רבים ,וישבת בלבנון فعلا ماضيا مؤنّثا على مثال פועלת
من ضرب שופטתי למשופטי אתחנן (Job 9,15) كما ذكرت
فى ואת הנערים יודעתי (I Sam. 21, 3) *a* وكذلك שוסתי
פועלתי الّا ان لام الفعل لينة والامر من هذا الاصل לך
مثل שב او ילד على الاصل وفى الاصل فعل ثقيل ילד
ילדתי איַלד מילד ותקח המילדת (Gen. 35, 28) למילדות
העבריות (Ex. 1, 15) والامر ילד وكذلك المصدر واستعمل
ايضا فى هذا الاصل نوع اخر من الثقيل ردّت فيه الياء
واوا لينة והוליד בן (Ecc. 5, 13) אשר הולידו בארצכם
(Lev. 25, 45) אם אני המוליד (Jes. 66, 9) والامر הולד او
הוליד وكذلك المصدر والاسم جاء بياء בעוד הילד חי
(II Sam.12, 22) وجاء بواو אין לה ולד (Gen. 11, 30) على
زنة חכם רשע כל הבן הילוד (Ex. 1, 22) مثل הגבור
השפור واما שמע לאביך זה ילדך (Pr. 23, 22) ففعل
خفيف ماض منفصل ولو اتّصل لقيل ילדך والانفعال
נולד נולדו להרפא (I Chr. 20, 8) אֻלד בו (Job 3, 3) وقد
ادغمت الواو التى فى נולד فى اللام فاشتدّت אלה נולדו
לו (I Chr. 3, 5) وحرك ما قبل الواو بالשרק لان ذلك اخفّ
فى هذه الكلمة

---

a) Cf. s. ידע.

الفعل والفاعل יוֹלֵד חכם (Pr. 23, 24) יוֹלֵד כסיל (Pr. 17, 21)
واما הנך הרה וְיוֹלַדְתְּ בן (Jer. 31, 7) הרה וְיוֹלֶדֶת יחדו
(Gen. 16, 11) ففيه من بنية יוֹלֶדֶת וְיָלַדְתְּ على ما اجازته
اللغة من تركيب كلمة واحدة من بنيتين فى اصل واحد
وكذلك מִשְׁתַּחֲוִיתֶם קדמה (Ez. 8, 16) مبنى من משתחוים
والשתחויתם ועתידותיהם שׁוֹסֵתִי (Jes. 10, 13) مبنى من
שׁוֹסֶה وשַׁסֹּתִי בעותיך צִמְּתֻתוּנִי (Ps. 88, 17) من צִמְּתוּ
وצִמַּתְּנִי لانك تقول צמת צִמַּתְתְּ باظهار التاء التى هى
لام الفعل على الاصل او צִמַּתְּ بادغامها فى تاء الفاعل
فاذا اردت منها פְּעַלְתּוּנִי قلت צִמַּתְתּוּנִ او צִמַּתּוּנִי بالاظهار
او بالادغام لان פְּעַלְתּוּנִי פעלתונו جاير فى لغة العبرانيّة
مثل צמתוני ולמה הֶעֱלִיתֻנוּ ממצרים (Num. 20, 5) فوجدت
فى צמתותוני [طرفين الطرف الاوّل[a] צמתו والطرف الاخر
من צמתתוני فقلت انه مركّب من צמתו וצמתתוני
وكذلك שׁוֹכַנְתְּ על מים רבים (Jer. 51, 13) مركّب من
שׁוֹכֶנֶת وשָׁכַנְתְּ وكذلك יושבת בלבנון (ib. 22, 23) مبنى
من יוֹשֶׁבֶת وיָשַׁבְתְּ מְקוּנַּנְתְּ בארזים (ib.) مبنى من
מְקוֹנֶנֶת وקוֹנַנְתְּ وهذه الالفاظ شاذة غريبة لا يقاس علهيا
ويمكن ان يكون הנך הרה וְיוֹלַדְתְּ בן وשוכנת על מים

---

a) B.

אם רעה (Num. 13, 19) فاصل اخر من الافعال التى عينها حرف لين

יכל الماضى من هذا الاصل جاء على بنية פָּעֹול ולא יָכֹל יוסף להתאפק (Gen. 45, 1) ומה יָכֹלְתִּי עשות ככם (Jud. 8, 3) مثل יָקוֹשְׁתִּי יָגוֹרְתִּי קָטוֹנְתִּי وقد يسقطون واو المدّ استخفافا وادراجا للكلام ويحركون ما قبلها بقמץ חטף للدلالة على الواو الساقطة فيقولون וְיָכָלְתָּ עמוד (Ex. 18, 23) פן יאמר אויבי יְכָלְתִּיו (Ps. 13, 5) كما اسقطوها ايضا من יכלו ויכלה ולא יָכְלוּ לעשות הפסח (Num. 9, 6) ולא יָכְלָה עוד הַצְּפִינוֹ (Ex. 2, 3) فى الادراج والاتّصال استثقالا لها واما فى الوقف وقطع الكلام فيردّون الواو להוציא את הכינים ולא יָכֹלוּ (Ex. 8, 14) وهو القياس فى יָכוֹלָה والمستقبل بردّ الياء واوا ساكنة لينة مضموما ما قبلها بالשׁרק للفرق بينه وبين المستقبل من אכל المضموم بالחלם לא תוּכַל לזבוח את הפסח (Deut. 16, 5) אוּכַל לו (I Sam. 17, 9) כאשר יוּכְלוּן שאת (Gen. 44, 1) לא תוּכְלִי כפרה (Jes. 47, 11) والاسم יְכֹלֶת ה׳ (Num. 14, 16)

ילד לא חלתי ולא יָלַדְתִּי (Jes. 23, 4) מה יֵלֶד יום (Pr. 27, 1) גם כי יֵלֵדוּן (Hos. 9, 16) בעצב תֵּלְדִי בנים (Gen. 3, 16) الساكن اللين الذى بعد الزوايد هو فاء

الياء واوا لينة הן הוחַלְתִּי לדבריכם (Job 32, 11) מה אוחִיל לה׳ עוד (II Rég. 6, 33) וַיּוֹחֶל שבעת ימים (I Sam. 13, 8) הוחִילִי לאלהים (Ps. 42, 12) والاسم תּוֹחֶלֶת

الواو فاء الفعل

יטב יָטַב יָטַבְתִּי וְתִיטַב לה׳ משור פר (Ps. 69, 32) וַתִּיטַב הנערה בעיניו (Esth. 2, 9) וַיִּיטַב בעיני הדבר (Deut. 1, 23) וַיִּיטְבוּ דבריהם (Gen. 34, 18) الساكن اللين الذى بين الياء والطاء فى וייטבו هو فاء الفعل ولذلك وقفت الياء ووزنه וַיִּשְׁמְרוּ وفى الاصل فعل ثقيل مَعْدًا הֵיטִיבוּ אשר דברו (Deut. 18,17) הֵיטַבְתָּ לראות (Jer.1,12) والمستقبل הלא דברי יֵיטִיבוּ (Mich. 2, 7) מה תֵּיטִיבִי ייטיבו תיטיבי باظهار الياء وفتح الزوايد قبلها مثل יַשְׁלִיכוּ תַּשְׁלִיכוּ ولكنهم رأوا لين الياء وتحريك ما قبلها بالצרי اخفّ عليهم والفاعل מֵיטִיב המה מֵיטִיבִים את לבם (Jud. 19, 22) ولو لم تكن الياء اصليّة[a] لقال מְטִיבִים مثل מְרִיקִים מְשִׁיבִים وغيرهما مما ليس فى اوّله ياء מֵיטַב שדהו (Ex. 22, 4) מֵפְעַל من هذا الاصل مثل מִבְחַר واما מה־טובו אהלך (Num. 24, 5) הֱטִיבוֹתָ כי היה עם לְבָבְךָ (II Chr. 6, 8) טוב לפני האלהים (Ecc. 7, 26) הַטּוֹבָה היא

a) B اصلا.

الثقيل الذى على زنة פִּעֵל او פֻּעַל *a* مشدّد العين او غير مشدّد الّا مفتوح الفاء ابدا او مضموم الفاء بְקמץ גדול فى الغير مشدّد العين فلذلك قلت ان ויחמו הצאן ויחמנה فعل خفيف لان الياء الشديدة التى هى فاء الفعل ليست مفتوحة ولا مضمومة بְקמץ גדול הַנֵּחָמִים באלים (Jes. 57, 5) הַנִּפְעָלִים بين النون والحاء فاء الفعل יחל וְיִחֲלוּ לקים דבר (Ez. 13, 6) יִחַלְנוּ לך (Ps. 33, 22) على زنة וְטִהֲרוּ וטִהַרְנוּ وهو فعل ثقيل الياء فاء الفعل والمستقبل ولא יְיַחֵל לבני אדם (Mich. 5, 6) הן יקטלני לא אֲיַחֵל (Job 13, 15) וַיָּחֶל עוד (Gen. 8, 10) ياء الغائب فى ויחל עוד مندغمة فى الياء التى هى فاء الفعل على ما فسرت فى גוער בים וַיַּבְּשֵׁהוּ *b* (Nah. 1, 4) لانه יְיַחֵל فاذا زدنا واو العطف المفتوحة سكنت الياء الاولى واندغمت فى الثانية وانّما صار اللحن فى الياء من اجل עוד على عادة مصلحى الالحان من نقلهم اللحن الى اوّل الكلمة اذا وَالِيها كلمة صغيرة واما וַיִּיָּחֶל עוד *c* (Gen. 8, 12) فهو انفعال مثل וַיִּכָּרֵת هذا جواب من سأل عن وزن וַיָּחֶל עוד وفى هذا الاصل نوع اخر من الفعل الثقيل ردّت فيه

---

a) B פִּעֵל كما שִׁבֵּר פֻּעַל كما בֵּרֵךְ פֻּעַל كما שֵׁרֵת.
b) Sub יבש, p. ۴۳. *c*) Cf. Ganaḥ, Opuscules (ed. Derenbourg) etc., p. 365.

הוֹדִיעוּ בעמים עלילותיו (Ps. 105, 1) הוֹדַע את ירושלים (Ez. 16, 2) وقد نطق بالياء فى موضع الهاء ואת הנערים יוֹדַעְתִּי (I Sam. 21, 3) مثل הוֹדַעְתִּי والاحسن عندى ان يكون פּוֹעַלְתִּי مثل שׁוֹפַטְתִּי לִמְשׁוֹפְטִי אתחנן (Job 9, 15) وفى الاصل معنى اخر וַיֹּדַע בהם את אנשי סכות (Jud. 8, 16)

יהב השלך על ה׳ יְהָבְךָ (Ps. 55, 23) فعل ماضى مثل יְדָעֲךָ والامر הַב مثل דַּע وقد يمكن ان يكون יהבך اسما لا فعلا

יזע לא יחגרו בַּיָּזַע (Ez. 44, 18) وقد جاء المصدر بلا ياء בְּזֵעַת אפך (Gen. 3, 19) مثل דֵּעָה من ידע יְשֵׁנָה من ישן

יחם יֵחַם יֵחַמְתִּי איחם יֶחֱמַתְנִי אמי (Ps. 51, 7) פְּעֶלַתְנִי على زنة מדוע אֶחֱרוּ (Jud. 5, 28) والمصدر בעת יַחֵם הצאן (Gen. 31, 10) مثل למען טַהֵר את הארץ (Ez. 39, 12) לְיַחְמֵנָּה במקלות (Gen. 30, 41) على زنة לְטַהֲרֵנָּה وفى هذا الاصل فعل خفيف וַיֶּחֱמוּ הצאן (ibid. 39) וַיִּפְעֲלוּ וַיֵּחַמְנָה בבאן לשתות (ibid. 38) וַיִּפְעַלְנָה وكان الوجه וַתֵּיחַמְנָה مثل וַתְּשַׁלַּחְנָה וַתִּכְרַעְנָה ولكنى قد وجدت مثله וַיִּשַּׁרְנָה הפרות (I Sam. 6, 12) מגוי יַעֲמֹדְנָה (Dan. 8, 22) واعلم انى لم اجد فى المستقبل من الفعل

هذه الواو على ياء الغائب التى فى ייבש سكنت واندغمت فى الياء التى هى فاء الفعل فاشتدّت لذلك اذ ليس فى اللسان استطاعة على اظهار ياء ساكنة بعدها ياء متحرّكة فيقال יִבַשׁ וַיִּבָּשֵׁהוּ مثل יְשַׁבֵּר וישברהו فالياء الشديدة التى فى ויבשהו ياءان الياء التى هى فاء الفعل وياء الغائب مندغمة *a*) فيها فقد بَانَ مما اوضحتُ ان فاء الفعل فى ויבשהו ثابتة غير ساقطة ومثل ויבשהו فيما ذكرت من وزنه وتصريفه וַיְּיַשְּׁרֵם למטה־מערבה (II Chr. 32, 30) هذا ايضا ياء الغائب الساكنة فيه مندغمة فى الياء الاخرى التى هى فاء الفعل ولذلك اشتدّت وكتبت بيائين على الاصل فافهم تعلّم ان شاء الله

יגר כי יָגֹרְתִּי (Deut. 9, 19) יָגֹרְתִּי כל עצבותי (Job 9, 28) אשר אתה יָגוֹר מפניהם (Jer. 22, 25)

ידע יָדַעְתִּי وتلين الياء فى المستقبل وتسقط من الخطّ אֵדַע תֵּדַע والوزن אֶפְעַל תִּפְעַל والانفعال וְנוֹדַע ה׳ למצרים (Jes. 19, 21) לא נוֹדַע מי הכהו (Deut. 21, 1) לא נוֹדַעְתִּי להם (Ex. 6, 3) יִוָּדַע לכם (Ez. 36, 32) ואחרי הִוָּדְעִי (Jer. 31, 19) والثقيل וה׳ הוֹדִיעַנִי (Jer. 11, 18) ואתה לא הוֹדַעְתַּנִי (Ex. 33, 12) הוֹדַעְתָּ בעמים עזך (Ps. 77, 15)

---

a) A אלמנדגמה.

את יאת יָאַתִּי بادغام التاء التى هى لام الفعل فى تاء الفاعل כי לְךָ יָאָתָה (Jer. 10, 7) والمستقبل נֵאוֹת לכם (Gen. 34, 15) יֵאוֹתוּ לנו האנשים (ibid. 22) الساكن اللين الذى بعد الزوايد فى اللفظ هو الياء التى فى יאתה ووزن נאות נִשְׁמוֹר יאותו יִשְׁמוֹרוּ

יכל הוביל הובלתי מי יוֹבִלֵנִי עיר מצור (Ps. 60, 11) יוֹבִילוּ שי למורא (Ps. 76, 12) בעת ההיא יוּבַל שי (Jes. 18, 7)

יבש כי יָבְשׁוּ אפיקי מים (Joel 1, 20) יָבְשָׁה הארץ (Gen. 8, 14) יָבוֹשׁ תִּיבָשׁ (Zach. 11, 17) וַיִּיבַשׁ הנחל (I Reg. 17, 7) والثقيل بقلب الياء واوا لينة אשר הוֹבִישׁ ה׳ (Jos. 4, 23) הוֹבַשְׁתִּי עץ לח (Ez. 17, 24) وفى هذا الاصل معنى اخر הוֹבַשְׁתָּ היום את פני כל־עבדיך (II Sam. 19, 6) הוֹבִישׁוּ חכמים (Jer. 8, 9) כל הוֹבִישׁ (Jes. 30, 5) ونوع اخر من الفعل الثقيل فى هذا الاصل יִבֵּשׁ יִבַּשְׁתִּי איבש תְּיַבֵּשׁ גרם (Pr. 17, 22) גוער בים וַיַּבְּשֵׁהוּ (Nah. 1, 4) وقد يظنّ ان فاء الفعل ساقطة من ויבשהו فنبيّن انها غير ساقطة بِان نقول انا اذا ادخلنا ياء الغائب على יִבֵּשׁ الماضى اجتمع ياءان ياء الغائب والياء التى هى فاء الفعل فنقول יְיַבֵּשׁ مثل יְשַׁבֵּר وقد علمت ان الياء التى فى ישבר تسكن اذا زيد عليها واو العطف المفتوحة فاذا زيدت

(Gen. 39, 1) אך אל שאול תּוּרָד (Jes. 14, 15) היא מוּצֵאת (Gen. 38, 25) הַמּוּצָּאִים (Ez. 14, 22) מוּדַעַת זֹאת (Jes. 12, 5) הוּצַק חֵן (Ps. 45, 3) وبعد هذا اذكر جملة الافعال التى اوّلها ياء الموجوبة فى المקרא فعلا فعلا وما وجدت من خواصّ بعضها دون بعض ان شاء الله ❊

وهذه جملة الافعال التى فاؤها ياء

יאל جاء فى هذا الاصل فعل ثقيل כי הוֹאִיל הָלַךְ אחרי צו (Hos. 5, 11) הנה־נא הוֹאַלְתִּי (Gen. 18, 27) ולו הוֹאַלְנוּ ונשב (Jos. 7, 7) الواو فاء الفعل والمستقبل אוֹאִיל יוֹאִיל والامر הוֹאֶל נא ולך את עבדיך (II Reg. 6, 3) ومعنى ثانى فى الاصل وهو انفعال אשר (sic!) נוֹאלנו שרי צען (Jes. 19, 13) النون للانفعال والواو بعدها فاء الفعل والمستقبل אֶוָּאֵל יִוָּאֵל والامر הִוָּאֵל

יאש לְיָאֵשׁ את לבי (Ecc. 2, 20) فعل ثقيل ولولا مكان الالف لكان مشدّدا مثل לְדַבֵּר والماضى יֵאַשְׁתִּי مثل דִּבַּרְתִּי والمستقبل אֲיָאֵשׁ יְיָאֵשׁ والامر יָאֵשׁ مثل דַּבֵּר والفاعل מְיָאֵשׁ على زنة מְדַבֵּר والمفعول מְיוֹאָשׁ مثل מְדוּבָּר والانفعال كما أعلمتك بردّ الياء واوا ساكنة مضمومة ما قبلها بالחלם فى الصفة والماضى وبتشديد الواو فى المستقبل וְנוֹאַשׁ ממנו שאול (I Sam. 27, 1) אֶוָּאֵשׁ יִוָּאֵשׁ

يسيرة مستقبلة من الافعال ذوات الياء باثبات الهاء على
القياس والوجه الصحيح وهى כי לא בחרב ובחנית
יְהוֹשִׁיעַ ה׳ (I Sam. 17,47) דלותי ולי יְהוֹשִׁיעַ (Ps. 116, 6)
ומישרי אֲהוֹדֶנּוּ (ibid. 28, 7) על כן עמים יְהוֹדוּךָ
(ibid. 45, 18) משליו יְהֵילִילוּ (Jes. 52, 5) لان الماضى הוֹשִׁיעַ
הוֹדָה הֵילִיל واعلم انهم اذا وصلوا הפעיל تاء الفاعل
اسقطوا الياء منها قالوا من הודיע הוֹדַעְתִּי הוֹדַעְתָּ
הוֹדַעְתֶּם ومن הושיע הוֹשַׁעְתִּי הוֹשַׁעְתָּ הוֹשַׁעְתֶּם ومن
הושיב הוֹשַׁבְתִּי ومن הוריד הוֹרַדְתִּי وامثالها הִשְׁמַדְתִּי
من השמיד הִקְרַבְתִּי من הקריב הִשְׁמַעְתִּי من השמיע
والامر من הושיע והודיע واخواتهما הוֹשַׁע ה׳ את עמך
(Jer. 31, 7) הוֹדַע את ירושלים (Ez. 16, 2) بالفتح لمكان
العين הוֹשֵׁב את אביך (Gen. 47, 6) הוֹרֵד עדיך (Ex. 33, 5)
וְהוֹצֵא את עמי בני־ישראל (Ex. 3, 10) الواو اللينة هى
فاء الفعل التى كانت ياء فى الاصل وربّما جاء الامر منها بالياء
على الاصل مثل הַיְצֵא אתך (Gen. 8, 17) הַיְשַׁר לפני
דרכך (Ps. 5, 9) وما لم يسمّ فاعله من الافعال التى فاؤها
ياء فيردّ الياء التى هى فاء الفعل واوا لينة لانضمام ما
قبلها لان كلّ فعل لم يسمّ فاعله واول حروفه مضموم
[חלם او שרק او קמץ] *a* ابدا قيل ויוסף הוּרַד מצרימה

a) On margin of B.

ونون الانفعال مندغمة فى الواو التشديد واما וְנִוַּסְּרוּ כל הנשים (Ez. 23, 48) فشاذّ عن هذا الباب لان النون نون الانفعال وكان القياس ان يكون וְנוֹסְרוּ باسكان الواو مثل غيره وقد يجوز ان نقول فيه انه ונתוסרו فاندغمت التاء الساكنة فى الواو فلذلك اشتدّت ومثله וְנִכַּפֵּר להם הדם (Deut. 21, 8) ונתכפר لانى قد وجدت فى لغتهم נתפעל ואשת מדינים נִשְׁתָּוָה (Pr. 27, 15) والامر הִוָּדַע הִוָּשַׁע הִוָּסֵר مثل פנ־אלי וְהִוָּשְׁעוּ (Jes. 45, 22) הִוָּסְרִי ירושלים (Jer. 6, 8) والمصدر مثله ואחרי הִוָּדְעִי ספקתי על ירך (Jer. 31, 19) בְּהִוָּסְדָם יחד עלי (Ps. 31, 14) ✱

باب

اذا ارادوا הפעיל من الافعال التى فاؤها ياء ردّوا الياء فى جلّ كلامهم واوا ساكنة مضمومة ما قبلها بالחלם فقالوا הוֹשִׁיעַ הוֹדִיעַ הוֹצִיא הושיב הוריד הוביש הוליד الواوات فاءات الافعال واشباهها הִשְׁמִיד הִכְרִית הִקְרִיב فاذا صرفوا הפעיל من الافعال التى فاؤها ياء او من غيرها مع الزوايد اسقطوا الهاء استخفافا فقالوا יושיע יודיע יוריד יוציא יושיב كما قالوا יַשְׁמִיד יַכְרִית יקריב وكان القياس ألّا تُسقط هذه الهاء لان كلّ فعل ماضى سوا هذه فجميع حروفه المحرّكة موجودة فى مستقبله وقد جاءت كلمة

الساقطة فيقال רֶדֶת שֶׁבֶת דַעַת بالفتح من اجل العين
لانه ثقل أن يقال דֶעַת بالסגול ويقال צֵאת باسكان الالف
استثقالا لحركتها *

باب من الانفعال

اعلم ان فاء كلّ נפעל ساكنة مثل נשמר נגרע נכרת
נשבר الّا إنْ كانت الفاء الفًا او هاء او حاء او عينا فانها
حينئذ متحرّكة فاذا صرّفوا נפעל السالم من א'ה'ח'ע مع
الزوايد ادغموا النون فى الفاء وحرّكوها مشدّدة مثل יִשָּׁמֵר
יִגָּרַע יפרת ישבר فاذا ارادوا נפעל من الافعال الذى فاؤها
ياء اسكنوا الياء وقلبوها واوا لينة مضمومة ما قبلها بالחלם
فى اكثر كلامهم فقالوا נושע נוֹדַע נוֹרָא נוֹלַד נותר
נועץ هذه الواو هى الياء وهى فاء الفعل وهى فى موضع الשין
فى נשמר والכף فى נכרת والגימל فى נגרע فاذا صرّفوا
נושע נודע واصحابهما مع الزوايد ادغموا النون فى الواو
وحرّكوها بالتشديد فقالوا من נושע יִוָּשַׁע ومن נודע יִוָּדַע
ومن נולד יִוָּלֵד ومن נורא יִוָּרֵא ومن נותר יִוָּתֵר ومن
נועץ יִוָּעֵץ ومن נודעת אִוָּדַע ונוקשו תִּוָּקֵשׁ בו (Deut. 7, 25)
وكذلك القياس فى נוסד יִוָּסֵד ومثل هذه שם ישר נוכח
עמו (Job 23, 7) קמץ الكاف لانه منفعل والمستقبل منه לכו
נא ונִוָּכְחָה (Jes. 1, 18) لانّ النون فى נוכחה نون الجماعة

הקמץ فعلا ماضيا على الاصل واما וידעו المقروء بالצרי فالياء المكتوبة فيه هى ياء الغائب ليست اصلا فانّما الاصل الساكن اللين الذى بينها وبين الدال لانّه موقّفة بالצרי كما أعلمتك فى יֵדַע וְהֵדַע ولذلك لا يمكن ان يكون וַיֵּדְעוּ الذى بالצרי الّا مستقبلا ابدا ووزن וְיָדְעוּ וּפָעֲלוּ וַיֵּדְעוּ וַיִּפְעֲלוּ وكالقول فى וְיָדְעוּ וַיֵּדְעוּ كذلك القول فى וְיָרְדוּ וַיֵּרְדוּ וְיָשְׁבוּ וַיֵּשְׁבוּ וְיָצְאוּ וַיֵּצְאוּ والامر من هذه الافعال بسقوط الياء من اللفظ والخطّ معًا وليس لذلك علّة غير كثرة الاستعمال قيل من יָרַד יֵרֵד רֵד ومن יָשַׁב יֵשֵׁב שֵׁב ومن יָצָא יֵצֵא צֵא ومن יָדַע יֵדַע דַּע حركة الامر تابعة لحركة المستقبل وقد جاء الامر من יעץ איעץ עוץ עוצו עצה ותפר (Jes. 8, 10) وهو شاذّ عن الباب كلّه وكان الوجه فيه ان يكون עֵץ او עַץ[a] والاصل فى هذه كلّها יְרַד ישב יְצָא יעץ بالياء مثل יְרָא את יי (Pr. 3, 7) ים ודרום יְרָשָׁה (Deut. 33, 23) וגם יְצוֹק בו מים (Ez. 24, 3) الذى جاءت على الاصل وقد تُزاد الهاء فى الامر فيقال רְדָה שְׁבָה وزيادة الهاء فى דְּעָה חכמה לנפשך (Pr. 24, 14) كزيادتها فى هذين وان اختلفت الحركة وقد يمكن ان يكون דעה חכמה اسما وقد تُزاد التاء فى مصدر هذه الافعال عوضا من الياء

---

a) B יְעַץ

الخطّ استخفافا فقيل יֵרֵד יֵשֵׁב יֵצֵא יֵדַע فاء الفعل بعد الياء الزايدة وكذلك יֵרְדוּ תרדו ארדה נרדה ישבו תשבו אֵשְׁבָה נשבה יֵדְעוּ תדעו אדעה נדעה יֵצְאוּ תצאו אצאה נצאה الزوايد موقّفة بالצֵרי ليدلّ ذلك على ان بعدها ساكن لين ومن قرأ شيا منها بلا توقيف فقد جهل الصواب لانّه اسقط فاء الفعل ووزن ירדו ישבו واصحابهما يفعلوا ورأيت اكثر الناس خفى عنهم الفرق بين וַיָּדְעוּ المقروء بالקמץ وبين וַיֵּדְעוּ المقروء بالצֵרי مع ظهوره وبيانه حتى صار بعضهم الى ان يقول انهما شىء لا يدوك فى الجلوة وبعضهم يقول انهما واحد فى المعنى لا فرق بينهما اصلا وانّما غاب عنهم الفرق بينهما من اجل الיוד التى ربّما سقطت من الخطّ فلا يرونها مكتوبة ولا يأبهون الى ما فى اللفظ فاقول ان الياء فى וַיָּדְעוּ הקמץ فاء الفعل كما علمت ان فعل الواحد الماضى ידע والجماعة ידעו فاذا زيدت الواو على هذه الكلمة الماضية كان التفسير على وجهين إما ماضى واما مستقبل لان هذا جائز فى اللغة العبرانيّة اذا زيّدت الواو الשבאية على الافعال الماضية رجعت مستقبلة مثل וְיָצְאוּ וּבָאוּ וּבָנוּ בני נכר חומותיך (Jes. 60, 10) וְשָׁמְרוּ בני ישראל את השבת (Ex. 31,16) וְזָכְרוּ פליטיכם (Ez. 6,9) فزيادة الواو فى וַיָּדְעוּ הקמץ مثل زيادتها فى וזכרו פליטיכם [ו]ובנו בני נכר المعنى فيها سوا وقد يكون וַיָּדְעוּ

הרוח (Num. 11, 25) واصله וַיַּאְצֵל وهو فعل ثقيل فاعلمه
אשם תֶּאְשַׁם שמרון (Hos. 14, 1) למען יחרבו וְיֶאְשְׁמוּ
(Ez. 6, 6) ولم يسلم هذا الاصل من اللين والانقلاب فقد
قلبت فيه الالف الى ياء لينة והבמות תִישָּׁמְנָה (ib.) شبيهه
תִּבְרַעְנָה (Job 39, 2) תְּשַׁלַּחְנָה (ib.) الياء فاء الفعل وقد
تسقط من الخطّ اتّلالا على اللفظ והאדמה לא תֵשָׁם
(Gen. 47, 19) וַתֵּשַׁם ארץ ומלואה (Ez. 19, 7) وقد يمكن
ان يكون من هذا الاصل יִשּׁוֹם וישרוק (Jer. 50, 13) لان
יִפְעוֹל וְיִפְעַל ربّما جاءت معا فى اصل واحد مثل יִשְׁבּוֹת
וְיִשְׁבַּת ويكون الحرف اللين مندغما فى الشين الشديدة
لِأَنّ العبرانيين يجيزون ادغام السواكن اللينة فى ما
بعدها مثل כי אֶצָּק־מים (Jes. 44, 3) الذى هو من וְיָצַק
עליה שמן (Lev. 2, 1) בטרם אֶצָּרְךָ בבטן (Jer. 1, 5) الذى
هو من יצר ويمكن ان يكون ايضا וַנַּשִּׁים עד־נפח
(Num. 21, 30) אם לא יַשִּׁים עליהם נויהם (Jer. 49, 20)
من هذا الاصل على بنية الفعل الثقيل وحرف اللين مندغم
فى الشين الشديدة والاصل فيهما נאשים יאשים ✱

القول فى الافعال التى فاؤها ياء

الافعال التى فاؤها ياء مثل ירד ישב יצא ידע اذا صرفت
هذه بالزوايد الاربع اسكنت الياء باللين واسقطت من

לֵאלֹהִים (17, 7) بالمين والاسكان استخفافا والاصل التحريك وقد يقال ان זובח לָאֱלֹהִים יחרם (Ex. 22, 19) جاء على الاصل بتحريك الالف واظنّه معرفة ولذلك خالف غيره. بקמצות اللام والاصل فيه להאלהים فلمّا سقطت الهاء القמוצה أُلْقيتْ حركتها على اللام كما فعلوا فى להמזבח להגדוד اذا اسقطوا الهاء المفتوحة أَلقوا حركتها على اللام فقالوا לַמִּזְבֵּחַ לַגְּדוּד وهكذا فعلوا ايضا فى יְיָ اذا دخلت على الالف احد هذه الاربعة احرف وهى ב"ו"כ"ל الانوا الالف استخفافا والاصل فيها التحريك وكذلك كلّ ما قيل فى معنى السيادة مثل אדני אדניהם اذا دخلت هذه الاربعة احرف على الالف الانوها وقد جاءت منها سبعة بالعدد بتحريك الالف على الاصل לַאֲדֹנֵיהֶם למלך מצרים (Gen. 40, 1) וַאֲדֹנֵי הָאֲדֹנִים (Deut. 10, 17) וַאֲדֹנֵנוּ דוד לא ידע (I Reg. 1, 11) האמורות לַאֲדֹנֵיהֶם (Am. 4, 1) וַאֲדֹנֵנוּ מכל אלהים (Ps. 135, 5) הודו לַאֲדֹנֵי הָאֲדֹנִים (136, 3) כי קדוש היום לַאֲדוֹנֵינוּ (Neh. 8, 10)

אפה ומצות אָפָה (Gen. 19,3) אָפִיתִי על גחליו (Jes. 44,19) וַתֹּפֵהוּ מצות (I Sam. 28, 24) الالف فى אפה انقلبت واوا لينة فى ותופהו والواو التى بعد التاء هى فاء الفعل

אצל הלא אָצַלְתָּ לי ברכה (Gen. 27,36) וְאָצַלְתִּי מן הרוח (Num. 11, 17) ولم يسلم هذا الاصل من اللين וַיָּאצֶל מן

אסר וְאָסְרָה אסר (Num. 30, 4) וַיֶּאְסֹר את רכבו (Ex. 14, 6)
אשר אֲסוּרִים בבית הסהר (Gen. 40, 5) وقد أجاز العبرانيون
إسكان الف אסורים ولينها واسقاطها من الخطّ ثقة باللفظ
اذا دخلت عليها هاء المعرفة مثل כי מבית הָסוּרִים יצא
לִמְלֹךְ (Ecc. 4, 14) الذى هو من אסורים لانه لو لم يكن منه
لكانت السين مشدّدة على نظام امثاله من المعارف مثل
הַצּוּרִים הַטּוּרִים הַפּוּרִים הַשּׁוּמִים הַזּוּזִים وكذلك فعلوا
فى אזקים لمّا دخلت على الالف الهاء والباء اسكنوها
باللين فقالوا הָאזִקִּים (Jer. 40, 4) בָּאזִקִּים (v. 1) بلين
والاصل הָאֲזִקִּים בָּאֲזִקִּים بالتحريك ومثله וְהָאסַפְסֻף
(Num. 11, 4) الذى قيل بلين الالف والاصل וְהָאֲסַפְסֻף
بالتحريك ومثله וישב אבימלך בָּארוּמָה (Jud. 9, 41)
باللين والاصل التحريك בָּאֲרוּמָה הָארָרִי (II Sam. 23, 33)
باسكان الالف واصله הָאֲרָרִי ויכו הָארַמִּים את יורם
(II Chr. 22, 5) باسكان الالف ברוך ה׳ וָאעְשִׁר (Zach. 11, 5)
والقاء حركتها على الواو والاصل וָאֲעַשִּׁר וַאעַנֶּה את זרע
דוד (I Reg. 11, 39) بلين الالف استخفافا والوجه וָאֲעַנֶּה
بتحريك الالف ואחללך מהר אלהים וָאַבֶּדְךָ (Ez. 28, 16)
الساكن اللين الذى بين الواو والالف هو الف المتكلّم
وانّما اسكنت استخفافا والاصل וָאֲאַבֶּדְךָ بتحريك الالفين
בֵּאלֹהִים (Gen. 21, 23) כֵּאלֹהִים (3, 5) וֵאלֹהִים (50, 24)

معناه انفعل على قسمين ايضا إما ان يكون קמץ فيكون
فى انقطاع الكلام وانفصاله وإما ان يكون פתח فيكون
فى ادراج الكلام واتّصاله وأَما נפעל الذى معناه منفعل
فهو קמץ فى كلّ موضع الاّ إن اصفناه الى شىء خاصّة
فيصير פתח فهو بهذا الوجه يتقسّم قسمين ايضا مثل
الاوّل فاذا اَرَدْنَا أَن نقول من אסף انفعل قلنا נֶאֱסַף
بالפתח[a] فى الادراج والاتّصال او بالקמצות فى الانقطاع
والانفصال فاذا اَلْحَقْنَا هاء التأنيث بالمتّصل قلنا נֶאֶסְפָה
باسكان السين وان الحقناها بالمنفصل قلنا נֶאֱסָפָה بקמצות
السين كما كان ذلك فيها قبل دخول الهاء وان اردنا ان
نقول من אסף منفعل قلنا נֶאֱסָף ممدودا بالקמצות فى
كلّ موضع الاّ فى المضاف خاصّة كما وصفت فإن الحقنا بها
هاء التأنيث قلنا נֶאֱסָפָה باثبات القמצות كما كان هذا
الشرط لازم لكلّ נפעל الاّ ان הסופרים الذين اصلحوا
أَلحان القرأة ربّما جعلوا بين נפעלה الذى معناه انفعلت
وبين נפעלה الذى معناه منفعلة فرقا بانْ جعلوا وقد
انفعلت فى العين ووقف منفعلة فى اللام مثل שומר כל
עצמותינו אחת מהנה לא נִשְׁבָּרָה (Ps. 34, 21) الذى هو
انفعلت ووقف فى الباء ومثل זבחי אלהים רוח נִשְׁבָּרָה
(51, 19) الذى هو منفعلة ووقف فى الراء

a) A بالקמצות

אסף וְאָסַף איש טהור (Num. 19, 9) לך וְאָסַפְתָּ (Ex. 3, 16) אָסֹף אֶאֱסֹף יעקב כלך (Mic. 2, 12) ולא נֶאֱסֹף את תבואתינו (Lev. 15, 20) وربّما قلبت الالف واوا لينة مضمومة ما قبلها بالחלם אוֹסְפָה הצלעה (Mic. 4, 6) والهاء زايدة مثل אֶשְׁמְעָה אֶזְכְּרָה والاصل في אוספה אאספה ولكنهم استثقلوا فيه a تحريك المثلين وانّما قيل אֶאֱסוֹף ولم يقال אאספה لانّ אאסוף اخفّ من אאספה والامر אֱסוֹף את העם (Num. 21, 16) وايضا אֶסְפָה לי שבעים איש (ibid. 11, 16) وهذا شاذّ لانّ الوجه المعروف في ما كان في الامر פְּעוֹל وزيدت عليه الهاء التي يجيزون العبرانيون زيادتها في الامر ان يكون פָּעֳלָה مثل שְׁמוֹר שָׁמְרָה זְכוֹר זָכְרָה אֱכוֹל אָכְלָה وفيما كان في الامر פְּעַל ان يكون بزيادة الهاء פִּעְלָה مثل שְׁמַע שִׁמְעָה שְׁלַח שִׁלְחָה b الّا انّ واحدا شذّ ايضا من هذا كما شذّ אֶסְפָה من ذلك وهو קְרַב אתה ושמע (Deut. 5, 24) קָרְבָה אל נפשי גאלה (Ps. 69, 19) والانفعال من אסף נֶאֱסַף אל עמי (Gen. 49, 29) קמץ لانّه منفعل כאשר נֶאֱסַף אהרן (Num. 27, 13) פתח لانه انفعل واعلم ان נפעל يتقسّم قسمة اوّليّة على قسمَين إمّا ان يكون انفعل إمّا ان يكون منفعل ونפעל الذي

a) B.

b) B adds קרב קרבה.

שני האנשים لقيل וַתִּצְפְּנֵם فلمّا رأيت לקח מאתך קמץ في اخراج [a] الكلام اعتقدته פעול جاء على بنية פְּעָל ثمّ وجدت لهما اعنى איננו אכל ولקח מאתך نظيرَيْنِ في المקרא وهما שן רועה ורגל מוּעָדֶת (Pr. 25, 19) כהם יוּקָשִׁים בני האדם (Ecc. 9, 12) هذه ايضا פְּעוּלִים خرجت على مثال פּוּעָלִים ولا اذكر لها خامسة في شيء من المקרא

אמר אמרתי هذا الاصل كثر استعماله فالانوا فيه الالف في المستقبل وقلبوها واوا في اللفظ على غير الاصل فقالوا יאמַר תאמַר وقد قلبوا الالف واوا على ما في اللفظ אם ארעב לא אמַר לך (Ps. 50, 12) وربّما اسقطوها من الخطّ مثل אמַר אל אלוה (Job 10, 2) וְאֹמַר אעלה אתכם (Ex. 3, 17) ולעמשא תֹּמְרוּ (II Sam. 19, 14) אָמַר קהלת (Ecc. 1, 2) على المعنى وترك اللفظ אָמְרָה קהלת (Ecc. 7, 27) على اللفظ وترك المعنى لانّ קהלת من لفظ [b] المؤنّث مثل יוֹשֶׁבֶת שׁוֹפֶכֶת فقيل אמרה קהלת على لفظه وترك معناه ثقة بالفهم فافهم وفى الاصل فعل ثقيل من معنى اخر וה׳ הֶאֱמִירְךָ היום (Deut. 26, 18) את ה׳ הֶאֱמַרְתָּ היום (ibid. v. 17)

---

a) Read ادراج. *b*) A אללפט.

כפי (Ez. 3, 3) وما لم يسمّ فاعله אֻכְּלוּ כקש יבש (Nah. 1, 10) חרב תְּאֻכְּלוּ وقد كنت اظنّ ان והסנה איננו אֻכָּל (Ex. 3, 2) فعل ماضى وكنت احسب קמצות الكاف لانقطاع الكلام اذ اكثر الافعال والاسماء فى الوقف وانقطاع الكلام קמוצין حتى قرأت אם תראה אותי לֻקָּח מאתך יהי לך כן (II Reg. 2, 10) ورأيته קמץ فى غير وقف ولا انقطاع الكلام فصِرْتُ الى ان اعتقد ان איננו אכל ולקח מאתך פָּעוּל جاء على بنية פֻּעַל اذ ذلك فى المعنى والتفسير اقواه لانّ לקח فى هذا المعنى لو كان a فعلا ماضيا لكان فتح مثل כי לֻקַּח עמי חנם (Jes. 52, 5) וְלֻקַּח מהם קללה (Jer. 29, 22) ومثله וְשֻׁפַּךְ דמם כעפר (Zeph. 1, 17) وغيرها كثير فقد كان يمكن ان يكون לקח מאתך لولا הקמץ فعلا ماضيا واقعا على אותי مؤخّرا لان את حرف تقع على الافعال مؤخّرة ومقدّمة فيصير اسمًا مفعولا به مثل וְאותִי צִוָּה ה' (Deut. 4, 14) ومثل כי כן צִוָּה אותי (I Reg. 13, 9) ومثل ותקח האשה את שני האנשים וַתִּצְפְּנוֹ (Jos. 2, 4) الذى يتّجه ان يكون ותצפנו واقعا على لفظة את المتقدّم لان את اسم مفرّد للواحد والاثنين والجماعة اذ لا يمكن ان يقع ותצפנו على معنى שני האנשים لانه لو وقع على معنى

---

a) B ولو كان לקח מאתך فى هذا الموضع.

אחר ולא אֵחַר הנער (Gen. 34, 19) מדוע אֲחֵרוּ פעמי
(Jud. 5, 28) כי בא יבוא לא יְאַחֵר (Hab. 2, 3) אל תְּאַחֲרוּ
אותי (Gen. 24, 56) هذا فعل ثقيل ولولا مكان الحاء لكان
مشدّدا مثل גִּדֵּל שִׁבֵּר גִּדְּלוּ שִׁבְּרוּ יְגַדֵּל יְשַׁבֵּר תְּגַדְּלוּ
תְּשַׁבְּרוּ والامر אַחֵר مثل גַּדֵּל שַׁבֵּר وفي الاصل نوع اخر
من الفعل الثقيل قلبت فيه الالف واوا ساكنة وهو הוֹחִיר
תּוֹחִיר יוֹחִיר וַיּוֹחֶר מן המועד אשר יעדו (II Sam. 20, 5)
مثل הוֹסִיף תּוֹסִיף יוֹסִיף וַיּוֹסֶף הוֹרִיד תּוֹרִיד יוֹרִיד
וַיּוֹרֶד وفي هذا الاصل فعل خفيف אָחַר אחרתי יאחר
תאחר וָאֵחַר עד עתה (Gen. 32, 5) مثل בָּחַר יבחר וָאֶבְחַר
الالف المكتوبة في ואחר עד עתה هي الف المتكلّم والساكن
الذي بينها وبين الحاء هو فاء الفعل واصله ואאחר
ولكنهم استثقلوا تحريك الالفين وقد يمكن ان يكون
וַיּוֹחֶר מן המועד (II Sam. 20, 5) فعلا خفيفا قلبت فيه
الالف واوا كما قلبت الف אָמַר واوا في וַיֹּאמֶר والف
אָחַז واوا في וַיֹּאחַז

אכל אָכַל אכלתי تقلب هذه الالف في المستقبل واوا لينة
متحرّكا ما قبلها بالחלם فيقال יאכל תאכל والاصل יֶאֱכַל
תֶּאֱכַל وربّما كتبوا واوا على اللفظ כי יוכלו אתיקים
(Ez. 42, 5) وربّما اسقطوها من الخطّ וְאֹכַל פִּתִּי לבדי
(Job 31, 17) וְאֹכְלָה מציד בני (Gen. 27, 25) נֹאכְלָה ותהי

שנה (Job 3, 6) الياء الليّنة بين التاء والحاء وبين الياء والحاء فاء الفعل ووزنهما תִּפְעַל יִפְעַל ويمكن ان يكون אחד ויחד اصلين

אחז חיל אָחַז (Ex. 15, 14) אָחַזְתָּ שמורות עיני (Ps. 77, 5) وقد تقلب واوا لينة ساكنة וָאֹחֵז בפלגשי (Jud. 20, 6) וַתֹּחֶז יד ימינו יואב (II Sam. 20, 9) الساكن الذى بين الالف والحاء وبين التاء والحاء هو فاء الفعل ومثل יֹאחֵז בעקב פח (Job 18, 9) والانفعال נֶאֱחַז בסבך (Gen. 22, 13) וַיֵּאָחֲזוּ בה (ibid. 47, 27) وقد جاء الانفعال منه بلين الالف وقلبها واوا لينة فى اللفظ וְנֹאחֲזוּ בתוככם (Num. 32, 30) ووزنه נִכְחֲדוּ נִשְׁבְּתוּ والفعل الثقيل האחז יאחיז מאחיז والمفعول מָאֳחָז ושש מעלות לכסא וראש עגול לכסה מָאֳחָזִים (II Chr. 9, 18) ومثله והמלך היה מָעֳמָד במרכבה (I Reg. 22, 35) טבעתי ביון מצולה ואין מָעֳמָד (Ps. 69, 3) الذى هو مفعول העמיד واصله מאחז מעמד מְאֻחָז מְעֻמָּד مثل מֻשְׁלָךְ מֻשְׁכָּב מֻקְטָר ولكن هذا النحو من انحاء א'ח'ה'ע وذلك إن كلّ מֻפְעָל يكون اوّله احد هذه الاربعة احرف ينتقل فيه الضمّ من الميم اليه وتحرّك الميم بקמץ גדול كقولك מָאחז وثقيل اخر فى الاصل אִחֵז יאחז מְאַחֵז פני כסא (Job 26, 9) الاصل فيه التشديد لولا مكان الحاء

יְאַמֵּץ אֶאֱמֶץ ولا يجوز اللين فى هذه الالف لانّه فعل مبنى على تشديد العين فلو لانت الفاء ثَقُلَ النطق بتشديد العين وانّما مذهبهم فى اللين التخفيف *a* وانّما جاز اللين فى אָזִין (Job 32, 11) וָאֹהַב (Mal. 1, 2) אֹבִידָה עִיר (Jer. 46, 8) וְאֹסְפָה הַצֹּלֵעָה (Mic. 4, 6) وغيرها لان عين الفعل منها مخفّف فافهم

אזר אָזְרוּ חַיִל (I Sam. 2, 4) וְאַתָּה תֶּאְזֹר מָתְנֶיךָ (Jer. 1, 17) والثقيل וַתְּאַזְּרֵנִי שִׂמְחָה (Ps. 30, 12) وقد اسقطت هذه الالف من اللفظ والخطّ معا وأُلْقِيَتْ حركتها على مما قبلها وخفّفت الزاء المشدّدة וַתַּזְרֵנִי חַיִל לַמִּלְחָמָה (II Sam. 22, 40) واحسن من هذا ان اقول ان ותזרני חיל مشتقّ من ארחי ורבעי זֵרִיתָ (Ps. 139, 3) اصل يفسّر حسب المعنى والاحتمال وان كان ותזרני וזרית نوعين من الفعل الثقيل كما سيتبيّن ذلك فى موضعه

אחד אֶחָד הָיָה אַבְרָהָם (Ez. 33, 24) הִתְאַחֲדִי הֵימִינִי (ibid. 21, 21) وتقلب هذه الالف ياء יַחַד עַל עָפָר יִשְׁכָּבוּ (Job 21, 26) מִיַּד כֶּלֶב יְחִידָתִי (Ps. 22, 21) וְרַק הִיא יְחִידָה (Jud. 11, 34) כְּמִסְפֵּד עַל הַיָּחִיד (Zach. 12, 10) وتلين هذه الياء בִּקְהָלָם אַל תֵּחַד כְּבֹדִי (Gen. 49, 6) אַל יִחַדְּ בִּימֵי

---

a) A لاستخفاف

יעקב (Mal. 1, 2) والاصل فى אֶהֶב וְאֶהַב אאהב ואאהב תְּאֶהֲבוּ פֶּתִי (Pr. 1, 22) كان اصله תְּאֶהֱבוּ بסגול تحت التاء وשבא تحت الالف مثل יֶאְשְׁמוּ יֶחֶרְדוּ ولكن صعب النطق به هكذا لاجتماع الالف مع الهاء فردّت التاء שבא وحرّكت الالف بצירי حتى يخفّ النطق بها وفى الاصل فعل ثقيل אהב אהבתי קראתי לַמְאַהֲבַי (Thr. 1, 19) ولولا مكان الهاء لكان مشدّدا فاعلمه

אהל וַיֶּאֱהַל עד סדום (Gen. 13, 12) وفى هذا الاصل فعل ثقيل האהיל האהלתי הן עד ירח ולא יַאֲהִיל (Job 25, 5) وقد تلين الالف وتسقط من الخطّ اتكالا على اللفظ ולא יַהֵל שם ערבי (Jes. 13, 20) والاصل فيه יאהל

אזל כי הלחם אָזַל מכלינו (I Sam. 9, 7) אָזְלוּ מים (Job 14, 11) מה תֵּזְלִי מאד (Jer. 2, 36) بين التاء والزاء فى תזלי ساكن لين هو فاء الفعل ولهذه العلّة وُقِفَتْ التاء بالצירי

אזן ולא הֶאֱזִין אליכם (Deut. 1, 45) מי בכם יַאֲזִין זאת (Jes. 42, 23) وقد الانوا الالفَ ايضا وجعلوها لينة واسقطوها من الخطّ تعويلا على اللفظ فقالوا אָזִין עד תבונותיכם (Job 32, 11) שקר מֵזִין (Pr. 17, 4) ويمكن ان يكون אזין מזין اصلا اخر اعنى זין وفى هذا الاصل نوع اخر من الفعل الثقيل וְאִזֵּן וחקר (Ecc. 12, 9) יאזן אאזן مثل אִמֵּץ

אאבידה وفيه ثقيل اخر אִבַּד ושבר (Thr. 2, 9) יְאַבֶּד הון (Pr. 29, 3) אאבד ואחללך מהר אלהים וָאַבֶּדְךָ (Ez. 28, 16) الساكن اللين الذى بين الواو والالف فى ואבדך هو الف المتكلّم لينت استخفافا واسقطت من الخطّ اثكالا على اللفظ واصله ואאבדך بالتحريك מְאַבְּדִים ומפיצים (Jer. 23, 1)

אבה לא אָבָה ה׳ השחיתך (Deut. 10, 10) אם תֹאבו ושמעתם (Jes. 1, 19) לא תֹאבֶה לו (Deut. 13, 9) قلبت فى اللفظ واوا لينة وربما اسقطت من الخطّ اثكالا على اللفظ בני אם יפתוך חטאים אל תֹּבֵא (Pr. 1, 10) الساكن اللين الذى بين التاء والباء فاء الفعل والالف كتبت فى موضع الهاء اللينة لانّ كثيرا ما تكتب فى موضعها كما اعلمتك

אהב אָהַב את יוסף (Gen. 37, 3) לא יֶאֱהַב לץ (Pr. 15, 12) וְאֹהֲבֵי אשישי ענבים (Hos. 3, 1) وقد تلين الالف اذا اجتمعت مع الف المتكلّم لثقل النطق بالالفين אני אהבי אֵהָב (Pr. 8, 17) فاء الفعل بين الالف والهاء واسقطت من الخط ثقة[a] بانّها فى اللفظ وربّما قلبت الالف الاصليّة واوا لينة عند اجتماع الالفين ايضا וָאֹהַב את

---

a) B اثكالا وثقة .

والزوايد التى فى יֹאמְרוּ תֹּאמְרוּ אֹמְרָה יֹאכְלוּ תֹּאכְלוּ וְאֹכְלָה מִצֵּיד בְּנִי (Gen. 27, 25) موقّفة ابدا للعلّة التى وصفت ولذلك نستجهل من قرأ شيا منها بلا توقيف لانه يسقط من اللفظ فاء الفعل المدلول عليها بالوقف واما וֶאֱכְלָה מִצֵּידִי (v. 19) فغير موقّف الالف لانها فاء الفعل وهو امر مثل שָׁמְרָה זָכְרָה وانّما توقّف الالف اذا كانت زايدة مثل וְאֹכְלָה מִצֵּיד בְּנִי (v. 25) וָאֹכְלֶהָ וַתְּהִי בְּפִי כִּדְבַשׁ לְמָתוֹק (Ez. 3, 3) هذه موقّفة لانها الف المتكلّم وبعد تقديمى لهذه الجملة ابتدى بذكر الافعال التى اوّلها الف اوّلا فاوّلا ❋

وهذه الافعال التى فاؤها الف الغير سالمة من اللين والانقلاب

אבד וּמָנוֹס אָבַד מִנְהֶם (Job. 11, 20) אָבַדְתָּ עַם כְּמוֹשׁ (Num. 21, 29) وقد تقلب الالف واوا لينة فى اللفظ יֹאבַד יוֹם (Job 3, 3) אַל נָא נֹאבְדָה (Jon. 1, 14) וַיֹּאבְדוּ מִתּוֹךְ הַקָּהָל (Num. 16, 33) الزوايد موقّفة للساكن الذى بعدها وفى هذا الاصل فعل ثقيل וְהֶאֱבִיד שָׂרִיד מֵעִיר (Num. 24, 19) מַאֲבִיד מִפְּנֵיכֶם (Deut. 8, 20) وتقلب فيه الالف ايضا واوا لينة אֹבִידָה עִיר (Jer. 46, 8) الالف للمتكلّم والواو بعدها فاء الفعل وانّما قلبت واوا ساكنة استثقالا لاجتماع الالفين واصله

يستعمل فى اصله פעל והפעיל او פָעַל ופִעֵל او הִפְעִיל
ופֻעַל ومنها ما يستعمل فى اصله פעל והפעיל ופעל جميع
ثمّ نقول ان العبرانيين اذا استثقلوا فعلا فاوُه او عينه او لامه
الف او واو او ياء او كثر استعمالهم له رأوا ان اللين والاسكان
فيه اخفّ عليهم من الاظهار والتحريك فالانوا ما الاصل
فيه الاظهار واسكنوا ما الاصل فيه التحريك كما فعلوا فى
אָמַר וְאָכַל لمّا صرّفوها مع الزوايد الاربع وهى א״י״נ״ת قلبوا
الالف واوا ساكنة لينة فقالوا אוֹמַר יֹאמַר נֹאמַר תֹּאמַר
אוֹכַל יֹאכַל נֹאכַל תֹּאכַל وكتبوها فى الخطّ الفا مرّة على
الاصل وواوا مرّة على اللفظ والواو التى فى אומר ואוכל
التى بعد الف المتكلّم هى فاء الفعل وكذلك כי יוכלו אתיקים
(Ez. 42, 5) الواو التى بعد ياء الغائب هى الالف التى فى
אָכַל قلبت *a* واوا لينة ولذلك وقفت الياء حتى يظهر الساكن
وقد تسقط هذه الالف من الخطّ اتكالا على ثباتها فى
اللفظ بمدّ ما قبلها مثل וְלַעֲמָשָׂא תֹּמְרוּ (II Sam. 19, 14)
فلا يظنّ ظانّ ان هذه الالف ساقطة من اللفظ كما سقطت
من الخطّ لان التاء موقّفة تَنْبؤ على الساكن الذى بعدها
وهو فاء الفعل ومثله אֹמַר אֶל אֱלוֹהַּ (Job 10, 2) וְאֹכַל פִּתִּי
לְבַדִּי (Job 31, 17) الواو ساقطة من الخطّ ثابتة فى اللفظ

---

a) B انقلبت.

لثبوت[a] الساكن بين الفاء والعين او شدّة العين فى مستقبلها وسائر تصريفها ومع ذلك فلا يكون الفاعل والمفعول منها الّا بزيادة ميم فلم أَجد فى تصاريف الابنية اخفّ من تصريف פָּעַלְתִּי لسقوط الساكن من مستقبله والميم من فاعله ومفعوله فلذلك قلت انّه اخفّه واعلم ان كلّ פִּעֵל וּפֻעַל الماضيين مشدّد العين ابدا لا تتغيّر هاتان البنياتان اعنى انهما لا ينتقلان من التشديد الى التخفيف ولا الى بنية פֵּעַל او פִּעֵל بالتخفيف ايضا الّا لعلّة א׳ח׳ה׳ע׳ר فانّ هذه الخمسة احرف[b] منفردة بانها ليست من سائر الانحاء وسأُفْرِدُ لها مقالة تشتمل على جميع احداثها بتأييد اللّه واما اذا سلمت هاتان البنيتان اعنى פִּעֵל וּפֻעַל الماضيين من א׳ח׳ה׳ע׳ר فانّهما لا يتغيّران ولا يكونان الّا مشدّدين ابدا الّا الشاذّ الذى لا يقاس عليه فانّى تذكّرت كلمة واحدة جات مخفّفة وهى سالمة من هذه الخمسة احرف وهو ואביכן הֵתֶל בי (Gen. 31, 7) הֵתַלְתָּ בי (Jud. 16, 10) אִם כְּהָתֵל באנוש תְּהָתֵלּוּ בו. (Job 13, 9) وقد جات ايضا مشدّدة على الوجه المعروف والقياس الصحيح וַיְהַתֵּל בהם אליהו (I Reg. 18, 27) ومن الافعال ما يستعمل فى اصله פָּעַל وحده او הִפְעִיל وحده او פִּעֵל وحده او פֻּעַל ومنها ما

a) A لثبات.   b) B الخمس الاحرف.

ابتداء الافعال ذوات حروف اللين

ابتدى بعون اللّه بشرح هذه الافعال وأُقدّم منها الافعال التى فاؤها الف واوّل ما أُقدّمه لذلك ان اقول انّه لا يكون فعل من الافعال على اقلّ من ثلاثة حروف الا ان يكون قد نقصت [منه] a بعض اشباهه b او حذفت فيقال حينئذ هذا فعل ناقص او محذوف وكان اصله كذا وكذا بدليل وبرهان لانّ العبرانيين ينقصون ويعوضون من ذلك النقصان وربّما لم يعوضوا كما سيتبيّن *

وقسمت الافعال على خفيف وثقيل فسمّيتُ الخفيف ما جاء منها على بنية פָּעַלְתִּי اذ هو اخفّ الابنية والثقيل ما جاء منها على خلاف بنية פעלתי مثل הפעלתי او פִּעלתי او פועלתי او غير ذلك من الابنية وانما قلت فى פָּעַלְתִּי انّه اخفّ الابنية لسقوط الساكن منه فى المستقبل اعنى الساكن اللين الذى بين الفاء والعين ولانّ الفاعل والمفعول منه بلا ميم ايضا وسميت הפעלתי ثقيلا لزيادة الهاء ولانّ الفاعل والمفعول منه لا يكون الا بميم وسمّيتُ ايضا פועלתי وפועלתי وغيرهما مما يكون على خلاف بنية פעלתי ثقيلا

---

a) So Ganah, Opuscules etc.: p. 307. b) A شبهاته.

ايضا انّ الواو للجمع فما معنى الالف بعدها الّا انْ اقول انّ
فعل الجماعة الماضى جائز ان يُكتب عندهم بالف بعد واو
الجماعة ويُجرى ذلك على ما مجرى لغة العرب ومثل הֶהָלְכוּא
אתו (Jos. 10, 24) ולא אָבוּא שמוע (Jes. 28,12) وامّا كتابتهم
הוא והיא بالف فأحسب ذلك أصطلاحا واتّفاقا لانّى لم أجدْ
הוא فى شىء من المקרא مع كثرته يكتب بلا واو ولا وجدته
يكتب بلا الف وكذلك היא لم اجده يكتب بلا ياء او بلا
الف ففى ما اجتلبتُه من الكلم وأُتيت به من اسباب حروف
اللين ما ارجو لانتفاع بذلك فى ما استقبله من شرح
الافعال ذوات حروف اللين إن شاء اللّه ✡

الواو الاصليّة والواو التى فيه زايدة ولو كتب לוא קרעת שמים بلا واو لجاز كما يجوز انْ يكتب المָלֵא חָסֵר والחָסֵר מָלֵא فانّما سُمّى לוא קרעת שמים מָלֵא من اجل الواو الزايدة فيه لا من اجل الالف ومثل هذا اقول فى לוא الذى معناه النفى المكتوب فيه واو بين اللام والالف فانّ الالف من اصل الحرف والواو زايدة وكذلك القول فى אֵיפוֹא المكتوب بواو بين الفاء والالف فانّ الالف هى الاصل وهى المكتوبة فى موضع الواو الاصليّة والواو زايدة وكذلك القول فى מֵחֲטוֹא (Ps. 39, 2) المكتوب بواو بين الطاء والالف فانّ الالف اصل وهى لام الفعل والواو زايدة فيه كما تزاد فى كلّ מָלֵא وقد يجوز ان يكتب מחטוא بلا واو كما كُتِبَ חלילה לי מֵחֲטֹא ליי (I Sam. 12, 23) بلا واو وقد تُكتب هذه الالف واوا كما كُتِبَ ואחשך גם אנכי אתך מֵחֲטוֹ לי (Gen. 20, 6) هذه الواو هى الاصل وهى لام الفعل وكذلك القول فى נגוף וְרָפוֹא (Jes. 19, 22) الالف لام الفعل والواو زايدة على ما بيّنت وأمّا הֶהָלְכוּא אתו (Jos. 10, 24) المكتوب بالف بعد الواو فليست يُخرج على مُخْرَج هذه التى ذكرت لانّا إن قلنا انّ الالف كُتبت مكان واو الجماعة فما معنى الواو قبلها توسّطت بين علامة الجمع وبين لام الفعل ونحن ندرى انّ لا واسطة بينهما فى كلّ فعل للجمع ماضيا كان او مستقبلا اذ لا يحتمل ذلك الموضع زايدة واو ويقال فيه מלא وإن قلنا

الياء التى فى בְּגָדִים וסוּסִים וּפָרָשִׁים וְעֵינַיִם וְיָדַיִם ורגלים فلمّا نسبوا هذا الجمع او التثنية الى الواحد الغايب اختاروا فيما قبل الياء القמץ وتركوها مكتوبة على الاصل فافهم واعلم انّ الهاء التى فى פֹּה هى الياء التى فى פִּיו וּפִיהוּ وانّ الهاء التى فى שֶׂה هى الياء فى שֵׂיוֹ (Deut. 22, 1) وفى שֵׂיֵהוּ (I Sam. 14, 34) فقد تُكتب الهاء فى موضع الواو مثل בָּנֹה בָנִיתִי (I Reg. 8, 13) רָאֹה רָאִיתִי (Ex. 3, 7) שָׁתֹה תִשְׁתֶּה (Jer. 49, 12) כִּי עָשֹׂה יַעֲשֶׂה לוֹ כְנָפַיִם (Pr. 23, 5) وكثير مثلها وتُكتب الهاء ايضا فى موضع واو النسبة مثل כֻּלֹּה (Jes. 15, 3) אָהֳלֹה (Gen. 9, 21) הֲמוֹנֹה (Ez. 31, 18) בְּתוֹכֹה (48, 15) בְּרֵעֹה (Ex. 32, 17) וְהִזְהִירֹה (II Reg. 6, 10) وتُكتب ايضا فى موضع واو الجماعة مثل כְּאַיִן שֻׁפְּכֻה אשרי (Ps. 73, 2) ومثل לֵאמֹר שְׁמֵמָה (Ez. 35, 12) עָרִים לֹא נוֹשָׁבָה (Jer. 22, 6) נִצְּתָה (2, 15) وقد كتبوا פה مرّة بواو ومرّة بهاء ومرّة بالف ايضا كتبوا אֵיפוֹ مرّة بواو ومرّة بهاء ومرّة بالف على ما ذكرت من انّ الالف والهاء تُكتبان فى موضع الواو وامّا كتابتهم לוּא קָרַעְתָּ שָׁמַיִם (Jes. 63, 19) بالف بعد الواو فهو على ما أَصِفُ انّ الواو التى فى كلّ לוּ المكتوب بلا الف يجوز انْ تكتب الفا ثمّ يجوز انْ تُدخل واو زايدة فى ما بين اللام والالف كما تُزاد فى كلّ מלא فاقول فى לוא קָרַעְתָּ שָׁמַיִם (Jes. 63, 19) انّ الالف هى المكتوبة فى موضع

في ذلك عندي فقد كتبوا בְּצֹאתָיו וגבאיו (Ez. 47, 11) بالف
والوجه فيه واو لأنها من בִּצָּה (Job 8, 11) בְּצוֹת והיו שֹׁאסַיִךְ
(Jer. 30, 16) بالف في موضع واو المدّ وكتبوا וְרָצֵאתִי אתכם
(Ez. 43, 27) רִפִּאנוּ את בבל ולא נרפתה (Jer. 51, 9) بالف
والوجه فيه ياء وعلى هذا التخريج نُخَرِّجُ אשר לא יעדה
(Ex. 21, 8) אשר לא כרעים (Lev. 11, 21) אשר לא חומה
(25, 30) وغيرها مما كان الوجه والعادة فيه انْ يُكتب بواو
فكتب بالف بانْ نقول كُتبت هذه الالف في موضع الواو وكما
جاز ايضا انْ تُكتب واو النسبة في כֻּלֹּה (Jes. 15, 3) וְאָהֳלֹה
(Gen. 12, 8) هاءً كذلك جاز انْ تُكتبَ واو النسبة في לא
יעדה, לא כרעים, ולא חומה ألفًا لانّ كثيرا ما تكتب الهاء
والالف في موضع الواو ولا وجه لكتابتها بألف إنْ لمْ يكن
على هذا التخريج لمُضَادَّةِ المعنى وإنْ وجدناهم كتبوا לא
الذي معناه النفي بواو على غير الوجه المطّرد وَجَّهْنَاه الى
هذا الوجه ايضا وفسّرناه حسب المعنى والمُجَاوَرَةِ وقد
رأيناهم ايضا كتبوا לא النفي بهاء على خلاف العادة הֲלֹה
הוא ברבת בני עמון (Deut. 3, 11) وهذا بيّن واضح لا يردّه
إلّا معاند وقد كتبوا الياء بعد حرف محرّك بالקמץ وكان
القياس والوجه المعروف انْ تُكتب الفا وهي الياء التي في
בְּגָדָיו וסוּסָיו וּפָרָשָׁיו ועיניו וידיו ורגליו غير انّ لكتابتهم
هذه بياء علّة ظاهرة وهي لانّها ياء الجمع او التثنية وهي

ابدا لا تُقرأ واوا اصلا والعلّة فى ذلك ظاهرة لانّها واو
مستثقلة هذا انْدنا قديم قد تَوَارَثْنَـاهُ وتناقلناه رجلا عن
رجل ✽

بـاب من א׳ה׳ו׳י׳ فى الخطّ

واعلم أنّ التهجّى بالالف والهاء اللينتينِ فى اللغة العبرانيّة
واحد لا فرق بينهما وبخاصّة فى اواخر الكلم والاسماء اذا
كان ما قبلها محرّكا بـ קמץ גדול ولهذا السبب تُكتب
الالفُ فى ما كان الوجه المعروف فيه أنْ يُكتب بهاء مثل
וְשִׁנָּא את בגדי כלאו (II Reg. 25, 29) اصله انْ يُكتب بهاء
لانّه من מְשַׁנֶּה פניו (Job. 14, 20) כי אני ה׳ לא שָׁנִיתִי
(Mal. 3, 6) وكذلك כן יתן לידידו שֵׁנָא (Ps. 127, 2) על כן
גָּבְהָא קומתו (Ez. 31, 5) כי תפושו כעגלה דָשָׁא (Jer. 50, 11)
קראן לי מָרָא (Ruth 1, 20) كُتبت هذه الالف فى موضع
هاء التأنيث فقد كُتب אתא בקר (Jes. 21, 12) بالف וְאָתָה
מרבבות קדש (Deut. 33, 2) بهاء אם יפתוך חטאים אל תֹּבֵא
(Pr. 1, 10) بالف לא תאבֶה לו (Deut. 13, 9) بهاء חַרְבוֹנָא
(Esth. 1, 10) بالف وبهاء (ib. 7, 9) אָנָּה (Ps. 118, 25) بالف
وبهاء (Jon. 1, 14) יְרוּשָׁא בת צדוק (II Reg. 15, 33) بالف
وبهاء (II Chr. 27, 1) הֱוֵה גביר (Gen. 27, 29) بهاء הֱוֵא ארץ
(Job. 37, 6) بالف واْعلم انّ الهاء التى فى צֹנֶה ואלפים כלם
(Ps. 8, 8) هى الالف التى فى לְצֹנַאֲכֶם (Num. 32, 24) لا شكّ

פונון (Num. 33, 42) וּפִינֹן (Gen. 36, 41) עַלְוָן (v. 23) וְעַלְיָן (I Chr. 1, 40) עוֹבָל (10, 28) וְעֵיבָל (v. 36 23) שְׁפוֹ (ib. 3) וּשְׁפִי (I Chr. 1,40) מְחוּיָאֵל (Gen. 4, 18) וּמְחִיָּיאֵל (ib.) الياء الاولى فى מְחִיָּיאֵל مندغمة فى الياء الاخرى ولذلك اشتدّت וַעֲקָן (Gen. 36, 27) יַעֲקָן (I Chr. 1, 42) וְקוֵֹי יה (Ps. 37,9) אשר לא יבושו קוָֹי (Jes. 49, 23) وقد قيل بالياء والهاء ואת הנערים יוֹדַעְתִּי (I Sam. 21, 3) والاصل הוֹדַעְתִּי ويمكن انْ تكون جميعة هذه لغات مختلفة والله اعلم وأمّا ما لا يجوز غيرُه ولا يقال سواه وهى اللغة العامّة فمثل انقلاب الف אָמַר וְאָכַל واوا فى יֹאמַר וְיֹאכַל وياء יָדַע וְיָלַד واوا فى נוֹדַע וְנוֹלַד والساكنِ اللين الذى فى שָׁב וְקָם واوا فى יָשׁוּב וְיָקוּם والهاء اللينة التى فى עָשָׂה וְרָאָה ياء فى עָשִׂיתִי וְרָאִיתִי كما سنبيّن وكذلك انقلاب واو יוֹם الفًا لينة فى יָמִים وياء בַּיִת الفا لينة فى בָּתִּים وانقلاب واو فى רֹאשׁ الذى هو الف فى الخطّ الفا فى רָאשִׁים الذى لا يجوز غيره ومن العامّ الذى لا يقال غيره قِرَاءَتُنَا واوَ العطف المضمومة بالשרק التى تكون على حرف ساكن وواوَ العطف ايضا المضمومة بالשרק التى تكون على باء او ميم او فاء متحرّكةً كانت او ساكنة الفا مهموزة مثل וּשְׁמַרְתֶּם וּקְרָאתֶם ومثل וּבִי וּבֵאלֹהִים וּמִי וּמֵאלֹהִים וּפֶתַח אהל מועד (Lev. 8,35) וּפְרוּ (Gen. 8, 17) וּפָשׁוּ (Hab. 1, 8) لا تُقرأ هذه الواو الّا الفا

(Ez. 43, 15) مثل וְהָאֲרִאֵל וְהֵיךְ יוכל (Dan. 10, 17) مثل אֵיךְ
בְּלַהֲטֵיהֶם (Ex. 7, 11) مثل בְּלָאטֵיהֶם لانه من לָאַט את
פניו (II Sam. 19, 5) وقد تلين هذه الالف وتُسقط من
الخطّ فيقال בְּלָטֵיהֶם (Ex. 7, 22) وقيل הֲדוֹרָם (II Chr. 10,18)
وַאֲדוֹרָם (I Reg. 12, 18) הֶדֶר (Dan. 11, 20) وאֶדֶר (Mic. 2, 8)
وقد قيل לָהּ باظهار الهاء ولָה بلينها والمعنى واحد
וְאֶתְנַנָּהּ (Jes. 23, 18) باظهار الهاء وאֶתְנַנָּה (v. 17) بلينها
والمعنى واحد والهاء اللينة هي الالف اللينة اذا كان ما
قبلها محرّكا بالקמץ כֻּלָּהּ بهاء ظاهرة כֻּלָּא (Ez. 36, 5) بالف
لينة والمعنى واحد ועברתו שְׁמָרָה נצח (Am. 1, 11) بلين
الها ولو ظهرت لكان حسنا وقد قيل بالالف والياء שְׁפָאִים (!)
وשְׁפָיִים (Jes. 41,18) והיו חייך תְּלוּיִים *(sic!)* לך (Deut. 28,66)
ועמי תְּלוּאִים (Hos. 11, 7) בְּלוֹאֵי הסחבות והמלחים תחת
אצילות ידיך (Jer. 38, 12) בְּלוֹיֵי הסחבות וּבְלוֹיֵי מלחים
(v. 11) אִישַׁי (I Chr. 2, 13) יִשָׁי (2, 12) אֲשַׂרְאֵלָה (25, 2)
יְשַׂרְאֵלָה (v. 14) אֱלִיאָתָה (v. 4) אֱלִיָּתָה (v. 27) מְנָאוֹת
(Neh. 12, 44) מְנָיוֹת (ib. 47) وقيل הַהַגְרִאִים (I Chr. 5, 10)
הָעַרְבִיאִים (II Chr. 17, 11) بالالف في موضع ياء النسبة
والاصل הַהַגְרִיִים הָעַרְבִיִּים مثل הָעִבְרִיִּים מִצְרִיִּים כּוּשִׁיִּים
وقد قيل بالواو والالف פֻּוָּה (Gen. 46, 13) وפּוּאָה (I Chr. 7, 1)
وقد قيل بالواو والياء פְּנוּאֵל (Gen. 32, 32) وפְּנִיאֵל (32, 31)

فاقول أنّ الضرب الثقيل الذى هو בית גימל דל כף لا يتلوا
ساكنا لينا فى وسط الكلمات والاسماء اصلا إلّا فى בָּתִּים
وهذه لا نظير لها فى شىء من المקרא وامّا فى غير الوسط
فربّما يتلوه مثل יִדְּמוּ כָּאָבֶן (Ex. 15, 16) עם זוּ גָּאָלְתָּ
(v. 13) מִי כָּמוֹכָה נאדר בקדש (v. 11) כי גָאֹה גָּאָה (v. 1)
וְנִלְאֵיתִי כַּלְכֵל (Jer. 20, 9) הֲלֹא כְּגַעַת בה (Ez. 17, 10) הֲלֹא
כְּכַרְכְּמִישׁ (Jes. 10, 9) וַיְהִי בְּבוֹאָהּ (Jos. 15, 18) וְאִכָּבְדָה
בְּפַרְעֹה (Ex. 14, 4) בְּהִכָּבְדִי בְּפַרְעֹה (v. 18) ومثلها يسير
قليل والاطّراد فى غير الوسط على الضرب الثانى الخفيف
وهى التالى للساكن اللين فى وسط الكلم ابدا الّا فى בתים
كما ذكرتُ فافهم تَعلّمْ إنْ شاء اللّه

باب من א'ה'ו'י فى اللفظ

قد تُبدل الالف من الهاء والهاء منها على سبيل المجاز
فقد قيل ואחרי־כן אֶתְחַבַּר יהושפט (II Chr. 20, 35) والوجهُ
فيه הִתְחַבַּר וכל מלבושי אֶגְאָלְתִּי (Jes. 63, 3) والوجه فيه
הִגְאַלְתִּי אֶשְׁתּוֹלְלוּ אבירי לב (Ps. 76, 6) والوجه הִשְׁתּוֹלְלוּ
אַשְׁכֵּים ודבר (Jer. 25, 3) والوجه הַשְׁכֵּם ודבר אַזְכָּרָה
(Lev. 24, 7) مثل הַזְכָּרָה הָאָמוֹן (Jer. 52, 15) مثل הֶהָמוֹן
فقد قيل הֵתָיוּ לאכלה (12, 9) واصله אתיו مثل אֵתָיוּ
אקחה יין (Jes. 56, 12) لانّه من אָתָה בקר (Jes. 21, 12)
יֶאֱתָיוּ השמנים (Ps. 68, 32) וְהַהַרְאֵל ארבע אמות

أَكْثَرَ السواكن المندغمة فى وسط الكلم فساقطة من اللفظ والخطّ ✱

بـــاب فى ما يتلو الساكن

اللين من ב׳ג׳ד׳כ׳פ׳ת اعْلـم أنّ ב׳ג׳ד׳כ׳פ׳ת يُنطق بهـا فى العبرانىّ على ضربين الضرب الاوّل هكذا בּית גּימל דּל כּף פּא תּא فالضرب الثـانى בית גימל דל כף פא תא فسُمّى الضرب الاوّل ثقيلا والثـانى خفيفا وانّمـا سمّينـا الاوّل ثقيلا والثانى خفيفا لان الاوّل يأْتى فى الكلم العبرانيّة ثقيلا وخفيفا أمّـا الثقيـل فمثـل יְשַׁבֵּר יְדַבֵּר הָרַכָּה בך והענגה (Deut. 28, 56) וְרַפֹּא יְרַפֵּא (Ex. 21, 19) נִיבַתֵּר אתם (Gen. 15, 10) תחת כל אלה עֲבֻתָּה (Ez. 6, 13) כי עשׂרת הַבָּתִּים (45, I4) מה־בְּרִי ומה־בַּר בטני (Pr. 31, 2) מה תֹּאמַר (I Sam. 20, 4) ומשנה־כֶּסֶף (Gen. 43, 15) وهـذا الـذى يقـال له مشدّدٌ على الحقيقة فامّا الخفيف فمثـل בְּרֵאשִׁית בָּרָא אלהים (Gen. 1, 1) תֵּחַת גְּעָרָה במבין יִרְבֶּה יִשְׂגֶּה יִרְפֶּה (Pr. 17, 10) ومثل ומלאו בָתֶּיךָ וּבָתֵּי כל עבדיך (Ex. 10, 6) ومثـل הלא כְּכַרְכְּמִישׁ (Jes. 10, 9) הלא כְּנַעַת בה (Ez. 17, 10) בהכבדי בְּפַרְעֹה (Ex. 14, 18) ויהי בְּבֹאָהּ (Jos. 15, 18) وامّا الضرب الثانى فـلا يأْتى فى اللغة العبرانيّة إلّا خفيفا ابدا فسُمّيت الضرب الاوّل ثقيلا بالاضافة الى الثانى لا لانّه ثقيل مشدّد فى كلّ حال ✱

(Jer. 49, 20) المشتقّ من והבמות תִישָׁמְנָה (Ez. 6, 6)
והאדמה לא תֵשָׁם (Gen. 47, 19) ومثله בטרם אֶצָּרְךָ בבטן
(Jer. 1, 5) المشتقّ من יָצַר יְצַרְתִּי وأمّا الاندغام الواقع فى
اخر الكلم والاسماء فكثير جدّا فانّهم اجازوا ادغام السواكن
اللينة التى هى فى اواخر الكلم فى ما بعدها من اوايل الكلم
وجعلوا الكلمتينِ فى اللفظ كلمة واحدة وفى الخطّ اثنتين
קוּמוּ צְּאוּ (Gen. 19, 14) فانّ الصاد شديدة لاندغام الواو
فيها وקוּמוּ צְּאוּ فى اللفظ كلمة واحدة لاندغام الواو فى
الصاد وفى الخطّ كلمتين وكذلك נָתַתָּה־לִּי (Jos. 17, 14)
תִּשְׁתֶּה־מָּיִם (Deut. 11, 11) וְעָשִׂיתָ קְּעָרֹתָיו (Ex. 25, 29)
וּמִשְׁנֶה־כֶּסֶף (Gen. 43, 15) וְעָשִׂיתָ פֶּסַח (Deut. 16, 1)
מַה־בְּרִי וּמַה־בַּר בטני (Pr. 31, 2) מַה־נֹּאמַר (Gen. 44, 16)
מַה־נְּדַבֵּר (ib.) מַה־זֶּה שבתם (II Reg. 1, 5) מַה־לָּכֶם וליי
אלהי שראל (Jos. 22, 24) هذه كلّه مقروءة بالتشديد
لاندغام السواكن الذى ذكرت والكلمتان فى اللفظ كلمة
واحدة ومثلها كثير لا احصيه كثرَة قال يحيى ولهذه العِلّة
جاز ان يُكتب מַה־זֶּה מַה־לָּכֶם بهاء وبغيرها كما كتبوا
מַזֶּה בידך (Ex. 4, 2) מַלָּכֶם תדכאו עמי (Jes. 3, 15) بلا هاء
لانّهم لمّا ادغموها فى الزاء وفى اللام وجعلوا الكلمتيْن كلمة
واحدة فى اللفظ اجازوا اسقاط الهاء من الخطّ وكتبوهما
كلمة واحدة بلا هاء كما ينطقون بهما كلمة واحدة لأنّ

כניה وكلّ ما انضمّ اليهما مما فى اخره הָא קְמוּצָה او הָא
קְמוּצָה فانّ الاصل فيه انْ يكتب بهاء بعد הָא او הָא وربّما
كتبوا بعضَها بهاء على الاصل وذلك יָדְךָ יָדֶיךָ עֵינְךָ עֵינֶיךָ
רגלך רגליך אזנך אזניך وبالجملة كلّما كان فى اخِرِه כָּא
קְמוּצָה او כָּא كان الاصلُ فيه انْ يُكتب بهاء بعد כָּא او כָּא
وربّما كتبوا بعضها بهاء على الاصل وكذلك اقول ايضا فى
אֵלֶיהָ וְעָלֶיהָ וְיָדֶיהָ וְעֵינֶיהָ وكلّما كان فى اخره هاء
קְמוּצָה كان اصله انّ يكتب بالف بعد الهاء وقد جاءتْنا منها
كلمةٌ واحدةٌ مكتوبَة بألف على الاصل אשר על אחריה
וְאַתִּיקֶהָא (Ez. 41, 15) وانّما أُسْقطتْ هذه السواكن من
الخطّ استخفافا وفائدتنا من كتابتهم البعض מלא والبعض
חסר هى عِلْمُنَا بجواز ذلك عندهم ❋

باب فى اندغام الساكن اللين

وقد اجاز العبرانيون ادغامَ الساكن اللين فى الحرف الذى
يتلوه فيكون مشدّدا امّا فى وسط الكلم فلم يتّفق أنْ
يأتينا منه فى המקרא إلّا يسير مثل כי אֶצָּק מים על צמא
(Jes. 44, 3) الصاد مشدّدة لاندغام الياء فيها التى هى فاء
الفعل لانّه مُشتقّ من וְיָצַקְתָּ עליה שמן (Lev. 2, 6) ومثله
אתה הִצַּבְתָּ (Ps. 74, 17) הִצִּיבוּ משחית (Jer. 5, 26) المشتق
من וַיִּתְיַצֵּב (Ex. 34, 5) ومثله אם לא יַשִּׂים עליהם נוהם

موضع حرف لين وبخاصّة فى اواخر الكلم والاسماء امّا كتابتهم فى موضع الالف اللينة فى اواخر الكلم والاسماء فقد كثر ذلك جدّا حتى ليس لأَحَد أَنْ يقول انّها الف لينة فى الاصل إلّا ولاخر انْ يقول انها هاء لينة فى الاصل إلّا انّها لا يعرض لهاء لين والاعتلال فى اوائل تصريف الافعال كما يعرض ذلك للالف والواو والياء وإنْ قيل انّ تصريف הָלַךְ قد جاء بلين الهاء مثل הָלוֹךְ אֵלֵךְ עמך (Jud. 4, 9) הָלוֹךְ יֵלְכוּ (Jer. 37, 9) اىْ انّ الساكن اللين الذى فى אֵלֵךְ יֵלְכוּ بعد الالف والياء هو الهاء التى فى הָלוֹךְ فنقول انّه قد يمكن انْ يكون הָלוֹךְ אֵלֵךְ עמך הלוך ילכו اصلَيْنِ اعنى انّ اصل הלוך הָלַךְ واصل אלך ילכו יָלַךְ وانّما نطق بهما معا لاشتباه الاصلين مع اِتّفَاق معناهما واعْلم أَنّ العبرانيين اجازوا اسقاط السواكن اللينة من الخطّ استخفافا واتّكالا على انّها ثابتة فى اللفظ مثل גִּבֹּר וְשֹׁפָר וְעֹלָם التى اجازوا أَنْ تُكتب بواو وبلا واو وكذلك דויד كتبوه דָּוִד وبلا יוד اعلاما بانّه جائز وكذلك יַעֲקֹב וְאַבְשָׁלֹם كتبوهما بواو وبلا واو وكذلك לֵאמֹר كتبوه بواو وبلا واو נְשִׂאִים נְבִיאִים بيود وبلا יוד لِأَنّ ذلك جائز واقول فى الجملة انا متى رايناهم كتبوا فعلا ما او اسما مرّة חסר ومرّة מלא علمنا علما يقينا انّه يجوز عندهم أَنْ يُكتب ذلك الفعل او الاسم חסר ومלא واعْلم ايضا أَنّ אָמַרְתָּ שָׁמַרְתָּ דִּבַּרְתָּ נתת עשית ראית

الاوّل حركة ظاهرة بيّنةُ الحسّ وسكون ظاهر بيّن الحس مثل سائر الحروف فى حركتها وسكونها والمعنى الثانى سكون خفىّ غيرُ محسوس البتّة فاذا صورةُ هذه الثلثة حروف خاصّة دون سائر الحروف مشتركة لنوعَيْنِ من السكون مختلفينِ احدهما ظاهر بيّن والاخر خفىّ فالظاهر مثل الالف التى فى ואל תְּאְטַר עלי באר פיה (Ps. 69, 16) וַיֶּאְסֹר את רכבו (Ex. 14, 6) فإنّ هذه الالف ساكنة ولكنها ظاهرة ومثل الواو التى فى שַׁלְוְתִּי (Job 3, 25) מְקַלְלְוְנִי (Jer. 15, 10) فانّها ظاهرة السكون غير خفيّة ومثل الياء التى فى וַיְדַבֵּר וַיְשַׁבֵּר ظاهرة السكون والنوع الاخر الخفىّ مثل الالف التى فى וְקָאם שָׁאוֹן (Hos. 10, 14) רְפָא נא (Num. 12, 13) التى هى ساكنة خفيّة غير ظاهرة وكذلك الواو التى فى שׁוֹפָר ועוֹלָם والياء التى فى דָּוִיד שָׂרִיד רָבִיד ولهذا النوع الاخر سُمِّيَتْ هذه الاحرف حروف اللين فانها تلين حتى تَخْفَى فلا يكون لها فى اللفظ ظهور ولا حسّ وانّما يؤدّيها الى السمع تحريك ما قبلها بالضمّ او بالفتح او باحد השבעה מלכים وامّا لِمَا قيل لها حروف المدّ فلِأنّها تزاد فى الافعال والاسماء من أَجْلِ المدّ الحادثِ فيها مثل الواو التى فى שכור וגבור التى زِيدَتْ للمدّ فقطْ وليست من الاصل ومثل الياء التى فى שָׂרִיד וּפָלִיט ومثل الساكن التى فى שֹׁמֵר וְאֹמֵר ודבר וחכם التى هى للمدّ فقط وليست اصلاً واعلم أنّ الهاء كثيرا ما تُكتب فى

الجاريةِ على هذه الشروط يستدلّ على جميع ما وصفت واقول ايضا أنّ العبرانيين لا يجمعون بين ساكنَيْنِ غيرِ لينين إلّا فى الوقف وٱنقطاعِ الكلام فاذا ٱلتقى שבא مع שבא وسطَ الكلام او آخِرَهَا فالثانية متحرّكة إلّا فى الوقف والقطع وحركتُها فى جلّ كلامهم على تلك الشروط التى قدّمت فى الשבא المبتدإ بها مثل יִשְׁמְרוּ יִשְׁמְעוּ فانّ الشين ساكنة والميم متحرّكة أمّا حركة الميم فى יִשְׁמְרוּ فبالفتح وحركتها فى יִשְׁמְעוּ بالضمّ لانضمام العين بعدها وكذلك יִרְמְיָהוּ יְחִדְיָהוּ الراء والحاء ساكنتان والميم والدال متحرّكتان بالكسر للياء التى تتلوهما وكذلك וַיֵּבְךְּ עליהם (Gen. 45, 15) וַיֵּבְךְּ על צואריו (46, 29) אל תּוֹסְףְּ על דבריו (Pr. 30, 6) יַפְתְּ אלהים (Gen. 9, 27) וַיִּפְתְּ בסתר לִבי (Job 31, 27) וַיִּשְׁבְּ ישמעאל (Jer. 41, 10) אל יֵשְׂטְ אל דרכיה לבך (Pr. 7, 25) וְיֹלַדְתְּ בן (Gen. 16, 11) לא שַׂמְתְּ אלה (Jes. 47, 7) هذه كلّها محرّكة الاواخر لاندراجها مع ما بعدها واما فى الوقف والقطع فساكنة مثل וישא עשו קולו וַיֵּבְךְּ (Gen. 27, 38) وغيرِه ومما يَجِبُ أنّ تعرفه وَتَقِفَ عليه ايضا أنّ العبرانيين لا يجمعون بين ثلثة احرف متحرّكة فى الكلمة السالمة من א״ח״ה״ע ومن ٱلْتِقَاء المثلَيْنِ ✲

ابتدا حروف اللين والمدّ

حروف اللين والمدّ ثلثة وهى א״ו״י صورةُ هذه الثلثة احرف مشتركةٌ فى العبرانية لمعنيين متباينين فى المَنْطَق المعنى

רְקָבִים לְהָבִים נהרה נהרים דאגה דאבה שׁחקים פחדים
פתחים لم يحرّكوا השבא بالקמץ الذى بعدها لَكِنْ بالفتح
آستخفافا ومنها ما يُحرّك بالكسر فقط اذا كان ما بعدها
ياء محرّكة ولا يُسْئل عن اىِ حركةٍ تحرّكت بها الياء
فكيف ما كانت فالשבא قبلها مكسورة ابدا مثل
בְּיַד משׁה (Ex. 9, 35) וְיָדְעוּ וְיֵדְעוּ וְיָרְדוּ וירדו ויאמרו
حركة השבא بالكسر ابدا ومنها ما يحرّك بالفتح
وذلك كثير جدّا اذا لم يكن ما بعدها احد هذه
الخمسة احرف التى قدّمت بل كائنا ما كان من سائر الحروف
مثل בְּרָכָה קְלָלָה רְשָׁעִים שְׁמָנִים נְדוּדִים נְבוּכִים דשׁנים
כבדים גלילים רבובים تحريك השבא أبدا بالفتح إلّا
الجمع الذى واحدُه مضمومُ الاوّلِ بالחלם والاسم الذى الاصلُ
فيه ضمُّ اوّلِه بالחלם فانّ השבא المبتدى بها فيهما محرّكة
بالקמץ فى جلِّ الكلام مثل קֳדָשִׁים التى واحدها קוֹדֶשׁ
חֳדָשִׁים التى واحدها חוֹדֶשׁ גֳּרָנוֹת التى واحدها גּוֹרֶן ومثل
אֳנִיָּה אֳנִי חירם (I Reg. 10, 11) الذى اصله אֹנִי אל רֳאִי
(Gen. 16, 13) الذى اصله רוֹאִי מלעל وهو القياس فى מה־
חֳרִי (Deut. 29, 23) אַל־דֳּמִי־לָךְ (Ps. 83, 2) الذى اصلهما חֹרִי
דֹּמִי بالחלם وليس يلزم احد هذه الشروط اذا كانت השבא
بعينها تَحْتَ أَلِفٍ او حاء او هاء او عين لانّ لحركتها انحاء غَيْرَ
هذه فاْعلمْه وبحركة הגעיה التى تكون مع השבא المبتدإ بها

على جميع اللغة العبرانيّة بيانا كافيا واوضحتُ مواضع
الفתחין والقמצין ايضاحا شافيا ❋
واقول أنّ العبرانيين لا يبدون بساكن ولا يقفون على متحرّك
ولا يكون عندهم ساكن او ساكنان ملتقيان إلّا بعد متحرّك
متقدّم لانّ كلّ שבא تكون اوّل كلمةٍ او اسمٍ مبتدأً بها فهى
محرّكة وكيفيّةُ حركتِها على انحاء وذلك أنّ منها ما يحرّك
بمثل حركةِ ما بعده اذا كان ما بعده ألفًا او هَاء او حاء او
عينًا أَعْنِي إنْ كان الذى بعد الשבא من هذه الاربعة احرف
محرّكا بالفتح حُرِّكَتْ الשבא قبلها بالفتح وإنْ كان محرّكا
بالضمّ حُرِّكتْ بالضمّ وإنّ كان بالكسر حرّكت بالكسر مثل
יְאַבֶּד הוֹן (Pr. 29, 3) فانّ الياء محرّكة بالفتح لانّ الالف
بعدها مفتوحة ومثل תְּאֵנָה فان التاء ممالةٌ الى الצרי لِأَنّ
الالف بعدها צרי وكذلك קְחוּ القاف مضمومة لِأَنّ الحاء
مضمومة קְחִי القاف مكسورة لِأَنّ الحاء مكسورة وكذلك דְעוּ
דְּעֶה חכמה (Pr. 24, 14) סְחִי ומאוס (Thr. 3, 45) יְהִי אור
(Gen. 1, 3) وكذلك שם יְהוּא (Ecc. 11, 3) حركةُ الשבא مثل
حركة ما بعدها على هذا تجرى حركة الשבא المبتدا بها
التى بعدها احد هذه الاربع احرف حكتها ابدا مثل حركة
ما بعدها أَيَّ حركة كانت من السبع حركات سوى القמץ فانّهم
يستثقلون فى اكثر كلامهم تحريكَ שבא قبلها بالקְמָצוֹת
فحرّكوها بالفتح فى مثل נַעֲרָה קְעָרָה שְׂעָרִים נְעָרִים

نَسَقٍ انتسق لى ولعلّ الناظر فى هذا الكتاب يوسعنى عُذْرًا فى ذلك او فى غيرِه من خلل يطّلع عليه إنْ شاء اللّه *
والواجبُ علينا اهلِ الشوق الى هذه اللغة والتطلّع نحوها ان نقتدى فيها بالعبرانيين القدماء الاوّلين الناشئين فيها المطبوعين عليها لا سيّما لغة الوحى وكلام النّبوّة وأنّ نقفو فيها اثارهم ونسلك بها مسالكهم ونجريها على مناهجهم فاذا فعلْنا ذلك انبنى كلامنا على اساسه وتفرّع لنا من اصله وعَلِمْنَا من اللغة ما جهلناه وٱنتفعنا بما علمناه *
وقسمت كتابى هذا على ثلث مقالات المقالةُ الاولى فى ذكر ما احتجت الى ذكره وتقديمِ ما لم يكن بدّا من تقديمه من اسباب حروف اللين قبل ذكرِ تصريف الافعال بها وفى الافعال التى فاؤها حرف لين والمقالة الثانية فى الافعال التى عينُها حرف لين والمقالة الثالث فى الافعال التى لامها حرف لين *

القول فى المتحرّك والساكن

وقبل أنْ ابتدئَ بذكر شيء من حروف اللين ابيّنُ ما المتحرك وما الساكن فنقول أنّ الحرف المتحرّك ما نُطِقَ فيه باحدى هذه السبع حركات المسمّات שִׁבְעָה מְלָכִים وهى אַא وٱسمه פתח وאָא وٱسمه קמץ وאֶי وٱسمه סגול وאֵי وٱسمه צרי وאִי وٱسمه חרק وאֹו وٱسمه חולם وאוּ وٱسمه שרק والساكن ما لم يُنطق فيه باحدى هذه السبع حركات ولولا كراهة التطويل والخروجِ عن غرضِ الكتاب لبيّنت هذه الحركات المشتملة

وَتُخْرَبُ حدودُها وتنهدّ اسوارها لِأَنّ الفعل الذى فاؤه حرف لين يرجع فعلا عينه او لامه حرف لين وكذلك الفعل الذى عينه حرف لين يرجع فعلا فاؤه او لامه حرف لين وكذلك الفعل الذى لامه حرف لين يرجع فعلا فاؤه او عينه حرف لين ولمّا رايت هذا التغيير الواقع فى حروف اللين خاصّة وضعت فيها بتأييد الله وعونه هذا الكتاب الذى بيّنت فيه انحائها وتصاريفها ومواضع سقوطها وانقلابها فى الافعال بعد ان بيّنت لِمَا قيل لها حروف اللين والمدّ ومواضع اندغام الساكن اللين وغير ذلك مما دعت ٱلْحَاجَةُ اليه ورجوت المنفعة به مستمدّا فى جميع ذلك من المكتوب وقياسا بالموجودِ فيه ما لمْ يكن موجودا اعنى أنّى اذا وجدت فى המקרא بعض تصريف فعل ما ولم أَجِدْ بعضه قسْت بالبعض الموجود على الغير موجود ما لم يَدْفَعْ عن القياس دافعٌ ولا منع منه مانع وجمعت كلّيّةَ الافعال ذواتِ حروف اللِين الموجودةِ فى המקרא والّفتها تأليفا ورتّبتها ترتيبا فى مواضعهم وضممت كلّ نوع منه الى جنسه وكلّ شخص الى نوعه ليكون ذلك أَتَمَّ فى ما قصدت بيانه وأَبْلَغَ فى ما نويت من الانتفاع بالكتاب إِنْ شاء الله وما حضرنى فى حكاية ذلك ووصفِه شىء من اللفظ الجيّد الفصيح ونظام الكلام ٱلْمُتْقَنِ سوى ما ارجو أَلّا يُخِلَّ بالمعنى ولا يذهب بالغرض المقصود اليه فقطْ فانّما أَصْلِى ومُرادى انْ يُفْهَمَ عنّى ويُلقن معانىّ بأَىّ لفظ امكننى واى

لين كما سنبيّن وقال ايضا מה לבני פרחח לָעוּד בנזם וחח
أَخَذَ לָעוּד بطنّه من וְעָדִית עֲדִי (Ez. 23, 40) תַּעְדֶּה כליה
(Jes. 61, 10) עֲדֵה־נא גאון וגבה (Job 40, 10) ولم يأبه انّ
مثله لا يكون إلّا من فعل عينه حرف لين كما سيتّضح ذلك
مما أستأنف شرحه وكمن يعتقد أنّ اصل וַתֹּפֵהוּ (1 Sam. 28, 24)
الفاء فقط ولا يحتسب بالواو ولم يدر أنّ الالف فى אָפָה
انقلبت واوا ساكنة فى וַתֹּפֵהוּ وكمن يقول أنّ اصل הוֹבִישׁ
בֹּשׁ فقط ولم يسئل عن الواو الساكنة التى كانت ياء فى יָבְשָׁה
הארץ (Gen. 8, 14) יָבְשׁוּ עצמותינו (Ez. 37, 11) فانقلبت واوا
ساكنة فى הוֹבִישׁ وكمن يقول ايضا أنّ اصل קָם יָקוּם קֹם
فقط واصل דָּשׁ יָדוּשׁ דֹּשׁ فقط وكذلك שָׁתָה שָׁתִיתִי יִשְׁתֶּה
الاصل فيه שׁת فقط وجاؤا الى كلمات كثيرة وافعال جمّة غيّروا
بنّيتها واسقطوا منها ما ليس بالساقط فاذا قال أنّ اصل
וַתֹּפֵהוּ لا شيء غير الفاء وأنّ اصل הוֹבִישׁ لا شيء غير בֹּשׁ
واصل יָקוּם קֹם فقط واصل יָדוּשׁ דֹּשׁ فقط وكذلك שתה ישתה
שׁת فقط فقد اجاز انّ يقال من אפה וַתְּפֵהוּ باسقاط الواو
وانْ يقال من הוביש בַּשְׁתִּי יָבוּשׁ او בָּשִׁיתִי יִבְשֶׁה وانْ يقال
من קם יקום נָקַם יָקַמְתִּי יוּקִים او קָמָה קָמִיתִי יִקְמֶה ومن
דש ידוש יָדַשׁ יָדַשְׁתִּי יוּדִישׁ او דָּשָׁה דָּשִׁיתִי יִדְשֶׁה وانْ
يقال من שתה ישתה שָׁת שַׁתִּי יָשׁוּת او יָשַׁת יָשַׁתִּי יוּשִׁית
كيف ما اراد المريد انْ يقول قال فتنهدم حينئذ أبنية اللغة

בשם ה' אל עולם

الحمد لله الذى كان بلا ٱبتداء ويكون بلا ٱنتهاء مبدعِ الدنيا ومالكِها مقدرِ الاشياء وسائسِها الذى خلق بقدرته الانسانَ فاضلا بما خصّه به من ٱلنُّطْقِ والبيان فضيلة أَحْسَنَ بها اليه ونعمة أَنْعَمَ بها عليه احمده جلّ ثناؤُه وتقدّست اسماؤُه حمدا يودّى الى رضوانه ويوجب المزيد من إحسانِه وَاستوفِقه لِلرُّشْدِ والالهام واستوهِبه الفهم والإفهام ❋

قال يحيى بن داود غَرَضِى فى هذا الكتاب الإبانةُ عن حروف اللين والمدّ العبرانيّة والتنبيهُ على أنحائها وتصاريفِها فقد خَفِىَ امرُها عن كثير من الناس لِلِينها واعتلالها ودقّة معانيها وبُعد غورها فلا يدرون كيف تتصرّف الافعال ذوات حُرُوف اللين وكثيرا ما يستعملونها فى خُطَبِهِمْ واشعارهم على غَيْرِ ٱلصّواب ويسلكون بها غَيْرَ سبيل الحقّ كمن قال فى بعض كلامه הן נמצא האדם נודע טרם הבראו ומקודש טרם צְרוּתוֹ اشتقّ צְרוּתוֹ بزعمه من יָצַר יָצַרְתִּי ولم يَشْعُرْ بانّ مثل هذا المصدر لا يكون إلا من الافعال التى لامُها حرف

www.ingramcontent.com/pod-product-compliance
Lightning Source LLC
Chambersburg PA
CBHW030301240426
43673CB00040B/1026
9783337414498